教育部哲学社会科学重大攻关项目“贫困治理效果评估机制研究”
阶段性研究成果（项目批准号：16JZD025）

中国减贫政策与实践：热点评论与思考

2020年克服疫情影响高质量实现脱贫攻坚目标

张琦等　著

经济日报出版社

图书在版编目（CIP）数据

中国减贫政策与实践：热点评论与思考．2020年克服疫情影响高质量实现脱贫攻坚目标／张琦等著．--北京：经济日报出版社，2020.10

ISBN 978-7-5196-0728-9

Ⅰ．①中… Ⅱ．①张… Ⅲ．①扶贫-经济政策-研究-中国 Ⅳ．①F126

中国版本图书馆CIP数据核字（2020）第209603号

中国减贫政策与实践：热点评论与思考

——2020年克服疫情影响高质量实现脱贫攻坚目标

作　　者	张　琦等
责任编辑	黄芳芳
责任校对	姚歆烨
出版发行	经济日报出版社
地　　址	北京市西城区白纸坊东街2号A座综合楼710（邮政编码：100054）
电　　话	010-63567684（总编室） 010-63584556（财经编辑部） 010-63567687（企业与企业家史编辑部） 010-63567683（经济与管理学术编辑部） 010-63538621　63567692（发行部）
网　　址	www. edpbook. com. cn
E - mail	edpbook@ 126. com
经　　销	全国新华书店
印　　刷	北京建宏印刷有限公司
开　　本	710×1000毫米　1/16
印　　张	19
字　　数	294千字
版　　次	2021年1月第1版
印　　次	2021年1月第1次印刷
书　　号	ISBN 978-7-5196-0728-9
定　　价	52.00元

前　言

2020年是全面建成小康社会目标实现之年，是全面打赢脱贫攻坚战收官之年。2020年伊始，新冠肺炎疫情暴发，疫情的蔓延使打赢脱贫攻坚战面临更大的挑战。2020年3月6日，习近平总书记在决战决胜脱贫攻坚座谈会上的重要讲话是决胜决战脱贫攻坚的冲锋号和总攻令，也是我们全面夺取脱贫攻坚战伟大胜利的根本遵循和行动指南，为统筹推进“战疫”和“战贫”指明了方向。

北京师范大学中国扶贫研究院团队，积极参与和投入到了我国疫情防控与脱贫攻坚战的政策研究中，先后撰写了多篇研究报告，部分被有关部门采纳，部分获中央领导批示。与此同时，我们还持续推进绿色减贫、产业扶贫等问题研究，撰写了一些短文，形成了部分成果汇集，主要记载了我们对2020年减贫政策与实践问题的一点看法、思考和建议，供大家参考批评。

目　录

CONTENTS

第一部分

中国减贫政策与实践：

疫情防控部分论文选载

新型冠状病毒肺炎疫情对当前脱贫攻坚影响的简要分析

2019年12月暴发的新型冠状病毒肺炎疫情无疑是对国家治理体系和治理能力的一次重大考验，也是对2020年全面脱贫目标的一次严峻考验，科学研判疫情对扶贫脱贫有重大影响，对贫困地区打赢疫情防控阻击战和脱贫攻坚战有着重要参考意义。

总体判断：从全局来看，此次疫情对我国全面完成脱贫攻坚目标任务有一定影响，虽不至于构成任务不能完成的程度，但可能会在一定程度上影响部分贫困地区脱贫质量和水平。从影响区域和对象来看，按照目前贫困人口分布结构，全国剩余的500万贫困人口大多分布在偏远的深度贫困山区，这次疫情对其产生的直接影响相对较小，全面完成脱贫攻坚目标任务，按照既定的挂牌督战的新部署是有把握完成脱贫任务的。但对疫情较重的湖北及周边省份的贫困地区脱贫县村和贫困户来说，疫情对脱贫人口及脱贫地区影响还不小，尤其是劳动人口流动限制与交通物流滞后等直接造成农村农产品滞销和外出劳动收入预期下降等现象，对于很多刚刚脱贫进入发展起步阶段的脱贫县来说无疑是一次新考验。在此次疫情的冲击下，如何进一步巩固脱贫成果，防止返贫面临多方面、多节点、多区域的大考验。

首先，脱贫质量的巩固和提升面临多方面考验。疫情突发使得很多刚脱贫地区的正常工作受到巨大的影响。从经济支撑来说，一是由于物流和市场活跃度的制约，农产品销售渠道受限。对于农产品来说，疫情造成的运输端不通畅、销售端需求不足等问题导致生产端频频出现阻碍，尤其对蔬菜、水果等农产品和鸡、鸭等鲜活农产品影响较大，进而直接导致农民收入下降。受到同样影响的脱贫地区由于自身发展基础弱，后劲不足，在这样的冲击下承受能力有限，很容易形成“摘帽”又“带帽”的潜在风险。二是疫情造成劳动力转移就业弱化，贫困户经济收入来源渠道受到了限制。疫情的不确定性导致大多数务工人员迟迟不能返回工作岗位，农村贫困家庭受到很大损失。据统计，截至 2018 年底，全国在外务工农民工数量为 1.92 亿人左右，农村常住人口数量为 5.7661 亿人，占比 33.30%，因此对于贫困地区而言，外出劳动力的制约将大大影响其经济收入。从医疗条件来看，疫情带来的大幅度、高强度的治疗需求对贫困地区及脱贫地区无疑是另一大考验。目前来看，疫情所需的高标准、高效率、大规模的医疗管理和应对能力是农村地区乃至很多城市难以达到的，这也对脱贫地区医疗条件提出挑战，如何能在突发事件中有效整合医疗资源、扎实落实防疫措施都是需要进一步加强的内容，要严格控制突发事件下因病返贫现象的出现。

其次，脱贫工作部署面临多节点新困扰和新隐患。疫情对经济的影响近期开始逐渐显现出来，而且会持续一段时间。这对于完成全面脱贫任务会造成一系列问题和不确定性。一是从短期来看，疫情会对整体经济形势造成明显制约，直接影响到贫困地区或脱贫地区的资金支撑基础，如很多金融支持产品、产业支撑产品以及返乡创业支撑等都会受到宏观经济的影响，在脱贫攻坚与乡村振兴相衔接的关键节点造成断档。二是从目前数据来看，疫情主要对湖北、河南、湖南、广东、浙江等地影响较大，尤其是广东、浙江等劳务输入需求较大地区，面临的最大问题是企业复工复产时间的不确定导致一些企业裁员，这将对邻近区域外出务工贫困人口产生较大程度的影响，未来一段时间贫困人口外出务工的渠道和机会将大大减少。

三是从脱贫后的长期发展来看，建立解决相对贫困的长效机制面临一定考验。消除绝对贫困后，新时期的重点是解决相对贫困问题，这些属于相对贫困的低收入家庭对经济、社会、政策方面的所承受能力还很脆弱，因此更容易受到外来影响。疫情之后的经济、就业、社会保障等方面对低收入家庭产生的影响要远远高于其他的人群，从而进一步加剧不同群体间的收入差距，进而使得相对贫困问题进一步加深。

最后，防患未然，加强建立农村公共健康卫生体系刻不容缓。在此次疫情中，也反映出农村尤其是贫困地区潜在的一些问题。从乡村治理能力来看，农村基层治理及公共卫生管理体系一直以来都是发展中的短板，虽然在这次疫情中依靠国家强有力“统防统控，精准施策”，未带来农村疫情大面积产生和扩散。但是从另一个角度来看，若按照村一级现有的管理条件和水平，疫情一旦有所扩散，造成的影响将会大于城市地区，因此此次疫情也对农村的基层治理及公共卫生管理方面敲响警钟，提早强化，刻不容缓。

（2020 年 2 月 21 日 经济日报　冯丹萌　张琦）

新型冠状病毒肺炎疫情对当前脱贫攻坚的影响及应对建议

新年伊始，新型冠状病毒肺炎疫情席卷全国，对我国各行各业发展造成巨大冲击，目前“抗疫”形势仍旧刻不容缓。2020 年是全面建成小康社会目标实现之年，是全面打赢脱贫攻坚战收官之年。对新型冠状病毒肺炎疫情对我国脱贫攻坚事业的影响进行分析，并采取措施予以应对，已经成为脱贫攻坚工作的当务之急。

疫情对我国脱贫攻坚影响的主要路径

新型冠状病毒肺炎疫情的暴发无疑加剧了打赢脱贫攻坚战的难度，从贫困户增收、贫困地区企业发展、贫困地区政府施策三个方面对实现全面脱贫形成挑战。

一是，贫困户持续增收预期下降，部分群体和地区“两不愁三保障”基础脆弱化，返贫风险增大。新型冠状病毒肺炎疫情暴发后，各地区采取封村封路、阻断交通线、企业延长复工等强力措施减少病毒传播。这些措施有效阻击了疫情的同时，也对贫困户增收与改善生活质量形成了冲击。根据以往实地调研数据，70% 左右的贫困户增收主要部分为务工、上班等工资性收入与种植、养殖、经商等经营性收入。若疫情难以在短时间内得到缓解，用人单位对劳动力的需求量必然呈下降趋势，贫困户工资性收入将很难得到保障。阻断交通还导致农牧产品无法及时外运、畜牧饲料得不到补充，市场运行受到干扰，贫困户经营性收入受到伤害。与此相对，部分贫困地区时令瓜果蔬菜供给不足，生活日用品价格上浮，贫困户家庭生活质量出现下降趋势。国家统计局公布的数据显示，2020 年 1 月，全国 CPI 同比上涨 5.4%，包括贫困户在内的全国消费者的生活均受到不同程度的影响。在持续增收得不到保障，生活成本压力不断增大的情况下，部分脱贫户面临着返贫风险。

二是，贫困地区中小企业、合作社等经营实体持续发展遭受冲击较大。中小企业与合作社在带动贫困村落产业发展，为贫困户增收方面发挥着重要作用。但受疫情影响，中小企业与农民合作社的经营正受到来自供给侧和需求侧的双重压力。在供给端，全社会范围内的“延迟复工”“物流受阻”“物料供应不畅”不断抬高企业与养殖类合作社的经营成本。在需求端，封村封路、阻断交通导致产品运输受阻，涉农企业与合作社许多时间属性较强的商品，诸如蔬菜、蛋奶制品无法及时外运，无法满足有效需求。此外，相对于发达地区，贫困地区的中小企业融资更加困难，在疫情并未出现实质性好转的困境下，中小企业与合作社账面资金不足、资金链脆弱，更有可能成为“压死骆驼的最后一根稻草”。

三是，贫困地区原有脱贫计划受干扰，实现高质量目标的压力增大。2020年的中央一号文件提出，重点针对全面建成小康社会目标，聚焦补齐农村基础设施建设和公共服务短板。但疫情暴发后，部分由政府主导的完善基础设施的扶贫项目不得不延迟开工，政府原有的扶贫工作计划也因疫情的持续而发生改变。此外，突然暴发的疫情对贫困地区政府来说更是一场“临时考试”，对政府在疫情期间如何减少贫困户返贫、保障带贫企业不倒闭，对疫情结束后如何快速恢复生产、保障贫困户持续增收提出更高的能力要求，同时进一步加重了地方政府的脱贫攻坚压力。

应对新型冠状病毒肺炎疫情的思考及建议

疫情终将散去，明天也终将会到来。地方政府应当坚持“一手抓防疫，一手抓扶贫”，在最大程度上减少新型冠状病毒肺炎疫情对脱贫攻坚的负面影响，确保如期实现全面脱贫。

一是，建立紧急预防机制，最大程度保障贫困群众利益少受损失。第一，打通原有交通线，避免人员大量流动的同时，禁止违规阻截日用品、饲料、生产材料等物资的运进与产品的运出。第二，加强农产品线上销售力度，利用网络减轻农牧产品滞销难题。如海南省通过建立滞销扶贫农产品信息发布制度，利用线上销售渠道定期在专栏发布相关滞销农产品信息，搭建产销对接平台。第三，针对受物价上涨、生活必需品不足影响较大的贫困户，适当给予米面油粮等物资补助，保证日常生活的正常运转。

二是，避免过度恐慌，帮助企业与合作社等经营实体渡过难关。第一，地方政府应及时制定企业复工标准，在“安全为先”的大前提下，根据疫情的严重程度分地区、分时间逐步复工，恢复生产。避免出现无理由擅自升级管控措施，采取“一刀切”，致使企业无限期延迟复工的情况。第二，对中小企业与合作社等资金链较为薄弱、资金流不足的企业和机构，予以财政扶持、金融扶持，坚定企业发展信心，帮助企业度过危机。

三是，利用广播、电视等信息传播平台，加大对贫困户的技能培养。加强贫困户脱贫能力建设是一个永不过时的举措。在延迟复工期间，贫困户有大量闲余时间可用于提升自身劳动技能、增强现代农业技术储备，提升自身的致富能力。地方政府可以利用广播、电视节目等方式（有条件的地区可以利用网络技术）加强农户的技能培训，为疫情结束后农户持续增收创造条件。

疫情的暴发可能会在一定程度上导致脱贫攻坚的步伐有所放缓，但应当看到脱贫攻坚走向胜利的基本面不会变。在突如其来的疫情的打击下，外出务工和产业发展必然受到一定影响。但同时也要看到，贫困地区逐步完善的基础设施、贫困劳动力逐渐掌握的增收技能、贫困户逐步增强的脱贫信心、地区愈发丰富的增收体系不会变。在党中央的领导下，我们必将也必定会打赢这场脱贫攻坚战。

（2020 年 2 月 19 日 中国经济网　张琦　薛亚硕）

疫情防控下，线上教育要切实发挥积极作用

为阻断新型冠状病毒肺炎疫情向校园蔓延，确保师生生命安全和身体健康，教育部1月27日下发通知，要求2020年春季学期延期开学，“停课不停学”成为各地教育行政部门和大中小学的主要防控措施。诸多线下教育转战“线上”，借助信息技术优势弥补当前线下教育在特殊时期无法满足的人民对教育的需求，为“停课不停学”、维护正常的教学秩序提供了帮助。

一、线上教育应尊重教育的基本规律

疫情防控形势下，线上教育是弥补线下教育无法正常开展的一项重要选择。随着信息技术的飞速发展，互联网、大数据、云平台、人工智能与教育不断融合，教育信息化程度不断加深，推动我国线上教育的市场和规模不断壮大。线上教育与线下教育有机结合在教育领域已经得到了诸多应用，但是长期以来，线上教育并没有成为一种普遍需求。此次疫情的暴发成为一剂“催化剂”，教育需求不得不向“线上”转移，一时之间将线上教育推到教师、家长和学生眼前。教育部的通知指出，“学生在家不外出、不聚会、不举办和参加集中性活动”，利用网络平台“停课不停学”，并出台了指导和规范疫情防控期间，以信息化支持教育教学工作的通知和方案，保证线上教育在疫情防控期间科学合理有序地发挥作用。线上教育相较于线下教育有着其自身的特点和优势，比如，时间空间的自由性、播放的可重复性、资源的多样性等，尤其在当前互联网基础设施渐趋成熟和人工智能不断完善的背景下，学生不出家门就可以接受鲜活及时的教育。疫情防控形势下，线上教育要尊重教育的基本规律，切实发挥其积极作用。“线上教育”的本质还是教育，切勿因为从“线下”搬到“线上”，就盲目地为了追求短期经济利益而忽略教书育人的长远利益。这场疫情对于教育领域的每一个人来说，都是一场严峻的

考验，相关教育行政部门、教育培训机构、学校、老师，甚至是学生在这场考验之中都会得到锻炼。在疫情防控形势下，教育行政部门要积极引导线上教育的开展，做好线上教育的价值定位和目标选择，从技术支持、内容筛选、组织管理、考核评价等环节牢牢把关；教育培训机构和学校要认真贯彻和落实疫情防控期间线上教育的政策和措施，制定和设计包含知识传授、生命教育、健康教育、道德教育等在内的教学大纲，及时做好教师培训和学生管理；教师要磨练内功，努力适应社会变化发展形势，不断学习新的知识和技能，站稳线下和线上两个讲台，做疫情防控下的“新主播”；学生要在教师和家长的帮助下制定学习计划，充分利用线上教育平台和资源，在疫情防控形势下实现德智体美劳全面发展。

二、确保贫困地区防控期“停课不停学”

第一，加强组织保障，提升贫困地区教育系统应对突发疫情的能力。虽然脱贫攻坚期内，贫困地区教育条件有所改善，但是不少贫困县在基础设施、网络通信、技术技能、组织保障方面相较于发达地区仍处于劣势。面对新冠肺炎这一突发疫情，有必要加强贫困地区教育协调能力、突发应急能力、网络技术能力，全面提升贫困地区教育系统在应对突发疫情时的综合应对能力。在此次疫情防控期间，各地教育行政部门要统筹基教、教研、电教等部门的力量，加大对贫困地区教育教学的支持力度，协助贫困地区做好线上教育和线下教育的安排部署，确保“停课不停学”及时有序落实。

第二，注重因地制宜，研究制定疫情防控期差异化的教育教学方案。我国贫困地区分布广、差异大，但都在此次疫情中受到了不同程度的影响，尤以湖北省境内的贫困县疫情较为严重。贫困地区的教育部门和学校要充分认识当地疫情发展情况，结合本地本校信息化基础条件、教师信息素养，以及教育资源进行全面分析，综合在线直播课堂、网络点播教学、学生资助学习、电视视频学习等多种教学模式，针对不同学段、不同学科的特点，制定差异化实施办法和措施，分区域、分学校、分学段灵活开展教育教学活动。教育部特别指出，针对部分农村地区和边远贫困地区无网络或网速慢等情况，将安排中国教育电视台通过电视频道播出有关课程和资源，解决贫困地区学生在家学习问题。

第三，推进家校合作，确保疫情防控期学生的合理学习。疫情防控期间

“停课不停学”导致教育的发生场域有了重大变化，最典型的特征就是从学校转移到了家庭，这为家校合作提供了良好的实践场域。贫困地区很多父母常年在外打工，只有春节才能与孩子相聚，而此次疫情防控期正值春节假期，为家庭教育提供了一个重要的机会。学校可以利用微信群、QQ 群等有序指导家长向子女讲解疫情防控知识，讲解党和政府的果断决策和采取的有力措施，使其树立信心，安心居家学习生活，养成健康卫生的生活习惯和方式。同时，利用家校合作平台指导家长帮助孩子合理制定延迟开学期间的学习计划，合理安排线上学习，实现与线下教育的有序衔接和顺利过渡。

（2020 年 2 月 27 日《社会科学报》 张琦　史志乐）

积极探索常态化疫情防控下脱贫攻坚新方式

4月27日，中央全面深化改革委员会第十三次会议召开，会议就脱贫攻坚改革举措提出要集中力量推进。面对2020年全面脱贫目标的趋近，如何及时积极应对，有效降低疫情对扶贫脱贫工作所造成的影响，保证脱贫工作稳步推进完成是现阶段工作的重中之重。

一是要坚守贫困地区粮食生产能力。针对疫情带来的影响，尽快恢复春耕生产是目前贫困地区乃至整个农村面临的关键任务，要在目前脱贫成效基础上，抓牢“脱贫战”成果，守牢脱贫基本生活底线。贫困地区要按照《当前春耕生产工作指南》等多项措施安排，把春耕生产作为稳固脱贫成果的重要内容，保障粮食面积和产量要稳定在上年水平，为粮食生产定下防控底线。同时，受灾贫苦地区要加强春耕农资的顺利运输，将农资纳入绿色通道，确保农资运输车辆不停车、不检查、不收费，优先运行，降低疫情对贫困地区农资提供的影响和冲击。

二是要为脱贫产业后劲加力。要聚焦贫困地区产业发展全过程，集结多方力量助力发展后劲。要进一步加强贫困地区农民教育培训提质增效，要因地制宜，制定针对贫困地区发展定位、发展水平和发展特色的教育培训方案，通过线上平台进行技术输送。要充分发挥对口帮扶机制，通过扶贫产品的购买、线上推广等方式缓解贫困地区停滞的农产品销售；要利用微信、淘宝等电商平台，弥补疫情期间农产品的线下销售短板，同时推动贫困地区电商发展软实力。

三是推进外出贫困劳动力有序返岗就业。要充分保障贫困地区外出劳动力的返岗就业，防止疫情引起的返贫问题出现。外出劳动是贫困人口增收的重要渠道之一，也是扶贫脱贫的有效路径。疫情直接造成的区域封闭和间接造成的企业裁员，都大大减少了贫困人口外出务工的渠道和机会。下一步各地要在加快乡镇企业、龙头企业、扶贫车间等复工复产的基础上，充分发挥其对建档立卡贫困户的就业带动作用。各地政府要充分发挥组织协调作用，部门协作，动态掌握贫困户健康状况及就业现状，积极联系企业，尽快提供贫困户复工信息，及时提供有针对性的就业帮扶。

（2020年5月3日 人民论坛网　张琦　冯丹萌）

如何在常态化防控中推动高质量发展

新冠肺炎疫情对世界各国都是一次大考，与此同时，也为我们敲响了警钟。如何全面总结疫情防控中的经验和教训，疫情后国家治理现代化面临哪些重点和难点，未来实现高质量发展需要完成哪些新任务新目标，这些都是当下需要认真思考、提早谋划部署的问题。

一、提供坚强制度保障

新冠肺炎疫情发生后，全国上下按照习近平总书记提出的“坚定信心、同舟共济、科学防治、精准施策”总要求，全面开展疫情防控工作。短时间内汇集各方力量和医用物资支援湖北地区，充分彰显出我国国家制度和国家治理体系坚持全国一盘棋、集中力量办大事的显著优势。

在疫情防控常态化的当下，要把我国制度优势更好转化为国家治理效能，紧紧围绕推进国家治理体系和治理能力现代化，统筹兼顾防疫斗争与经济社会发展，从制度维度锚定发展航向，创新和完善宏观调控。一是坚持稳中求进工作总基调，突出基础性、根本性、全局性的重大改革举措，扎实做好“六稳”工作，全面落实“六保”任务，努力克服新冠肺炎疫情带来的不利影响。二是继续加大政策调节力度，实施积极的财政政策和稳健的货币政策，适时预调微调；深化供给侧结构性改革，改善供给结构，提升供给质量，创造适应当前新需求的有效供给，为经济复苏增添内生发展动力。三是明确经济社会高质量发展的核心要义，解决发展不平衡不充分的问题，保证全体人民在共建共享发展中有更多获得感。一方面，推动脱贫攻坚和乡村振兴有机衔接，建立健全城乡融合发展的体制机制，统筹城乡协调发展，推进共同繁荣；另一方面，支持开展多层次、多形式、多领域的区域合作，推动形成优势互补、高质量发展的区域经济布局，在发展中促进相对平衡。

二、构建新时代动力源泉

当前，我国新冠肺炎疫情防控阻击战取得重大战略成果，但要从根本上控制新冠肺炎疫情，必须加快研发疫苗，这充分说明了科学防治和科学防控的重要性。实际上，科学防治和科学防控的过程也是经济社会高质量发展的过程。

其中，完善科技创新体制机制，全面推进科技创新治理体系和治理能力现代化，不仅对于提升我国科技创新能力和水平意义重大，而且有助于创新型国家建设和经济社会高质量发展。同时，更多掌握科技发展的主动权，也是我们应对当前复杂多变国际形势和风险挑战的有力保证。为此，一是要优化和强化技术创新体系顶层设计，促进科技与经济紧密结合，明确企业、高校、科研院所、社会组织等创新主体在创新链条不同环节的功能定位，通过体制机制创新激发各类主体创新的激情和活力。二是要加强创新人才培养，全面落实创新人才激励扶持政策，加大“柔性用才、项目引才”力度，构建良好的人才发展生态，真正把人才作为第一资源。三是要将新兴数字技术作为实现治理能力现代化的重要创新工具，通过大数据揭示传统技术方式难以展现的关联关系，建立用数据说话、用数据决策、用数据管理的现代化、信息化、智能化治理模式，从而更科学高效地处理经济社会面临的各种复杂问题。

三、构建更加完善的要素市场化配置体制机制

我国社会主义市场经济体制是兼具活力与效率的经济体制。突如其来的新冠肺炎疫情对我国经济社会发展带来前所未有的冲击，生存能力和抗风险能力较弱的中小微企业受到的影响更大。下一步，应继续发挥市场在资源配置中的决定性作用，持续推进市场体制机制改革创新，建设高标准市场体系。

一是尽力破除制约民营经济发展的障碍，尤其是要对受疫情影响较大的行业和中小微企业加大信贷支持力度，降低企业综合融资成本；同时，通过鼓励竞争和弘扬企业家精神，积极引导民营企业提升管理和生产效率，实现现代化企业转型。

二是加快推进要素市场化配置改革，积极探索新时代中国特色社会主义道路的市场化新变革。按照近期出台的《中共中央国务院关于构建更加完善

的要素市场化配置体制机制的意见》，实现要素价格市场决定、流动自主有序、配置高效公平，为建设统一开放、竞争有序市场体系，推动经济社会持续健康发展打下坚实基础。

三是从治理现代化角度出发，不断优化市场制度环境，加快完善现代产权制度。全面实施市场准入负面清单制度，完善公平竞争审查制度，建立以信用为核心的新型市场监管机制，为建设高标准市场体系提供制度保障。

四、探索现代产业体系和产业能力全面提升的新路径

在此次疫情防控中，宅家防疫的行为方式推动生产生活向智能化、线上化发展，在线教育、在线办公、在线文娱、在线医疗等线上产业爆红。据工信部消息，疫情期间我国互联网流量较去年底增长超过50%，个别地区增长达70%。线上经济在一定程度上缓解了疫情对产业发展的短期负面影响，也为构建现代产业体系和治理现代化提供了新思路。

为此，一是要因势利导，乘势而上，培育发展新经济和新兴产业，着力推进5G、人工智能、工业互联网、物联网等新产业、新基建的发展，带动全产业链优化升级，加快构建以数字经济为主导、以科技创新和制度创新为手段的自主可控的现代产业体系。二是要积极弥补我国产业链不完整、协同创新少的短板，加大对传统产业的改造升级，开展关键核心技术攻关，推动制造业从加工制造环节向研发设计、中高端制造、市场营销等价值链高端环节延伸。三是要着力构建符合绿色发展要求的现代产业体系，推动外部环境成本内部化的政策创新，使绿色、生态成为产业附加值的组成部分。

五、建设更高水平的开放型经济新体制

海关总署4月14日发布数据显示，2020年一季度我国货物贸易进出口总值同比下降6.4%。疫情冲击导致1至2月出现70.9亿美元的贸易逆差，而去年同期则是顺差414.5亿美元。虽然四月份进出口总值降幅明显收窄，但受疫情全球扩散的影响，外需疲弱，外贸将较长时期面临巨大挑战，不容乐观。加之金融危机风险上升，国际经贸规则加快变革，贸易保护主义不断抬头，外部环境更趋严峻、复杂、多变。

实现经济社会高质量发展，就要推动更大范围、更宽领域、更深层次的对外开放，建设更高水平的开放型经济新体制。一是顺应国际市场的重大变

化和国内消费结构升级的迫切要求，实现内外市场高度联通、要素自由流动、内外贸一体化发展。二是优化对外开放区域发展布局，不断扩大自由贸易区、自由贸易港覆盖范围，加快形成立足周边、辐射“一带一路”、面向全球的高标准自由贸易区网络。三是促进对接国际规则与深化体制改革有机结合，以开放倒逼改革机制，在国际经贸规则、规制、管理、标准等方面加强开放合作，形成与国际规则相衔接的高标准市场经济体系，为推进国家治理体系和治理能力现代化提供创新变革动力。

（2020 年 7 月 1 日《国家治理周刊》 张琦）

提升国家防控应急能力，有效应对疫情风险

党的十八届三中全会首次使用“国家治理”概念，并将推进国家治理体系和治理能力现代化作为全面深化改革的总目标。习近平总书记强调“国家治理是一门科学”，需要学界加以认真研究。2020 年 2 月 14 日，在中央深改会议中，习近平总书记提出 15 个体系防控传染病重大疫情，其中第二个体系就是国家治理能力。现阶段，新冠疫情为国家治理体系和治理能力现代化提出新的挑战，其中突发风险对国家防控应急能力的要求尤为凸显。

新冠疫情的突发风险对我国经济社会造成多维度冲击。以贫困地区的扶贫工作为例，首先，全国诸多扶贫项目因疫情风险被迫停滞，据国务院扶贫办统计，中西部 22 个省 2020 年计划的 35 万多个扶贫项目不同程度延期。其次，就业扶贫方面全国约 2800 万贫困家庭劳动力外出时间较晚，数量也在递减，直接导致贫困家庭工资性收入减少。其次，产业扶贫方面受疫情防控影响，各行各业供应链全线休息，包括蔬菜、肉蛋奶等农产品的销售受挫，贫困家庭的经营性收入显著减少。再次，教育扶贫方面，全国学校延迟开学，网上授课方式兴起，部分贫困地区的学校存在教师不具备线上教学条件、贫困家庭学生无法享受网络课程资源的问题。最后，健康扶贫方面，疫情暴发凸显出部分贫困地区乡镇及村级医疗卫生系统和社会保障方面存在的短板，村民防疫意识淡薄，可能存在瞒报病情，出门不戴口罩，导致疫情传播等问题。

风险冲击造成多方面的损失暴露出我国的防控应急能力存在不足。一是突发风险防控应急的资源和基础设施不充足。贫困地区的公共卫生、教育等基础设施资源不能满足应急突发风险的需要，遭遇风险时贫困群体的基本社会活动难以开展。二是政府应急管理体系存在明显短板。2003 年的非典疫情时期我国经历同样的情况，但面对新冠疫情仍未能有效处理，重大疫情防控

相关立法和配套制度不够完备，重大突发公共卫生事件应急响应机制有待完善，说明我国对治理风险的经验积累工作不够重视。三是疫情发生后“次生灾害”研判和应对体系有待加强。疫情引发的“次生灾害”一方面容易造成重大的经济损失，例如贫困地区农产品销售难、贫困劳动力失业等问题造成贫困家庭经济损失；另一方面是疫情引发居民抢购生活物资、网友舆论纷争等社会问题，政府应对体系的不及时一定程度上加剧了疫情风险。

提高国家防控应急能力是有效应对风险危机和降低社会损失的重要途径，针对现阶段问题，政府须加强以下几方面工作：一是要健全统一的应急物资保障体系，把应急物资保障作为国家应急管理体系建设的重要内容，健全国家储备体系，按种类、规模储备风险应急所需的医疗和生活物资。二是改革应急管理体系，健全重大疫情应急响应机制，建立集中统一高效的领导指挥体系，做到指令清晰、执行有力，精准解决疫情第一线问题。三是加强和完善公共卫生等领域相关法律法规建设，提升风险“次生灾害”的应对能力，把生物安全纳入国家安全体系，强化生物安全风险防控，完善突发事件应对法，有效治理网络舆论，维护社会安全。

（2020年5月13日 人民论坛网、《国家治理周刊》 张琦　杨铭宇）

高质量打赢脱贫攻坚战

3月6日，决战决胜脱贫攻坚座谈会在北京召开，以电视电话会议的形式部署了脱贫攻坚的各项工作。此次会议是党的十八大以来脱贫攻坚方面最大规模的会议。中共中央总书记、国家主席、中央军委主席习近平在会上发表重要讲话，要求高质量地完成脱贫攻坚的目标和任务，为中国的脱贫工作指明了方向。

2020年是中国确定脱贫攻坚战的最后一年，同时中国又遭遇新冠肺炎疫情的不利影响。此时举行相关脱贫会议，意义可谓重大。它表明中国正汇聚社会的全部力量，以更大决心、更强力度，推进脱贫攻坚，确保如期实现脱贫攻坚的最后胜利。

一、吹响总攻冲锋号

党的十八以来，以习近平同志为核心的党中央把脱贫攻坚摆到更加突出的位置，全面打响了脱贫攻坚战。党的十九大进一步明确了扶贫攻坚战的具体目标，即“确保到2020年全国现行标准下农村贫困人口实现脱贫，贫困县全部摘帽，解决区域性整体贫困，做到脱真贫、真脱贫”。这是中国全面建成小康社会的底线目标，也是全面建成小康社会目标的重要标志。如果该目标得以实现，将是中国历史上首次实现消除绝对贫困的伟大创举。

国务院扶贫开发领导小组办公室发布的数据显示，中国的贫困人口从2012年年底的9899万人减少到2019年年底的551万人，贫困发生率由10.2%降至0.6%，连续7年每年减贫1000万人以上。

如果今年的各项工作顺利开展，中国到2020年底将会有1亿多人实现脱贫。这显示了中国不仅是全球最早实现联合国千年发展目标中减贫目标的发展中国家，而且也是提前10年实现联合国2030年可持续发展议程减贫目标的国家。可以说，中国的脱贫成效不仅是全中国人民共享改革发展的成果，更对推动世界减贫进程、完善全球减贫治理、促进国际反贫困理论发展有重要意义。

当前，突如其来的新冠肺炎疫情给包括中国在内的世界各国都带来巨大影响。这不仅是对中国国家治理体系和治理能力的一次考验，也是对中国能否如期完成扶贫攻坚目标和任务的一次考验。

在此关键时刻，习近平总书记在决战决胜脱贫攻坚座谈会上强调："到2020年现行标准下的农村贫困人口全部脱贫，是党中央向全国人民作出的郑重承诺，必须如期实现，没有任何退路和弹性。这是一场硬仗，越到最后越要紧绷这根弦，不能停顿、不能大意、不能放松。"可以说，这是中国发出脱贫攻坚总攻的最强音，更是脱贫攻坚战的总攻冲锋号。

二、取得胜利的重要因素

面对新冠肺炎疫情的严峻挑战，众多因素表明，中国是有能力也有信心高质量地实现脱贫攻坚的目标和任务的。

首先，政治优势与制度优势是取得脱贫攻坚胜利的坚强后盾。短短两个多月，中国就控制住了新冠肺炎疫情的蔓延，全国疫情防控形势持续向好。这充分证明了中国的政治和制度优势。而这也是中国取得脱贫攻坚最后胜利的坚强后盾。如今在脱贫工作中，中国已经构建了完备的贫困治理体系，涵盖管理、考评、监察等各个方面，并在精准脱贫的基本方略下，实施了定点帮扶、对口帮扶、易地搬迁等措施，从机制上确保了扶贫工作的有序开展。

其次，有效决策和坚决执行是取得脱贫攻坚胜利的必备条件。中国社会在抗击新冠肺炎疫情中充分展示了快速、果断的决策能力，以及高效、严格的执行能力。而这种能力也体现在平时的扶贫工作中，必将帮助中国取得脱贫攻坚的最后胜利。

现在，中国的脱贫重点主要分为三方面。

一是聚焦数量不多的深度贫困地区，同时防止一些脱贫人口返贫。目前，中国各地正瞄准突出问题和薄弱环节狠抓政策落实，尤其是对52个未摘帽贫困县和1113个贫困村实施挂牌督战，并对没有劳动能力的特殊贫困人口强化社会保障兜底。

二是坚持分级分类分区精准施策，瞄准目标发力。脱贫工作中，中国一方面针对疫情影响，对贫困地区精准把脉。在疫情严重的贫困地区重点搞好疫情防控的同时，统筹推进疫情防控和脱贫攻坚。在非疫区集中精力加快推进脱贫攻坚的各项工作。另一方面，进一步建立健全脱贫长效机制，对未脱贫的人口提供众多帮扶服务，以保证帮扶工作的持续性和连贯性。

三是坚持严格把关，注重扶贫质量。扶贫工作中，中国政府建立健全了扶贫机制，坚持从严退出、从严督导、从严普查，坚决杜绝虚假脱贫，确保脱贫攻坚任务高质量完成。同时，各级政府还加强了扶贫资金监管，提高扶贫资金使用效率，加强扶贫领域作风能力建设，反对形式主义、官僚主义。

三、交出满意的答卷

习近平总书记在决战决胜脱贫攻坚座谈会上的讲话，为中国的扶贫工作指明了方向。同时，他提出的一些新思想和新理念也成为中国取得脱贫攻坚胜利后巩固脱贫成果的工作重点。

习近平总书记在脱贫攻坚座谈会上提出要巩固脱贫成果，并表示可以为此考虑设立过渡期。脱贫攻坚胜利后，巩固脱贫现有成果，不仅是脱贫攻坚的内在要求，更是脱贫工作经得起历史检验的重要内容。

目前，中国已脱贫人口中有近 200 万人存在返贫风险，边缘地区人口中还有近 300 万存在致贫风险。对此，我们认为，脱贫攻坚胜利后，巩固脱贫成果将成为脱贫工作的重点，而这样的过渡期可分为两个阶段；首先是 3 年的巩固期，然后是 2 年的提升期。

在巩固期中，各级政府要对退出的贫困县、贫困村、贫困人口保持现有帮扶政策总体稳定，要严格落实摘帽不摘责任、摘帽不摘政策、摘帽不摘帮扶、摘帽不摘监管的要求，驻村帮扶工作人员不能撤。同时，要加快建立防止返贫监测和帮扶机制，提前采取针对性的帮扶措施。

而提升期可通过将巩固脱贫工作纳入乡村振兴战略，建立长短结合、标本兼治的新体制新机制等措施，推动脱贫工作体系平稳转型，彻底消除返贫的各种因素，形成富裕生活的良性循环。

“其作始也简，其将毕也必巨”。尽管疫情考验下，中国的脱贫攻坚工作面临挑战、但只要夯实现有基础、巩固以往成果，以更强决心、更大力度、更足干劲投入到最后的脱贫决战中，中国的脱贫工作一定能向历史和人民交上一份圆满的答卷。

（2020 年 3 月 20 日《人民画报》 张琦　王赟　张欣欣）

第二部分

中国减贫政策与实践：

绿色减贫论文选载

新时期我国贫困地区绿色减贫机制与路径的深层思考

2020 年是我国全面消灭绝对贫困的关键年，但同时也是脱贫地区衔接乡村振兴战略的关键时期。如何使贫困地区能够稳脱贫、久发展，是我们一直需要关注的问题。绿色发展理念对于贫困地区脱贫乃至振兴发展有着不可忽视的重要性，是关乎贫困地区能否长效发展的关键点。本文主要针对 2020 年脱贫目标以及未来长期的乡村振兴发展，从绿色发展角度构建贫困地区绿色减贫机制，重点在于深度挖掘深度贫困地区的绿色资源，充分转化绿色资源的经济、文化和生态价值，提升贫困地区的内在动力，进而促进贫困地区快速脱贫，稳步衔接乡村振兴战略。

一、绿色贫困问题日益突出

从人类发展历史来看，贫困是人类社会发展始终不得不面对的问题，也是国家维持经济发展和社会治理的主要体现内容之一。随着生态环境资源对全球人类发展的重要性不断提升，绿色发展理念对于人类整体的逐步凸显，贫困的概念面临新的突破和发展，绿色贫困也逐渐出现并成为人类贫困的重要内容之一。中国作为一个发展中国家，改革开放以来经济、社会、文化水平得到前所未有的提高，居民对物质和精神的需求也逐步提升。同时，随着绿色发展大战略的确定，由环境、生态、资源等自然因素引起的绿色贫困也日渐成为中国现阶段面临的棘手问题，因此绿色减贫是目前乃至未来中国减贫战略的必然趋势，是长远解决中国贫困问题的关键突破口。然而，绿色减贫概念究竟如何界定，绿色减贫研究机制怎样形成，绿色减贫路径如何实现都是目前中国乃至全球亟待研究的问题。

对于如何结合绿色发展与减贫，转变传统减贫模式，构建以可持续发展为目标的减贫机制是近些年学者一直探讨和研究的主题，有许多学者已开始关注生态环境与贫困的研究，主要侧重于生态环境与贫困之间的关系分析。刘慧、叶尔肯·吾扎提（2013）认为，要实现生态环境改善，贫困人口脱贫的最佳途径就是生态扶贫。郭来喜和姜德华根据1995年划定的592个重点扶贫县进行分类分析，得出生态环境的质量与贫困之间关联较大，环境越差，对减贫的负向作用越大[16]。曲玮等（2008）[17]从发展经济学和经济地理学等多维角度研究自然条件与贫困之间的关系。孙昕萌、石美遐（2011）在研究三江源地区扶贫脱贫时，认为三江源地区生产资源的破坏严重阻碍该地区农民脱贫致富。吴大华等（2015）[21]以反贫困的超前视角，提出关于“生态文明与反贫困”的最新论断，围绕“生态文明与反贫困”这个主题来探讨当下的反贫困问题。戴旭宏（2012）[22]提出绿色扶贫是经济发展与生态保护相结合，既是贫困地区摆脱发展困境的需要，也是提高综合效益的需要。可以看出，随着对生态环境保护与经济认识的逐渐客观化，很多学者都提出生态保护与经济发展的正向关系，打破了传统的“两者对立”的关系。但是学者普遍研究的重点是生态环境与减贫之间的“物理”关系，更多说明的是两者之间的“不冲突”关系，而对于绿色减贫的内涵延伸，以及绿色资源与减贫形成的“化学反应”研究甚少。

二、绿色减贫提出的意义

绿色减贫是新时期以来根据全球贫困特征以及全人类发展目标而提出的可持续减贫战略，然而从人类的发展规律以及与自然之间的关系来看，绿色减贫理念的出现并不是突然诞生的，而是随着人类与自然的不断发展、不断摸索、不断磨合而逐渐形成的，具有一定的历史必然性。

一是绿色减贫是衔接贫困地区脱贫与乡村振兴的关键纽带。2020年全面脱贫是中国全部贫困地区的共同目标，但同时也面临新一轮乡村振兴战略的挑战。因此如何做到全面脱贫以后快速衔接乡村振兴战略是目前贫困地区面临的重要问题。

绿色发展是以当地的长远发展为目标的，因此从实施内容上充分考虑贫困地区的内生发展，注重从贫困人口的文化水平、发展观念以及健康水平等方面进行改善，防止返贫现象或者代际贫困现象的出现，这为乡村振兴的发展提供了一定的基础，避免脱贫后出现无法自力更生的现象；同时，绿色发展秉持人、自然和经济和谐发展的原则，充分保护和有效利用当地的自然资源，在合理范围内“精而巧”地开发一些生态扶贫项目，增收的同时也进一步提升生态保护重视度，为贫困地区保留了“绿水青山”，与乡村振兴战略中的“生态宜居“相吻合。因此，绿色发展不仅仅是贫困地区实现脱贫的重要手段，也是衔接乡村振兴的有效桥梁。

二是绿色减贫为2020年后中国减贫指明新方向。2020年中国将在现有标准下，实现农村贫困地区脱贫，贫困县全部摘帽，解决区域性整体贫困问题，即在中国全面建成小康社会时间点下的贫困问题基本解决。很显然，一方面这种脱贫是在现有标准，即2010年2300元（不变价格）下的脱贫，也就是说初步完成了绝对贫困问题，这是一项历史性功绩，也预示着中国小康社会基本实现。另一方面，我们也不可否认我们的脱贫还是一种低标准下的脱贫，与2015年世界银行提出的每天1.9美元新贫困标准比较，仍有一定距离。事实上，绝对贫困问题基本解决，并不意味着贫困完全消除，当然，消除绝对贫困是不可能的，贫困永远存在，无论发展到什么阶段，贫困问题始终是人类面临的任务和挑战，中国的减贫之路也不会有终结。这就意味着2020年后，中国扶贫脱贫的目标和任务将会倾向于相对贫困问题，或者说低收入群体。绿色发展理念的融入为未来中国实现精准扶贫之后的减贫道路提供了宏观性指导。从联合国《2030年可持续发展议程》看出，经济与环境协同促进的可持续发展模式是全人类共同的发展之路，在未来的减贫道路中，不仅脱离不了绿色发展，而且绿色发展理念将会越来越凸显。随着绝对贫困人口逐渐减少，解决相对贫困在未来减贫中将是主要面临的任务，生态环境保护对于相对贫困的影响力也将会不断提升，绿色发展将起到一定指导和参考，绿色发展带来的绿色福利，将促进中国减贫之路健康、可持续发展。

三是绿色减贫是中国向世界展示减贫经验的“点睛之笔”。改革开放以来，中国的减贫成效可谓是世界性的“奇迹”，7亿贫困人口摆脱贫困，为全球减贫事业做出巨大贡献，当然，也在减贫探索中为世界留下了宝贵的减贫经验，而绿色减贫是中国减贫经验中的精华与创新。随着中国减贫道路的不断摸索和创新，从传统的“大水漫灌”式到精准滴灌扶贫，从被动式的给予扶贫到“授之以渔”的内生性扶贫，从经济主导的单维扶贫到可持续发展的绿色减贫，中国减贫道路逐步朝更健康、更长效的方向在走，而绿色减贫正是中国实现稳定脱贫和长期发展的有效经验。随着中国在国际舞台的重要性不断突出，中国承担的国际责任也在不断增强。绿色减贫理念的提出正是顺应了新时代中国生态文明建设的国际化发展思路，也是中国落实《2030年可持续发展议程》的有效体现，更是中国在全球生态保护与减贫相融合中所做的示范，为发展中国家更好的可持续发展做表率。

三、绿色减贫的内涵及理论基础

绿色减贫是以可持续发展为目标而实施的减贫战略，是以贫困人口生活水平和绿色发展协同推进为任务的发展战略。绿色减贫在传统减贫基础上具有更长远的理念和宏观视野，同时更针对于目前中国整体贫困特征而实施的针对性减贫策略，是中国乃至全球减贫发展的必然选择。

（一）贫困地区绿色减贫的内涵

根据绿色发展和精准扶贫的相关研究，可将绿色减贫定义为：绿色减贫是根据一个地区的自然、生态、文化等资源特征而实施的可持续减贫战略，从地区生态环境等绿色资源入手，通过构建绿色资源与贫困地区经济和社会价值循环机制，最终达到减贫与可持续发展的双重目标的发展战略。其中，“绿色”不仅仅指良好的生态环境资源，同时也代表一种具有包容性的、可循环的益贫式发展模式和路径。贫困地区绿色减贫是将绿色发展与减贫有机结合的减贫新理念和新升华。

从内涵来看，贫困地区绿色减贫主要可以分为宏观层面和微观层面：从宏观层面来看，是以可持续发展为目标，以绿色发展与减贫为共同任务的长期发展战略。充分考量人、自然和社会的协调统一发展，在减贫过程中注重绿色资源环境保护的包容式减贫发展模式。绿色资源保护是减贫的一个重要内容和维度，[1]其中绿色资源主要包括自然生态资源，如水、土壤、森林、大气等基本自然资源。此层面是绿色减贫较为基本的内容，也是绿色发展与减贫相融合的直接体现形式。从微观层面来看，主要是以绿色的、可循环的方式达到减贫目标的新型减贫模式。一是通过充分利用可再生能源达到提升贫困地区发展水平，提升贫困人口生活水平的目标，同时节约一部分不可再生能源，如利用太阳能、光伏、低碳等资源达到改善贫困人口生活水平的效果。二是指以绿色资源为资本，在生态可承载能力范围之内，建立可循环的绿色产业机制，在创造经济效益基础上达到减贫效果，如发展旅游业，通过充分利用自然资源建立旅游产业链，在提高贫困人口收入水平的同时，对当地环境产生良性影响。这是绿色减贫的核心及创新内容，打破绿色资源的传统价值，将生态资源通过市场货币化，使其价值充分体现出来，有效地解决环境污染，实现生态资源的可持续利用，[2]进而达到减贫效果。

（二）绿色减贫的理论基础

1. 可持续发展理论

可持续发展理论是1987年世界环境与发展委员会提出的全球发展战略，是指在达到人类发展需求的同时，又维持自然系统为人类持续提供经济和社会发展所带来的资源和系统服务的平衡状态。可持续发展在早期提出时主要是针对于当时的环境问题而提出的，随着社会的不断发展，可持续发展逐渐演变为生态、经济和社会综合发展的理念。从人类发展角度而言，可持续发展是人类发展的共同目标，也是满足不同代人持续发展的唯一路径，在实现过程中遵循三大原则，即公平性、持续性和共同性。所谓公平性，是指在发展过程中，一方面遵循本代人横向之间的平衡发展，及不同地区不同人群享有平等的权利与机会；另一方面也要重视当代人和后代人之间的纵向发展，在满足当代人基本需求的同时，充分考量后代人在未来发展中的发展潜力。持续性是从生态角度出发，保证生态系统在受到干扰或破坏时仍能保持其生存能力，具有较强的恢复能力和承载能力。共同性是指可持续发展的实现需要全球共同参与，共同协调，人与自然是可持续发展的共同主体。

2. 绿色发展理论

绿色发展是2002年联合国开发计划署首次提出的发展理念，旨在发展以效率、和谐、持续为目标的发展方式，将生态文明建设理念贯穿经济、文化和社会等各方面。绿色发展是将绿色经济、绿色社会和绿色政治等有机结合的综合发展体。从经济方面来看，绿色发展是指在资源环境承载潜力基础上，依靠高科技水平节约生态资本，发展低消耗、低能耗的经济发展路径[3]。从生态方面来看，绿色发展是指在生态环境承载能力范围之内的包容性发展方式，宗旨是对生态资源的保护和可持续发展。从本质看，绿色发展理论的提出来源于三方面：一是从中国古代而来的“天人合一”的智慧，即人类与自然共生、共处、共存、共荣，呵护人类共有绿色家园的一种人与自然和谐相处、相辅相成、互相促进的共生关系。体现了一种科学发展观念，是从经济发展到可持续发展、再到全面综合发展的理念延续和升级，是人类科学发展的表现。

3. 循环经济理论

循环经济理论是美国经济学家波尔丁最早提出，是指以整个社会因素循环应用为目标的经济理论。该理论认为较高的资源生产力的核心是降低浪费成本，避免造成污染的生产方式[4]。与传统经济相比，循环经济认为传统的经济发展并没有侧重内部的回收循环，对资源的利用最终停留在污染层面，而未形成内部循环机制。而循环经济则侧重的是一种经济与生态资源之间相互转化的发展模式，由传统经济的单线性发展机制升级为由资源到经济效益，再次反馈到资源利用的连贯模式，使整个经济系统得到优化[5]。与生态经济相比，循环经济同样强调可持续发展，但是具有不同之处；生态经济侧重经济与生态之间的关系，而循环经济则注重的是整个社会体系的顺畅运作，更侧重资源的重复利用，以及在利用过程中注重资源的节约和成本的控制。

四、贫困地区绿色减贫的内在机制

要实现绿色减贫，其本质是要完成贫困地区绿色资源向经济、社会以及生态价值的转化，进而形成贫困地区核心内源驱动减贫动力。“绿色”因素在循环中不仅仅是目的导向，而是经济系统中必不可少的中间要素，是推动贫困地区经济发展的有效途径。绿色资源的经济价值，使绿色资源在经济市场中的需求提高，带动社会、政府及贫困人口自身对绿色资源保护的重视度提升，从而促进贫困地区绿色资源的可持续发展。

贫困地区往往具有丰富的绿色资源，绿色减贫恰恰有效凝结了贫困地区各种资源条件，以维护贫困地区资源利用间的平衡关系，使绿色减贫循环模式通畅运转。首先，绿色减贫机制以贫困地区的综合发展为目标，突破仅以经济为主的单维度减贫模式，注重经济、社会、文化、生态、健康等不同维度协同发展。其次，绿色减贫充分考虑不同贫困地区的绿色资源现状和特征，对其本身现有的资源条件进行针对性的合理性开发，分区域的发展可以一定程度提高当地贫困人口对于本身地区发展的把控能力，从而提高贫困人口整体内生发展能力及减贫主动性，使贫困人口从被动的接受式减贫发展到主动创造式减贫。最后，绿色减贫各个环节间都存在相互影响、相互带动的“环环相扣”关系，形成“绿色资源利用—经济、社会及文化水平提升—绿色资源投入—绿色资源再度利用”的循环模式。由此看来，绿色减贫的核心在于其内部生态价值、经济价值与社会价值等互相转化、互相配合的机制。

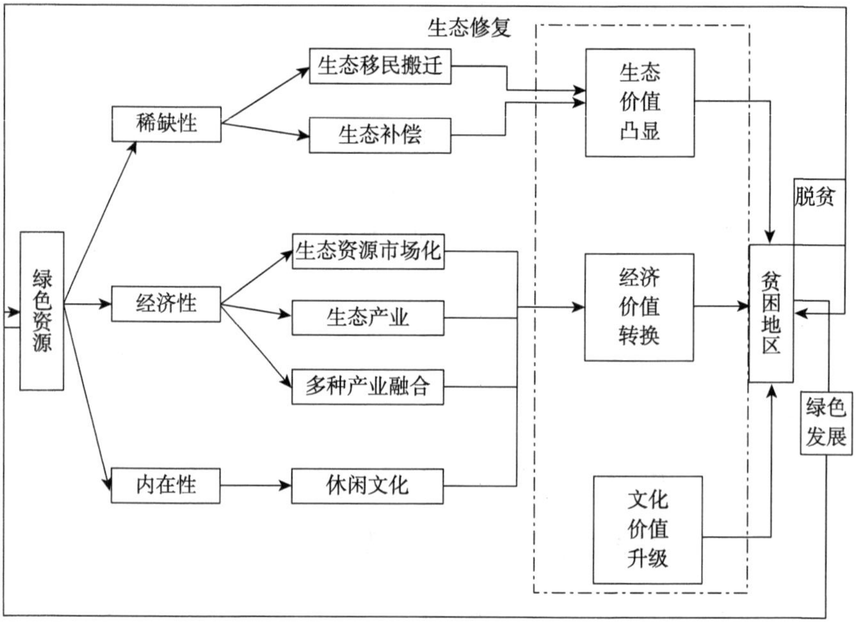

图 2-1　绿色减贫循环机制图

（一）绿色减贫的生态价值凸显机制

根据人与自然的发展历程可以看出生态资源环境与人类的发展从一开始并不是分裂和相违背的关系，生态资源的保护对于人类发展起到了积极的促进作用。尤其对于贫困地区来说，由于地域特征、自然条件以及自身的限制性开发等约束，贫困地区在国家发展中实际承担了“生态保障”“资源储备”和“风景建设”的角色[6]。绿色减贫在价值转化过程中，最关键的是赋予绿色资源更长远的意义和价值，挖掘和开拓绿色资源的潜在经济价值，打破传统使用“资源—产品—废物”的单向方式，有效使绿色资源转化为具有市场价值的绿色资本进行投资，从而达到价值的最终转化。

首先，中国的贫困地区大多集中于偏远的农村，现代化发展水平低，基础设施薄弱，产业发展单一。绿色资源是贫困地区经济活动的重要依赖，为贫困人口从事经济活动提供了良好的前提条件，对贫困地区减贫具有隐性的正向作用。

其次，绿色减贫完成贫困地区资源价值向经济价值和社会价值的转换。传统经济向生态经济、循环经济的转变，是当下全球人口剧增、资源短缺和生态蜕变的严峻形势下的必然选择。绿色减贫强调生态保护的同时，也旨在建立一种依靠良性生态资源为动力的生态经济体系，利用绿色资源为生产要素，通过贫困人口的参与和政府的政策引导支持，在合理开发绿色资源基础上充分发挥自然资源价值，使其转化为经济价值的过程。

最后，绿色减贫是经济价值有效反馈于绿色资源环境中的再一次转换过程，完成绿色资源与经济的逆向循环。绿色减贫利用绿色资源转化成的经济价值，再一次逆向反馈到绿色资源的保护和投入中，为下一轮的转换提供基础。在此过程中，经济价值除了用于提升贫困人口生活水平之外，一部分经济价值逆向转化为绿色价值，用于旅游业的生态资源保护投入及基础设施投入等。绿色生态资源产生的经济效益再一次用于自然资本的投入，打通了经济价值与绿色资源的逆向连接，形成了绿色资源与经济价值的闭合循环机制，为绿色减贫的持续性提供了保障和基础。

（二）绿色减贫的经济价值转化机制

生态资源除了本身具有的稀缺性之外，同时还具有消费性[7]，即生态资源除了自然价值外的经济价值，这种价值是针对于人类为主体而言的。人类在对生态资源利用开发时产生的利益就是生态资源的经济价值。然而如何在绿色减贫机制中体现生态资源的经济价值，既要达到减贫效果，又要避免生态资源的“一次性”消费是核心内容，这种经济价值的体现是建立在生态资源自身的稀缺性基础上的。人类的经济活动从本质上来讲是在一定的规模前提下，从环境中获取各种资源，经过生产和消费，又将其反馈到环境中的一个内在的物质循环系统。同样，在整个商品市场中，生态资源与其他资源一样具有经济价值，而这个价值的体现过程也当同样遵循市场的运行规律。“生产—消费—分解”是生态系统的基本代谢功能。生态因子的流动服从物质平衡的原理，构成生态系统的循环机制，各个物质在此循环机制中最终都可以通过植物利用的方式重新投入到生态环境中。绿色减贫正是遵循人类经济活动和生态系统的循环原则，在维护生态系统可持续运行的基础上，完成生态资源的经济价值转化，达到减贫目的。

从资本要素视角来看，资本是经济发展的根本，而绿色减贫的本质就是贫困地区内部绿色资源向绿色资本的价值转化过程。绿色资源曾在过去很长时间内被理解为与经济收入相关性不强的要素，甚至一定条件下还会阻碍经济水平的发展。然而这种观点随着不断的深入研究逐渐被推翻，在近期越来越多的研究中发现，绿色资源除了自身所具有的生态价值之外，与经济发展水平也具有内在耦合性，一个地区的绿色资源好坏程度往往与经济发展水平具有正向的内部关系。因此在绿色减贫中，绿色资源除了维护本身的生态特性之外，还应充分发挥绿色资源的商品价值，发挥其生态价值外的经济资本角色，使绿色资源作为贫困地区经济发展的资本惠及到每一位贫困人口中。

第一，生态资源的景观价值。从经济角度来讲，绿色减贫本质是一种长期的经济投资机制。绿色减贫并不仅是在传统减贫基础上增加绿色发展，而是构建一种绿色发展的减贫方式，通过提升绿色资源的保护程度和利用价值来直接或间接提升农民收入，进而提升社会整体经济发展水平。对于生态环境较好的贫困地区，生态资源丰富，绿色减贫能够充分发挥生态资源的景观价值，在合理开发范围之内，借助于市场需求，创造经济价值。比如一些贫困地区根据先天的自然景观优势、地理位置优势等发展景观旅游产业，通过满足游客的观赏需求及精神需求达到生态资源的经济价值转化，从而提升贫困地区人口收入水平进而达到减贫目标。如此一来，自然环境不仅仅是以保护为目的的任务，更是提升当地居民的关键要素，而对生态环境的保护也成为其提升收入的必要投资。因此，居民将良好的生态资源环境借助转化为经济价值，再次投资于生态环境要素的保护中，就形成了良性循环的生态——经济系统。生态资源通过市场合理配置扭转传统绿色资源的开发式发展模式，从传统的“资源—减贫—污染破坏—资源再开发”的恶性循环转变为“资源—经济价值—减贫—资源再投资”的良性循环，就能够使绿色资源转化为经济价值，最终达到提升贫困人口收入水平的目的。

第二，生态资源的生产价值。农业是贫困农村地区的主要产业支柱，与生态资源发展相结合的生态农业是贫困地区生态资源生产价值的有效体现。生态农业是指在保护、改善农业生态环境的前提下，遵循生态系统发展规律的集约化经营的农业发展模式，是农、林、牧、副、渔等综合起来的农业，是以经济发展为动向，结合农业生产、加工、销售为一体的现代农业，是贫困地区绿色减贫的来源之一。生态农业通过利用较高的现代科技和技术水平提升传统农业生产效率，提升农产品的经济效益；同时，生态农业在生产过程中注重生态环境的保护和循环利用，如土地的限制开发保护、农药化肥的使用控制等，降低在生产前、中、后段对环境的污染程度，从而促进生态资源的可持续发展。从本质看生态农业同样是生态资源的循环过程，从生产到产出再到销售，再到新一轮的投资生产，完成从资源到资本的自然转化，使贫困人口从中获得经济效益并达到生态资源的循环发展。同时，生态农业的另一种形式是充分发挥生态资源特性，结合农业生产和生态资源的发展交集，通过林下经济、种养结合等方式有效结合生态资源与农业协同发展，在提高单位耕地面积产量的同时，既保障了生态资源的保护效率，也完成了生态资源的经济和生态价值的双向转化。

第三，生态资源的市场价值。根据生态资源的内容与属性，生态资源主要是指土地、水资源、生物和气候资源，绿色减贫依据贫困地区的资源内容、特征及优劣势，以衡量不同资源的可再生能力为前提，通过选取合适的、具有一定经济效益和被开发承载能力的绿色资源进行开发，投入贫困人口劳动力，通过市场调节，透过绿色产品和服务的供给和需求产生复杂的相互作用，进而对绿色资源形成合理配置，达到贫困地区提升经济效益的目标。在生态资源的市场价值体现过程中，主要有两种类型：一是绿色农业的市场价值，农业作为一种生态良好型绿色产业，本身具有一定的市场竞争力，是绿色减贫的核心力量之一。贫困地区根据市场需求，改善农产品供求关系，有效调整农业结构，通过创新生产技术等手段完成农产品数量向质量的升级，发展优质、绿色农产品，促进农业结构性改革，提升农产品经济效应，推进农业市场价值转化。二是水、空气等生态资源本身的市场价值。由于地域间生态环境的差异性特征，生态资源对于不同地区的人群来讲都具有其独特属性，产生一定的市场价值。比如空气、水等自然资源由于地域的差异具有一定的消费价值。绿色减贫通过可持续的、包容式的减贫方式使绿色资源流动方式由传统的封闭式转变为市场参与的资助循环式。如生态环境良好的贫困地区通过“卖绿色”“卖空气”等消费手段，由于地域的需求，根据生态资源的地域稀缺性，将生态资源的消费性合理利用，转化为消费产品，从而满足部分人群对良好生态资源的享受需求，达到贫困地区生态资源经济价值的转化，进而惠及贫困人口，达到绿色减贫效果。

第四，生态资源的参与价值。生态资源在经济价值转换过程中，除了依靠本身的特性直接被消费之外，同时还具有一定的参与性。这种参与性可以体现为与其他资源相融合而产生的内部参与性，同时也体现为在整个经济效益转化过程中，使消费群体产生的一种参与感。依据农村现有的资源，主要可以分成几类：（1）生态休闲旅游模式，主要依靠贫困地区的森林、土地、水等自然资源，发展具有参与性的生态旅游模式，使游客通过亲身参与而获得精神和身体的满足感，从而达到资源价值向经济价值的转化。而根据游客的需求和资源的禀赋，又可以将生态休闲旅游分为几类：第一类是休闲养生，主要依靠贫困地区特有的良好生态环境，结合养身理念，为游客提供一种短暂的享受环境，比如森林氧吧、汤浴等。第二类为生态餐饮，主要是结合生态环境与饮食消费，形成一种生态主题的饮食项目。此类项目往往也和第一种（生态休闲旅游模式）相结合，形成配套产业，比如目前开发较多的农家乐项目，结合当地良好的生态环境，形成原生态的饮食消费方式，使游客获得感官和精神的双重享受，同时使贫困人口得到直接经济效益。第三类是生态住宿，主要依靠贫困地区的生态环境特点，形成具有特色的住宿项目，如生态露营、森林木屋等方式，使游客体验亲身融入生态环境中的感受。（2）乡村生态休闲旅游。乡村休闲旅游主要是结合农村农业优势，充分挖掘农业的多功能特性，探索生态旅游与资源集约型、环境友好型农业相融合的减贫模式，其本质是推进农业与旅游业的产业融合，以循环经济和生态经济理论为依据，达到乡村资源的高效利用。从参与形式来看，乡村休闲旅游主要可以分为几种类型：一是休闲农场，是指依靠贫困地区农业资源优势，通过向周边城市居民提供一定的耕种条件，使城市居民通过参与种植、采摘、垂钓等一系列活动获得绿色生态农产品的同时，也获得对于乡村生活方式的参与式消费需求，从而达到贫困地区经济效益的转化。二是乡村休闲旅游，主要是通过结合贫困地区生态环境、农业资源以及民俗风情等条件，使游客参与其中体验美丽乡村的自然和人文特色，以生态采摘、垂钓等体验方式，满足游客的参与感，从而使贫困地区获得经济效益。同时，乡村休闲旅游的开发从另一方面也提升了贫困地区自身对于生活环境、卫生条件及医疗条件等外部条件的投资，使当地贫困人口居住环境得到整体提升，从而提高贫困人口自身生活质量。

（三）绿色减贫的内在文化价值升级机制

文化资源是绿色资源的一种，是贫困地区可持续发展的内在资源。文化资源有广义和狭义之分，其中广义的文化资源是人类从事的一切文化生活的总称，是人类精神生活的体现。狭义的文化资源是指能带来经济效益的具体文化活动。对于贫困生活而言，广义和狭义的文化资源对绿色减贫具有同等重要的经济和社会意义。从经济角度而言，文化资源同生态资源一样，具有一定的市场价值，尤其对于目前中国发展结构来看，人们对于文化资源的需求日趋上升，文化资源在市场上的价值不断体现出来，文化资源对于贫困人口同样具有减贫价值。因此，贫困地区依靠当地独有的文化资源，建立特色文化产业，是文化资源价值转化的重要思路。从社会和经济角度看，生态环境与贫困是社会发展和经济滞后共同造成的双恶化现象[8]。在贫困地区，往往呈现出生态与社会双重脆弱的问题。自然生态脆弱是指自然生态环境因天然条件差或后天遭受破坏而造成的承载能力较低现象；而社会脆弱是指一个区域社会关系和结构稳定受到先天或后天的破坏，导致潜在的受灾因素、受伤害程度及应对能力下降现象。社会脆弱主要体现在几方面：一是区域内人群组织结构的完整性受到破坏，如老龄化严重，外出劳动力转移造成区域内人口结构比例失调；二是区域内的社会问题和社会矛盾突出，这是社会结构不平衡导致的直接问题；三是区域的社会文化如习俗、传统等内部性因素受到破坏或遗失。绿色减贫应从贫困人口结构、贫困地区社会矛盾以及贫困地区传统社会文化保护等方面建立减贫机制。

文化资源的匮乏和遗失是贫困人口物质缺乏之外面临的精神层面的困境，也是绿色减贫理念的一大内容，是发展包容性、可持续减贫的主要动力之一。绿色减贫中的文化维度主要有四方面内容：一是文化观念和思想观念转变，主要指贫困人口对绿色减贫理念的认识及领悟，对可持续发展的包容性减贫战略的思想认同感，提升其与减贫政策的契合度和配合度，提升贫困人口自主脱贫的主动性。二是技术和知识教育培训，主要指贫困人口受教育水平和技术水平，旨在提升贫困人口的生产能力。三是文化资源的保护和开发提升，主要指贫困地区自然文化资源的保护和延续，提升贫困地区整体的精神文明建设水平及长期发展潜力。四是社会认同感，主要指贫困人口获得公平权益的机会和能力，使贫困人口在社会保障、医疗保险、就业机会等方面同非贫困人口获得均等机会，提升贫困人口在整个群体中的社会认同感。由此可见，立足文化角度，绿色减贫文化资源转化具体体现为几方面：

文化资源的精神价值传递。文化资源的主要体现形式就是精神状态，而良好的精神价值传递是利用文化资源减贫的核心机制。这种精神价值可以表现为一种观念、一种生活状态，也可以表现为一种内在涵养。首先，要想脱贫，就要从观念上“扶贫”，这种观念上的转变就是文化资源的精神价值体现。对贫困主体而言，从主观意识上认清贫困及减贫的意义，才能提升自主脱贫的主动性。绿色减贫机制从文化资源着手，在把握文化资源的基本属性基础上，通过外界宣传、教育等手段使贫困人口从仅提升经济的传统观念转化为“健康、卫生、社会保障、生态环境等”共同推进的减贫理念，从观念上走出困境，完成文化资源价值的传递。其次，文化资源的精神价值也可以体现在人们的生活状态上，绿色减贫通过加强公共文化服务建设、扩展文化内容，丰富贫困人口文化生活，使贫困人口从基本生活到精神层面，由经济水平到社会、文化等多种层面的改善，从成效上加深对绿色减贫理念的认同感。最后，文化资源的精神价值也体现在内涵和素质上，当今国际经济实力的竞争归根结底是劳动者综合素质的竞争，而同样绿色减贫中贫困人口素质提高是减贫成效的重要任务之一。绿色减贫通过绿色理念灌输、技术培训、教育扶持等途径提升贫困人口基本技能，增强贫困人口减贫脱贫的内在软实力，培养贫困人口的内生发展能力。

文化资源的消费性价值转化。文化资源同生态资源一样，具有一定的消费价值。[9]随着人们精神需求的不断提升，文化资源的市场价值逐渐凸显。对于贫困地区而言，大多数贫困地区属于少数民族地区，文化资源主要指本身地区较为传统的民族文化和具有一定意义的历史文化。文化资源由于本身具有的无形性特征，无法直接进行消费，但是文化资源可以选择一些实体产业或产品进行融合，以此来体现文化资源的消费性价值。绿色减贫充分利用贫困地区不同的民族特性和文化习俗等非物质资源，通过结合旅游产业以及一些民间手工艺品，使文化资源找到实体依托，进而产生经济价值，促进贫困人口减贫脱贫。从文化资源的发展方向来看，贫困地区文化资源消费性价值主要有两个转化渠道：一是打造贫困地区历史民俗文化旅游产业，依靠贫困地区特有的民俗文化资源发展文化旅游产业，比如少数民族村寨、小镇、民间歌舞、传统礼仪等等；同时可以依靠某些贫困地区历史文化发展进行历史文化体验旅游，如红色革命旅游、历史传奇人物故居浏览等等。其本质是根据市场需求，将贫困地区文化资源挖掘整合，与旅游产业相融合形成减贫机制。除此之外，在文化资源与旅游业相融合的基础上，进一步开拓民俗文化产品的消费市场，民俗文化产品是在民俗旅游基础上衍生出来的产业，是依靠当地具有特色的传统文化发展起来的特色商品，这种商品只有依附于当地的旅游市场才能体现价值，其本质是当地特有的文化资源所具有的差异性和稀缺性体现。比如剪纸、刺绣等手工艺品，依靠当地的文化资源融入使其经济价值大大提升，为贫困人口带来经济收入。同时，文化资源的整合、利用和开发使贫困地区的特色文化受到重视和保护，避免贫困人口陷入“文化困境”，文化资源得到可持续的良性循环保护，在经济效益的支撑下，具有长期维持与发展的延续能力。

五、进一步推进绿色减贫的思考

绿色减贫相比传统减贫模式而言，思路较新、实践较少，民众对其的接受需要一个过程，实践起来也需要一个周期。因此，为了更好地推进绿色减贫理念与实践相结合，需要因地制宜，探索出适合贫困地区自己的绿色减贫新路径。

（一）以生态保护为导向的产业绿色化减贫路径

产业绿色化是指在减贫产业项目的设计、实施及考核监测等环节融入绿色发展理念，注重绿色资源的保护及限制，通过结构调整、技术升级、提升管理等方式增强产业的绿色化水平进而使得减贫产业趋于健康、可持续发展。产业绿色化要求可持续理念贯穿于企业的产品研发、设计、制造、销售、回收等一系列过程中[10]。在此路径实施过程中，主要以贫困地区绿色资源保护为侧重点，尤其对于生态较为脆弱的贫困地区，绿色生态环境保护刻不容缓，旨在提高贫困地区的生态效率，为贫困地区打造一个健康良性的外部环境。同时，产业在绿色化过程中也为贫困地区带来一定的长期经济效益，增强贫困地区的可持续减贫潜力，对贫困地区的未来自身发展能力具有较为积极的影响。主要体现在以下几方面：

1. 绿色资源理念扶贫

绿色资源理念扶贫主要指在扶贫开发过程中注重对当地绿色环境的包容性发展，提升当地政府、企业以及贫困人口自身的绿色资源保护意识。一是在项目设计中注意考核当地贫困地区的生态环境承载能力，对于生态保护区要进行保守规划和开发，尤其对于部分生态环境较为脆弱的贫困地区，需在扶贫规划中充分融入生态环境保护因素，使生态环境保护成为扶贫开发考量的重要指标之一。二是在扶贫产业和项目实施过程中注重绿色环境的保护和可持续发展。比如在农业扶贫产业中，注重化肥、农药等单位土地面积使用量的控制。在发展畜牧业时，充分考虑植被的生长周期和生态可恢复性。在生态休闲旅游产业发展中，注重生态环境与旅游产业的协同发展，推进生态环境长期发展；对于拥有不可再生资源的贫困地区，严格按照标准控制生态资源的开发，制定严格考核体系，侧重推进有助于生态恢复的绿色产业。进一步推进结构调整和升级，改变原始的传统开发模式，采取一些新型可再生资源减缓生态资源的开发压力。

2. 生态补偿扶贫

对于生态补偿的概念，国内还未形成共识，目前主要有两种观点：一是以提供者为侧重，仅对生态服务的提供者进行补偿；二是奖惩并用，在对保护生态环境行为进行补偿同时，也对破坏生态环境的行为进行干预并采取收费等措施[11]。一个地区的贫困不仅仅体现在贫困人口自身的贫困上，同样也体现在这个地区外部环境的贫瘠上，主要指绿色生态环境的脆弱性。目前中国较多贫困地区生态环境破坏严重，因此减贫和生态环境保护是同样重要的两大任务，更确切的说，生态环境的“减贫”也是贫困人口减贫中的一项重要内容。生态补偿是将生态环境保护与贫困人口减贫完美结合的有效路径。根据定义，生态补偿主要包括几方面内容：一是从生态系统自身角度出发，对恢复或破坏生态环境系统所产生的费用进行补偿，二是通过各种渠道使生态环境产生的外部经济效益内部化；三是对一个区域或个人在生态环境保护方面所投入的真实成本和机会成本进行补偿；四是对于一些具有显著生态价值的生态环境区域进行投入。由此可知，生态补偿扶贫主要依靠以上途径对贫困地区或贫困人口倾斜，使生态环境受到直接或间接保护的同时，促进贫困人口减贫，同时提升当地企业和个人对于生态环境可持续发展的意识。

具体来看，生态补偿扶贫主要通过几种形式对贫困人口进行扶持：第一类是以中央政府为主导的生态补偿扶贫机制，主要是政府实施生态补偿政策，通过对贫困人口进行一定经济补助达到减贫效果。在中国最典型的、也是减贫力度和生态环境保护均较突出的政策当属退耕还林政策。1999年，四川、陕西、甘肃三省率先开展退耕还林试点，2003年，中国正式实施退耕还林补助政策。对退耕还林的农户，国家按一定标准补偿粮食，保障农户的粮食来源。在20世纪90年代西部退耕还林还草的试点工作中，现金补助标准为每亩退耕地每年补助20元。2007年，在20元的基础上，再根据地区划分分别额外补助每亩105元（长江流域及南方）和70元（黄河流域及北方地区）。2016年，补助调整为退耕还林每亩补助1500元，退更还草每亩补助1000元。第二类主要通过地方政府参与设立专项基金进行扶贫，比如农业部对沼气工程项目的补助基金，林业部对森林生态的补助基金等。第三类形式主要是依靠国际生态补偿机构进行合作扶贫，生态补偿在国际上发展实践较长，机制较完善，长期合作对贫困地区减贫效果显著。生态补偿对于中国生态系统保护以及贫困人口生活水平提高具有显著成效。以退耕还林为例，截至2011年底，工程区退耕还林面积保存率达到98.9%。

（二）经济角度下的农业绿色产业化减贫

农业是与绿色资源联系最为密切的产业，农业的发展内容、发展规模以及发展对象都直接与当地绿色资源环境挂钩，特定的农产品对于其所在区域的生态资源及其空间分布有特定的要求和条件，农产品的发展规模也是以当地区域自然环境为前提。可见，农业发展与绿色资源环境之间存在较为密切的联系和交集，农业发展与绿色资源环境的保护也能促进绿色农业的实现。对于贫困地区，农业生产是贫困人口赖以生存的主要产业，“靠山吃山，靠水吃水”自古以来就指的是依靠自然环境从事农业生产维持生活的状态，要使贫困人口脱贫，首先就离不开农业生产，而要发展农业生产，更离不开对绿色资源环境的考量。因此，“绿色生态资源—农业—贫困人口”三者是相辅相成、协同发展的关系，绿色农业扶贫结合绿色资源环境与农业扶贫，无论从绿色资源环境保护还是扶贫脱贫方面，都具有较高可行性。

1. 依靠不同地区绿色资源环境禀赋，顺时顺势发展相应特色农产品

“橘在淮南生为橘，生于淮北则为枳”。农产品对所在区域的温度、土地质量、空气、光照、海拔等自然条件有要求，不同的自然环境条件不仅对农产品的种植品种有要求，同时也会对同一种农产品的产量和质量产生影响。要达到高产值高质量的农产品，最基本的条件就是选取适合生长种植的地区环境。首先，绿色减贫是根据不同地区的自然条件因地制宜，选取适合当地发展的农产品。如贵州省毕节市赫章县的自然海拔较高，最高达到1200多米，适合种植的农产品种类较少，因此，当地通过对海拔及气温、土质等因素的

考量分析，选取种植较适合高海拔地区生长的核桃树。近些年，核桃树种植产业成为赫章县收入的主要来源，同时，由于该地区的自然条件与其他地区相比较更适合核桃树生长，因此当地核桃品质较高，市场的竞争力较强，单位价格也比其他地区更高，并具有逐渐形成赫章核桃品牌的发展潜力。其次，在同一地区内，由于不同农产品生长特性不同，可以针对不同农作物的种植，以林地资源和森林生态环境为依托，在林业种植的间隙种植适合的林下作物或养殖家禽，相互配合，发展种植业、养殖业、采集业等林下经济，在达到耕地有效利用的同时，对绿色资源环境进行包容式发展，有效促进绿色增长。林下经济具有周期短、见效快、投入少等特性，对增加林业附加值、拓宽农户生产路径、发展循环经济、推动绿色发展等都具有重要意义。尤其对于耕地面积有限的贫困地区，可以有效提高单位面积产量，增加贫困人口单位耕地面积平均收入，达到贫困人口减贫目标。同时，林下经济的发展可以有效促进贫困地区林业发展，有效实现林业与农业的有效融合，避免过度开垦耕地而减少林地面积的“顾此失彼”现象，真正达到绿色减贫效果。林下经济在发展过程中，还可以充分调动贫困人口对于种植的主导性和积极性，通过对不同质量耕地、不同林业类型、不同种植周期进行规划和调节，从而形成合理的种植结构，提高贫困人口内部减贫能力，提升贫困地区减贫脱贫的自发性和主动性，增强内部减贫造血功能。近年来，中国先后有不少贫困地区选择了林下经济减贫路径，并相继取得较明显的减贫成效。

2. 调整农产品发展结构，提升农产品市场竞争优势

农产品的最终销售平台是在市场，市场需求是决定农产品生产结构的“风向标”。2017 年中央一号文件强调，推进农业供给侧结构性改革，农产品也面临着“去库存”的问题，其本质原因就是农业生产与市场衔接的不准确，导致农产品生产结构出现不合理状况。随着中国农业的不断发展，人们生活水平不断提高，对于农产品的消费需求出现结构性变化，温饱型农产品趋于供需平衡，而中高端农产品消费市场潜力较大。因此，贫困地区需要从此入手，调整农产品发展结构，创建高竞争水平的农业发展减贫之路。第一，开拓适应于市场消费结构的农业减贫路径。根据目前中国市场对于农产品的消费需求，温饱型农产品在市场上的供给逐渐大于需求，竞争优势不断减小，中高端农产品的需求逐渐增大，贫困地区在自身绿色生态资源条件允许范围内，调整农产品结构，减小温饱型农产品比例，发展中高端农产品生产，通

过创新农产品营销模式和提高农业科技水平，提高贫困地区农产品在市场的竞争力。第二，以绿色生态条件为依托，推进农业区域结构调整减贫路径。由于中国贫困地区范围较广，绿色资源条件各异，因此对于不同区域的贫困地区应根据其绿色资源条件和农业资源禀赋因地制宜，形成具有自身区域特色的农业结构。如对于绿色资源条件较好，农业生产环境较为优异、周围区域经济带动较大的贫困地区，可以发展优质农产品品牌，利用天然优势和区域优势，提高农产品的市场竞争力。而对于绿色资源环境较差的生态脆弱贫困地区，着力发展节水农业、生态农业和特色农业，充分考虑当地资源承载能力，选择环境良好型的农业。同时，为了进一步改善贫困地区生态脆弱性，结合生态保护发展生态农业，从而达到高经济效益、高生态效益和高社会效益的综合发展效果，提升贫困地区整体发展能力。近年来，有许多贫困地区结合自身自然条件和市场需求，加快调整农业产业结构，选择更适应于本地区，同时又具有较高市场需求的农产品。比如贵州省毕节市大方县，基于耕地面积少、土地质量低的自然条件，由原来种植传统的农作物转为中药材、烤烟、畜牧、皱椒、精品果五大主导产业，全力推进山地高效农业和医药大健康产业发展。截至 2015 年，大方县实现粮食产量 21.86 万吨，种植蔬菜 50 万亩，其中辣椒 20 万亩，药材 11 万亩，新增精品水果种植 1.6 万亩，新建茶叶标准化基地 5 个，实现农业产业结构的调整和升级，促进了贫困人口的经济增收。

3. 增强企业带动力，拓宽农业价值链

贫困地区的绿色企业拉动是贫困人口脱贫的又一个重要路径。企业通过对贫困人口采取绿色项目倾斜支持、减缓贫困人口就业压力等方式对贫困人口进行直接和间接的经济带动，主要表现为以下几方面：

第一，优先务工，促进贫困户脱贫。企业是贫困人口的最直接带动渠道，由于大多数贫困人口收入水平低，没有能力和资金进行自主创业，或者有一部分贫困人口因为子女、老人、及自身原因无法外出务工，因此，企业可针对于这部分人群采取直接务工的方式进行扶持。首先，在投入方面无需贫困人口负担资金，并通过打工支付其一定的经济酬劳，减轻贫困人口及家庭的经济压力。其次，企业可以就近为贫困人口安排就业，解决外出打工所带来的家庭问题及成本问题，对贫困人口生活质量提高具有很大影响，也缓解了贫困村因为外出劳动力过多而造成的乡村空心化现象。最后，企业通过对贫困人口进行观念上的培训和技术上的指导等扶持提升贫困人口的发展意识和专业技术水平，使贫困人口在提升专业知识的同时，逐渐形成减贫的主动性和积极性，为今后贫困人口自主发展产业提供内在基础。

第二，入股分红，资助贫困户创业。除了直接务工以外，企业还会对贫困人口提供一定的投资机会，贫困人口可以用一部分扶贫资金入股，由农民变为股民，享受企业带来的红利，按股分红，使贫困人口不仅获得务工带来的收入，同时通过入股也能得到更多经济效益，获得双向收入。

第三，与贫困村专业合作社及大户开发项目，直接和间接带动贫困户。由于贫困人口分散，贫困类型多样化，企业对贫困人口“一对一”式的扶贫规模小，拉动能力有限。因此，对于部分贫困人口占比较多的贫困村，企业可以通过直接与当地大户以及专业合作社进行项目合作带动贫困人口脱贫。企业为大户或者专业合作社提供产业贷款资金、技术培训、产品销售等全方位的扶持，保障了整个产业的经济效益，而在整个扶持过程中，为了进一步带动当地贫困人口脱贫，使经济效益尽可能精准到贫困人口上，企业和政府对大户和专业合作社都有一定的要求，比如分配贫困人口一定的参与比例、给大户或者专业合作社一定的扶贫脱贫任务，从而激励对贫困人口的倾斜扶持。

近年来，有不少企业对贫困地区提供较大扶持，并取得了显著成效。其中恒大集团对于贵州省大方县的扶贫拉动可谓典范。2015年12月，恒大集团对大方县投入扶贫资金30亿元，三年实现全县建档立卡数据库中的175个贫困村18万贫困人口全部稳定脱贫。其中，在绿色产业扶贫方面，投资12亿元扶持1000个互助合作社，建设1000处特色农牧业生产基地。设立3亿元恒大贫困家庭创业基金，采取以奖代补方式直接奖励，帮助3万人脱贫致富，扶持贫困家庭创业942户。在生态扶贫方面，恒大集团通过建立易地扶贫搬迁项目，建设相应的具有产业支撑的新安置区域，对生活在较为偏僻、基础设施落后以及生态环境较差地区的贫困人口进行搬迁扶持。在社会保障方面，恒大集团出资3亿元兴建了一所慈善医院、一处养老院和一所儿童福利院。目前已完成十三期5800人的技能培训，吸纳就业6914人，直接带动近2万人脱贫。恒大通过吸纳周边贫困户，大力开展技能培训，将贫困农民培训成为产业工人，采取“公司+基地+合作社+农户”的合作模式，带动专业合作社的发展，培训统一指导、统一销售，按成本价提供种子给群众种植，公司负责订单回购产品，针对无力就业家庭中特别困难的六户开展长期结对帮扶，精准扶贫。

（三）绿色生态资源市场化减贫路径

将贫困地区的生态资源优势转化为具有市场竞争力的生态产业，最大程度发挥生态资源的经济价值是贫困地区减贫的另一渠道和路径。由于中国的贫困地区大多分布在农村，生态资源破坏程度相对较低，生态资源是贫困地区具有的相对优势，充分发挥生态产品的本身价值和使用价值，增强贫困地区生态产品的市场竞争力，是贫困地区整体发展和贫困人口脱贫致富的发展路径和方向。

1. 中国贫困地区乡村小资源式的全域旅游扶贫路径

中国许多贫困地区拥有先天的自然环境及历史、民族文化资源，然而受地理环境天然因素的影响，与我们理解的传统资源不同，这些资源并不是所谓的“名胜古迹”“名山名水”，而是规模不大，且分布不集中，知名度较低的一些“小资源”，加上贫困地区经济基础薄弱，这些资源开发不够完善，辐射范围也较有限。然而，也正是因为小资源此种特性，形成了其特有的自然优势，主要表现为数量多、遍布广，在贫困地区之间具有较多类似的资源点。

从目前来看，乡村小资源一直未被农村地区尤其是贫困地区所开发利用，其经济价值远未体现。然而对于贫困地区而言，资源优势原本较弱，小资源的利用更加重要。

第一，整合资源，打造全域性小资源旅游区。乡村小资源由于规模小、分布多，在贫困地区遍布较广，因此需要打破形成界限，以整体区域为发展对象，对不同区域的小资源进行整合，打造全域性的旅游扶贫模式。全域旅游产业促进特色经济增长，一是以全域旅游视野打造旅游产业，二是以旅游产业为依托发展特色现代农业，以全域旅游开发推进扶贫攻坚的新进展。着力打造绿色资源扶贫项目，推动扶贫工作由输血向造血转变。如此一来，从旅游开发方面来看，全域式的旅游模式无论从规划布局还是开发实施都具有统一性。从减贫方面来看，全域式的旅游模式可以通过集结较多的贫困地区小资源的形式，给更多的贫困人口提供就业机会和经济收益，与以村或乡为单位的减贫相比，此种路径更具有带动效应。

第二，创新升级，打造品牌式旅游。贫困地区的小资源在长期发展过程中没有受到足够重视，因此开发程度较小，保持了较原始的风貌。但也因为如此，在目前新的市场需求背景下，这些小资源具有更大的发展潜力。尤其对于一些本身具有明显特色和代表性的自然或人文资源，通过政府的支持和对外宣传，完全具有形成带动效应相对较强的旅游景观的潜质。首先，进一步创新升级，挖掘贫困地区中具有特性的小资源，打造成具有市场竞争力的品牌式旅游产品。譬如贵州省毕节市的“百里杜鹃”风景区，借助于其天然的大规模杜鹃园，通过政府的开发和打造，目前在贵州省已具有较大的旅游价值。在杜鹃花期，每天的客流量达到上万人，带动周边大批贫困人口脱贫致富。同时，品牌旅游产品的打造还有助于带动周边区域小资源旅游产品的集聚发展，进而发挥更大的减贫辐射效应。其次，将自然景观与人文风俗结合，打造具有乡土气息的文化旅游项目。不难理解，越是偏远的地区，其人文风俗、历史文化痕迹保留越是完整。在世界高速发展的当下，人文景观对于消费者的吸引力越来越大，因此自然风光与当地文化的结合，能够提升旅游产品的人文风情。

第三，瞄准定位，打造以临近区域消费者为对象的专属旅游产品。贫困地区由于大多位置较为偏远，交通不便，考虑到旅游成本以及小资源本身的影响力，这些地区的小资源旅游对于较远地区的游客短期内达不到较大的吸引力。贫困地区精准定位，从市场需要找准具体消费区域，以临近区域的人群为重点，打造针对性的专属旅游产品。比如根据临近区域或省内人群的生活习性、文化特征及偏好等需求选择性地打造省内小资源旅游产品。从开发成本来说，以吸引当地或省内消费人群为短期目标，进行分期开发，可以为贫困地区政府节约旅游项目建设成本，缓解当地财政压力。精准定位，实际布局，可以更有针对性地选取消费对象和消费地区，更有效地提升旅游产品的经济效益。

由于乡村小资源的发展时间相对较少，小资源整合基础薄弱，因此未来在此方面的力度仍有待进一步提高。首先，提高民众对于本地区小资源的保护意识。由于农村小资源长期以来未能体现其经济价值，当地人口保护意识不强，一定程度上可能对其造成破坏，因此有关部门需提高贫困地区人口对农村小资源的经济价值意识以及保护意识，通过培训、宣传、讲解等方式对贫困人口进行理念灌输，也为后期小资源旅游开发和项目推进实施奠定基础。其次，加快政府部门对小资源的整合和规划实施。政府部门需进一步加快对贫困地区小资源的整合进度和规划实施，使小资源旅游开发所产生的经济效益尽快惠及到贫困人口，增强贫困人口对于小资源经济价值的认识和信任度，提升贫困人口对于小资源旅游开发的主动性，提升贫困人口发展本地区旅游产业的积极性，提升贫困地区自主减贫内生动力。最后，推进不同贫困县环保部门与扶贫部门的沟通和联动，使小资源保护开发和扶贫减贫真正对接，采取综合考核制度对小资源旅游开发扶贫成效进行监督。小资源旅游开发整合的最大特点是打破地域限制，联动多个乡与县区实施整体规划，但这也是其面临的挑战和难点，由于行政划分的管理差异，在整体规划和项目推进过程中，多个县或乡统一实施难度较大。因此在整合过程中，不同贫困县区的政府、环保部门以及扶贫相关部门需要进一步加强沟通与合作，从全域旅游出发，科学布局，精确分工，责任到位，建立高效率合作机制。

2. 文化与自然资源相结合的多元旅游扶贫

随着社会多样性发展，旅游的内容在不断深入，旅游形式也逐渐趋于多元化，基于此背景，贫困地区借助于文化资源和自然资源相结合的方式打造多元化旅游扶贫路径，在产生经济收益的同时，也能进一步对贫困地区文化产业进行再度挖掘和开发，提升贫困地区旅游开发的潜在能力。多元旅游的内容大体可以分为几方面：（1）自然资源：自然资源主要是指当地经过长时间的自然地理环境演变而形成的具有一定特色的自然风光的景象，主要因素包括地貌、水体、生物、气候等。这类资源主要分布在绿色良好型贫困地区，具有较好的自然生态条件和较高的经济利用价值。（2）民族文化资源：主要指一个地区伴随着不同民族长时间的生产生活所遗留下来的能够体现其特点的物质和精神的总和，民族文化资源其实更多情况下是一种非物质文化积淀，比如一些习俗、节日或者活动。同时也有一部分具体的物质遗留，比如宗庙、民居建筑、生活用品等等能体现当地的民族文化价值。贫困地区中有相当一部分为少数民族，2015 年中国民族八省区农村贫困人口为 1813 万人，占全国的比重为 32.5%，这些地区都具有非常丰富的民族文化资源。（3）历史文化资源：历史文化资源是指当地历史上发生的对人类生活方式或精神层面产生较大影响的重大事件的文化积淀[12]。主要包括古人类遗址，古代都城遗址、古战场遗址、名人遗址等。贫困地区在市场经济条件下，依托自身独具特色的历史文化资源，把资源转化为文化产品，提升其市场价值。（4）红色革命资源：红色革命资源属于历史文化资源中较为特殊的一种资源，主要是指领导中国人民走向独立解放和繁荣富强的伟大历史进程中形成的革命遗址、革命文物及其所承载的革命精神的总和。以“中国革命”为主题的红色资源是发展红色旅游的主要资源。随着文化水平的不断提高，红色旅游在中国的市场竞争力也逐渐增强，井冈山作为革命老区，红色旅游的资源较好，开发取得突出效果，并带动了周边一大部分贫困人口脱贫。据统计，截至2016年上半年，井冈山共整合各类扶贫资金2亿元以上用于扶贫开发，实现全山贫困人口下降幅度达到46.75%，贫困户人均增收1500元，全山贫困发生率由13.5%下降至7.8%[13]。

然而，目前贫困地区的多元旅游扶贫开发存在一定的挑战和困难，主要表现为文化资源开发力度欠缺，未能形成足够的影响和带动效应。应注重当地传统文化习俗保护，加大对贫困地区传统建筑、工业等生产生活和非物质遗产的保护，促进当地传统文化的创新与传播，建立合作沟通和共享协作的可持续发展旅游伙伴关系。因此，为了进一步提升多元旅游经济效益及对贫困人口减贫的带动作用，提出几点建议：第一，加大贫困地区各级政府、各个部门对于资源整合的沟通和交流，努力挖掘自然资源与文化资源之间的共性与交集，开拓出适宜当地发展的多元旅游机制。第二，调动社会力量参与，加大多元旅游资金投入。由于贫困地区自身财政薄弱，需通过招商引资等渠道加大社会参与力度。同时，政府应对贫困地区文化旅游提供政策倾斜支持，进一步鼓励社会资源流入。第三，加大政府及社会宣传力度，尤其对于贫困地区文化背景的宣传，要利用新兴媒体传播当地文化资源，提升多元旅游的市场影响力。第四，加大贫困地区文化资源与自然资源的保护力度。在多元资源旅游开发的同时，更要注重资源的进一步保护。以可持续发展为目标对资源进行保守型开发，对于部分生态保护区，需实施一定的限制，如控制每天平均客流量等；对旅游企业污染环境的情况进行严格控制，并建立完善的考核和奖惩制度，达到经济效益、社会效益和生态效益的协同发展。第五，加大对贫困地区人口保护意识理念的教育。政府需通过培训对贫困人口进行理念树立，使贫困人口自身对当地的旅游资源形成保护意识。

3. 自然资源与农业相结合的休闲观光农业旅游扶贫

休闲观光农业旅游扶贫是近几年来中国实施的又一重要扶贫路径，对贫困人口经济带动显著，减贫成效较高，具有很强的适用性和传播性。休闲观光农业是指休闲观光旅游与农业有机结合的新型旅游模式，是通过将农业生产与休闲娱乐结合起来的互动式体验旅游，比如通过自主种植、自主采摘、自主经营的旅游模式吸引周边游客进行体体验式互动旅游，对贫困地区与周边城市居民具有经济和文化的双赢效果，主要体现在三个层面：第一，经济价值。休闲观光农业的基础仍是农业，而利用休闲观光旅游的方式本质是拓宽了农业的销售市场和渠道，在农业传统销售的基础上，通过农园采摘、乡村体验等休闲旅游，使农产品的价值本身得到附加提升，以一种旅游产品的形式拓宽农业产业价值链，从而提升农业经济效益。同时，休闲观光农业作为一种旅游产业本身具有一定的产业带动作用，能够为贫困地区的市场机遇以及潜在经济发展提供一定的条件。第二，生态价值。休闲观光农业是以目前居民对于田园生活方式的需求为依托，对农业资源进行整合升级的新型产业。休闲观光农业以生态环境为资本，以新时期的田园风光和生活体验吸引游客观光、休闲、度假，具有改善生态环境质量的功效。

休闲观光农业与传统旅游模式相比，其优势是更普遍适合于农村地区，特别是贫困地区。贫困地区由于位置、交通等基础设施本身的发展滞后，许多贫困地区并没有较好的自然旅游资源，而且旅游机制也因经济因素的制约而不够完善，因此依靠传统农业减贫并不适合于大多数贫困地区。而休闲观光农业依靠农村自然的田园风光和农业，利用体验式、参与式的方式形成了特殊的田园生活旅游模式，这种模式不依靠具体的自然景观，而是借助农村本身具有的农家风光进行开发利用。因此，更具有普遍适用性。对贫困地区的拉动幅度也更加明显，主要体现在几方面：第一，收入带动。首先，休闲观光农业对于收入具有直接拉动作用，主要有三方面收入来源：（1）农业收入；（2）旅游产业带来的收入；（3）延伸农业产业链，积极引导和扶持贫困农户发展农家乐，形成农家乐和特色种植的优势互补，提高综合效益，吸引更多的周围游客到农村旅游、休闲、度假，实现农业经济和第三产业服务共赢。第二，信息对称带动。休闲观光农业使贫困地区人口与游客都参与进来，充分带动贫困地区与外界的交流和互动，尤其在信息方面贫困地区居民可以通过与游客的交流获得更多的信息，减少贫困地区与外界的信息不对称现象。同时，休闲观光农业依靠现代农业技术，利用互联网等技术开拓旅游市场，如采取全程监测的方式进行游客养殖业体验等，促进贫困地区与外界市场的衔接，使其对整体市场的敏锐度逐渐提高，从而提升贫困地区的内生实力。第三，绿色理念带动。理念的形成需要实践和结果为导向，绿色理念的形成也需要依靠实践及经济效益来体现，尤其对于贫困地区，简单的绿色观念灌输效果并不明显。然而，休闲观光农业的实施加大了贫困人口对于绿色环境资源保护的任务性，使贫困人口认识到绿色环境的维护和改善是休闲观光产业的必要投资。同时，其产生的经济效益也驱使贫困人口对于当地生态环境进行自发性保护。

（2019年第6期《甘肃社会科学》张琦　冯丹萌）

参考文献

[1] 邓远建，张陈蕊，袁浩. 生态资本运营机制：基于绿色发展的分析［J］. 中国人口·资源与环境，2012（4）：19-24.

[2] ADAMS W M，AVELING R，BROCKINGTON D，et al. Biodiversity conservation and the eradication of poverty［J］. Science，2004（306）：1146-1149.

[3] 徐志明. 扶贫投资低效率与市场化反贫困机制的建立［J］. 乡镇经济，2008（9）：83-87.

[4] 徐丽媛，郑克强. 生态补偿式扶贫的机理分析与长效机制研究［J］. 求实，2012（10）：43-46.

[5] 佟玉权，龙花楼. 脆弱生态环境耦合下的贫困地区可持续发展研究［J］. 中国人口·资源与环境，2003（2）：47-51.

[6] 苏静，胡宗义，肖攀. 中国农村金融发展的多维减贫效应非线性研究——基于面板平滑转换模型的分析［J］. 金融经济学研究，2014（4）：86-96.

[7] 刘俊英. 中国政府民生服务及其减贫效应分析［J］. 经济问题探索，2013（9）：21-26，13.

[8] 张小鹣，付英，马燕玲. 农村扶贫开发动态评价指标体系构建研究——以兰州市为例［J］. 浙江农业学报，2014（1）：229-234.

[9] 刘廷兰，赵洪伟. 基于模糊层次分析法构建少数民族地区农村扶贫效果评价指标体系［J］. 农村经济与科技，2013（11）：148-151.

[10] 郭建宇，吴国宝. 基于不同指标及权重选择的多维贫困测量——以山西省贫困县为例［J］. 中国农村经济，2012（2）：12-20.

[11] 郑功成. 社会保障学：理念、制度、实践与思辨［M］. 北京：商务印书馆，2000.

[12] 陈辉，张全红. Alkire-Foster模型测度城市多维贫困的研究——以广东省中山市为例［J］. 五邑大学学报（自然科学版），2013（2）:32-36.

[13] 伍策，元月. 井冈山精准扶贫作用凸显 红色旅游已成全国样板，［EB/OL］.（2016-07-08）http：//www.china.com.cn/travel/txt/2016-07/28/content_38974437.htm.

治理现代化视角下新时代中国绿色减贫思想研究

在十八届三中全会上，以习近平同志为核心的党中央将“完善和发展中国特色社会主义制度，推进国家治理体系和治理能力现代化”作为深化改革的总目标，首次提出“国家治理现代化”理念。作为国家治理的重要组成部分，新时代治理现代化对贫困治理和环境治理提出了新标准和新要求，要求政府不断更新治理范式，注重治理过程中的价值取向。习近平绿色减贫重要论述为贫困治理和生态治理找到了一条共赢的道路，促进了扶贫减贫与环境保护的协同推进。他多次强调贫困地区的脱贫致富应该坚持走绿色发展之路，提出“绿水青山就是金山银山”“保护生态环境就是保护生产力”“良好生态环境是最普惠的民生福祉”等一系列具有绿色减贫意蕴的主张和观点。绿色减贫通过绿色手段和方式推动贫困地区和贫困人口脱贫，是新时代我国贫困治理现代化的必然趋势。在我国绝对贫困转向相对贫困、脱贫攻坚与乡村振兴衔接的关键时期，从推进治理现代化的视角阐释习近平绿色减贫重要论述的科学内涵、精髓要义，将使我们更好地凝聚绿色减贫的强大力量，对实现共同富裕和中华民族的伟大复兴具有重要的理论和实践意义。

一、习近平绿色减贫重要论述的形成脉络

思想和理论源于实践。习近平新时代绿色减贫重要论述是在实践中形成并不断升华的。习近平绿色减贫重要论述不断深化对“环境与发展的关系”这一问题的认识，成为指导新时代我国减贫和发展的根本遵循和行动指南，为我国扶贫和环境保护探索出一条有效的现代化治理路径。

（一）绿色减贫重要论述初具雏形——“两山论”

在深度剖析地方经济社会发展的阶段性特征和现实难题过程中，习近平形成了“两山论”的重要思想。2006 年，习近平从认识论的角度完整阐述了“绿水青山”和“金山银山”之间的关系。他指出：“人们在实践中对绿水青

山和金山银山这‘两座山’之间的关系认识经过了三个阶段：第一个阶段是用绿水青山去换金山银山，不考虑或者很少考虑环境的承载能力，一味索取资源；第二个阶段是既要金山银山，但是也要保住绿水青山，但这时候经济发展和资源匮乏、环境恶化之间的矛盾开始凸显出来，人们意识到环境是我们生存发展的根本，要留得青山在，才能有柴烧；第三个阶段是认识到绿水青山可以源源不断地带来金山银山，绿水青山本身就是金山银山。”[1] 2013年，习近平在哈萨克斯坦纳扎尔巴耶夫大学演讲结束后回答学生提问时明确指出，“建设生态文明是关系人民福祉、关系民族未来的大计。我们既要绿水青山，也要金山银山。宁要绿水青山，不要金山银山，而且绿水青山就是金山银山”，这一回答是对“两山论”最简明、最完整的表达。“两山论”深刻认识到自然资源和生态环境的生产力属性，自然生态环境不仅是人类生存发展的物质条件，还是生产力要素和财富的存量形态[2]。“两山论”是我国经济发展中“环境制约的疼痛”的理论钥匙，是破解经济发展和生态环境保护“两难”悖论的一种绿色发展模式，是一种科学的环境治理观，体现出习近平深刻的贫困和环境治理现代化理念。

（二）绿色减贫重要论述走向成熟——“生命共同体”理念

党的十八大以来，习近平绿色减贫重要论述有了新发展，提出了人与自然构成“生命共同体”的新理念。在党的十八届三中全会上，习近平提出“人的命脉在田，田的命脉在水，水的命脉在山，山的命脉在土，土的命脉在树”，并强调“山水林田湖是一个生命共同体”。十九大报告中进一步强调，“人与自然是生命共同体，人类必须尊重自然、顺应自然、保护自然”“坚持人与自然和谐共生”[3]。作为绿色减贫重要论述的重要组成部分，“生命共同体”理念继承和发展了马克思主义生态哲学观，进一步阐明和强调了人与自然的辩证统一关系，重视人与自然的双重价值，是对人类中心主义的根本超越。这一论述是具有前瞻性、战略性和全局性的贫困和生态治理的科学论断，拓展了习近平扶贫论述和生态文明思想的理论视域，为中国解决生态问题、推进减贫事业提供了现代化路径。

（三）绿色减贫重要论述再升华——“人类命运共同体”构想

当前，应对治理危机已成为全球共识。“人类命运共同体”的全球绿色发展构想是习近平绿色减贫重要论述突破国界、走向世界的一次升华。在全球化背景下，习近平对环境与资源及人类发展的矛盾进行了更高层次的思考。早在 2013 年，习近平就指出，保护生态环境、应对气候变化、维护能源资源安全是全球面临的共同挑战。十九大报告中，习近平又一次强调推动构建人类命运共同体，“始终不渝走和平发展道路、奉行互利共赢的开放战略，坚持正确的义利观，树立共同、综合、合作、可持续的新安全观，谋求开放创新、包容互惠的发展前景，促进和而不同、兼收并蓄的文明交流，构筑尊崇自然、绿色发展的生态体系”[4]。作为加强和完善全球治理体系的重要理念创新，“人类命运共同体”是中国为全世界可持续发展贡献的中国治理智慧。

二、习近平绿色减贫重要论述是贫困治理理念现代化的重要体现

治理理念决定治理方向。习近平绿色减贫重要论述是新时代最系统、最科学的贫困治理理念，是我国贫困和环境治理的重要依据。

（一）绿色减贫具有丰富的科学内涵

作为极具中国特色的新时代减贫发展理念，习近平绿色减贫重要论述源于实践又高于实践，是在对扶贫工作和环境保护不断思考、深化基础上形成的系统扶贫开发和生态治理新思路，具有丰富的科学内涵。绿色减贫重要论述核心价值内涵是通过与自然生态环境体系和自然生产力紧密相融，将自然、经济和社会资源寓于绿色发展体系中，提高资源配置效率，从而全面提升经济效益、社会效益和生态效益，改善和提高贫困家庭收入和生活水平，实现摆脱贫困的目标。这一重要论述兼具“绿色”和“减贫”两个概念：一是通过绿色的途径和手段实现减贫，绿色是工具，减贫是目的；二是在减贫中实现人与自然的可持续发展，减贫是过程，绿色是前提。其双重内涵深刻阐释了绿色与减贫二者之间相互依存、和谐共生的关系，是可持续的、以环境保护和资源科学利用为导向的促进贫困地区扶贫减贫的新理念。进一步来看，可以从绿色减贫概念中延伸出两层含义：一是绿色减贫是以环境保护为重要考虑因素的减贫理念，在实施过程中需要充分考虑贫困地区的生态环境承载

力和受污染情况，兼顾贫困人口扶贫脱贫与生态环境协同发展；二是在绿色减贫行动中，尽可能通过一种可持续、可循环的方式达到贫困人口扶贫脱贫目标，在行动中更侧重方式的科学化和效益的长期化。总之，习近平关于绿色减贫的重要论述蕴含着丰富的贫困治理和环境治理现代化思想，推进了国家治理体系和治理能力现代化。

（二）绿色减贫具有鲜明的理论品格

习近平绿色减贫重要论述具有鲜明的理论品格，包含人民性、科学性、继承性、创新性和实践性，充分体现了治理现代化的理论特质。第一，绿色减贫重要论述蕴含着人民性。绿色减贫的核心是以人为本。作为一种多维扶贫理念，绿色减贫不只是关注贫困人口的经济水平，还注重从生态、健康、教育、权利等多维角度改善贫困人口的生活水平，强调提升和促进贫困人口的生计能力、发展能力以及平等的权利和机会。绿色减贫有助于在提高贫困人口收入的同时使人民享受到良好的生态环境所带来的福利，使生态文明建设成果更好地惠及全体人民以及子孙后代，是真正以人为本的扶贫方式。第二，绿色减贫重要论述具有科学性。作为一种可持续的扶贫理念，绿色减贫将扶贫工作与保护生态环境结合起来，强调人与自然和谐发展，不再单纯地强调经济增长，要求经济发展必须在资源和环境的承载力范围之内，逐步形成贫困地区和贫困户的自我积累与发展能力，依靠自身力量解决温饱、实现脱贫致富[5]，这是一种减贫与社会、环境等多项要素相结合的科学减贫方式。第三，绿色减贫重要论述具有继承性。习近平绿色减贫重要论述在继承发展马克思主义关于“人与自然和解”的生态观的同时，借鉴吸收了中国传统文化中“天人合一”的自然观，进一步推进了关于人与自然的辩证关系的认识。“绿水青山就是金山银山”的理念从生态保护和经济发展和谐共赢的角度阐述人与自然的和解是实现人与人和解的关键，正体现出习近平绿色减贫重要论述对于马克思主义思想和中国传统文化的继承。第四，绿色减贫重要论述具有创新性。马克思主义政党最重要的理论品格，就是坚持一切从实际出发，理论联系实际，实事求是，在实践中检验真理和发展真理，不断推进实践基础上的理论创新。绿色减贫重要论述是习近平在实践基础上总结凝练出来的，具有高度的创新性。与此同时，围绕减贫和环境保护进行的一系列体制机制和政策措施的探索也充分体现了习近平绿色减贫重要论述创新的理论品格。第五，绿色减贫重要论述具有实践性。习近平绿色减贫重要论述在深刻理解新时代中国社会主要矛盾的基础上，创造性地将绿色减贫和解决社会主要矛盾进行逻辑互动，将处理好脱贫攻坚与生态环境之间的关系作为解决主要矛盾的关键，不断在实践中完善绿色减贫顶层设计和政策手段，创新绿色减贫的模式和方法，促进贫困地区的资源环境优势转化为经济优势，在保护环境的同时实现了脱贫致富，具有高度的实践性。

三、习近平绿色减贫重要论述的创新实践有效推动贫困治理的现代化

在习近平绿色减贫重要论述的指导下，我国在实施精准扶贫的过程中，围绕绿色减贫进行了科学的制度设计，出台了一系列创新性的政策措施，因地制宜探索出各式各样的绿色减贫实践，有效促进了贫困治理能力的提升和治理手段的现代化。

（一）完善绿色减贫的制度和政策设计，促进贫困治理的制度化

制度现代化是实现治理现代化的前提。在脱贫攻坚过程中，国家始终立足于构建扶贫开发与生态环境保护相结合的制度保障和工作机制，探索从建立科学合理的考核评价体系、责任追究机制、资源生态环境管理制度等方面推进绿色减贫制度建设。2015 年 10 月，十八届五中全会通过的《中共中央关于制定国民经济和社会发展第十三个五年规划的建议》中指出，实施精准扶贫、精准脱贫，应因人因地施策，提高扶贫实效，对生态特别重要和脆弱的地区实行生态保护扶贫。2015 年 11 月，《中共中央国务院关于打赢脱贫攻坚战的决定》明确提出“坚持生态保护，实现绿色发展”的脱贫原则，要求“牢固树立绿水青山就是金山银山的理念，把生态保护放在优先位置，探索生态脱贫新路子，让贫困人口从生态建设与修复中得到更多实惠”。习近平提出要按照贫困地区和贫困人口的具体情况，实施“五个一批”工程，其中“生态补偿脱贫一批”要求加大贫困地区生态保护修复力度，增加重点生态功能区转移支付，扩大政策实施范围，让有劳动能力的贫困人口就地转成护林员等生态保护人员。此后，《“十三五”脱贫攻坚规划》等文件进一步明确绿色减贫的总体要求、目标任务、路径、考核等内容，促进绿色减贫的顶层设计

不断完善。这一系列制度设计为贫困治理和生态环境保护提供了基础和依据，促进了绿色减贫的制度化，提升了绿色减贫的效率，推进了贫困治理体系和治理能力的现代化

（二）强化绿色减贫的规划引领，提升贫困治理的科学化

规划是行动的指南和引领，绿色减贫重要论述深深嵌入到生态扶贫产业与生态建设的发展规划之中。《中共中央　国务院关于打赢脱贫攻坚战的决定》发布后，有关政府部门制定了相应的精准扶贫规划，如林业、农业、旅游、国土等部门的精准扶贫规划都融入了绿色减贫理念，并集中体现在2018年六部门共同制定的《生态扶贫工作方案》中。其中指出，到2020年，力争组建1.2万个生态建设扶贫专业合作社，吸纳10万贫困人口参与生态工程建设，新增生态管护员岗位40万个，通过大力发展生态产业，带动约1500万贫困人口增收。在助力贫困人口脱贫途径上，通过参与工程建设获取劳务报酬、生态公益性岗位得到稳定的工资性收入、生态产业发展增加经营性收入和财产性收入、生态保护补偿等政策增加转移性收入等方式，增加贫困人口收入。同时，提出了退耕还林还草、退牧还草、青海三江源生态保护和建设二期工程等12项重大生态工程，明确采取不断完善转移支付制度、探索建立多元化生态保护补偿机制、完善森林生态效益补偿补助机制、开展生态综合补偿试点等举措，较为全面地阐述了绿色减贫的目标、路径和手段，有效推动了贫困治理的科学化和程序化。

（三）创新绿色减贫的实现路径，促进贫困治理手段多样化

在制度和规划的指引下，脱贫攻坚中涌现出很多具有中国特色的绿色减贫新模式和新方法。绿色减贫路径创新坚持了因地制宜的原则，综合考虑了不同地区经济基础、自然环境等多方面因素，进而采取针对性的扶贫开发措施。对于自然条件极差的贫困地区实施生态搬迁等包容性的减贫路径，对于生态条件较好的地区实施以保护利用为主的长效扶贫路径，对生态条件多样性的地区则根据不同区域的具体条件采取不同的绿色减贫措施。在绿色减贫的具体实践过程中，形成了以生态环境建设保护、易地搬迁、绿色产业开发三个措施相互结合，政府主导，行业部门和贫困人群参与，完善市场和绿色资产建设同步进行的绿色减贫路径。

第一，发展绿色产业是中国绿色减贫基本路径。在绿色产业减贫模式方面，探索出光伏扶贫、旅游扶贫、“互联网＋扶贫”、文化扶贫等绿色减贫新路径和新模式。光伏扶贫是有效利用光伏发电产业对贫困地区、贫困人口进行精准扶贫的新型扶贫模式，是绿色减贫路径新探索。旅游扶贫是连接生态保护与减贫的有效桥梁，是贫困地区绿色减贫最有潜力的脱贫方式。近年来，各地在旅游扶贫方面也加大力度，创新突破，成为贫困人口脱贫的重要支撑。“互联网＋扶贫”是绿色减贫在信息时代的新运用，其中电商作为一种新兴的市场手段成为扶贫新路径，大大提升了扶贫脱贫的效率。例如贵州省的“扶贫云”，通过互联网手段和技术，构建了扶贫脱贫的大数据新平台，实现了扶贫脱贫动态信息管理的现代化、即时化。文化扶贫是贫困地区可持续减贫的有效手段，贫困地区通过有效整合文化资源，将文化价值转化为经济价值，从而使贫困人口从中获得经济效益，同时进一步对当地文化资源进行保护和延续。

第二，易地扶贫搬迁是中国绿色减贫的重要创新。易地扶贫搬迁旨在解决“一方水土养不起一方人”的地区贫困人口脱贫问题，是解决生态脆弱地区环境和贫困双重压力的有效途径，是统筹区域发展与绿色减贫的新实践。《中共中央　国务院关于打赢脱贫攻坚战的决定》提出“实施易地搬迁脱贫”，“对居住在生存条件恶劣、生态环境脆弱、自然灾害频发等地区的农村贫困人口，加快实施易地扶贫搬迁工程”，并强调注意搬迁后的后续各项配套措施，包括搬迁人口的居住、就业、公共服务均等化等方面，确保贫困人口“搬得出、稳得住、能致富”。易地搬迁对于贫困地区的经济增长起到了有效的促进作用，贫困人口通过搬迁，整体生活条件得到改善。

第三，生态补偿脱贫是中国绿色减贫的科学路径。通过直接的生态补偿和间接的补偿性激励让贫困人口参与生态环境的保护建设和维护，在保护生态环境的同时使贫困人口增加货币收入或获得公益性岗位。通过开展贫困地区生态综合补偿试点，健全公益林补偿标准动态调整机制，完善草原生态保护补助奖励政策，推动地区间建立横向生态补偿制度等一系列政策规定和实施措施，大大推动了中国绿色减贫的步伐。总体来看，我国绿色减贫模式日益完善，并通过国际减贫交流与合作以及“一带一路”倡议的实施推向世界，为全球绿色减贫做了有效示范[6]。

四、习近平绿色减贫重要论述对中国和世界减贫与发展的深远影响

作为贫困治理现代化的重要创新，绿色减贫重要论述对治理相对贫困、实现乡村振兴和全球可持续发展具有重要的理论价值和指导意义。

（一）绿色减贫是有效治理相对贫困的重要保障

从目前我国脱贫攻坚的实际来看，2020年我国脱贫攻坚的目标毫无疑问可以如期完成，但这只意味着我国初步解决了绝对贫困问题，相对贫困问题是我们即将面临的严峻任务和挑战。未来我国的相对贫困地区依然集中在自然生态屏障区和生态脆弱区，具有一般性贫困与生态性贫困叠加的特征。在治理相对贫困的过程中，不仅脱离不了绿色减贫，而且绿色减贫将成为破解相对贫困的关键。绿色减贫能够为贫困人口创造越来越多的机会，提供创造或提升其能力的方式[7]，不断创造绿色福利，促进中国减贫之路健康可持续发展，是破解相对贫困、解决社会矛盾最有效的实现方式。因此，2020年后治理相对贫困的战略必须把坚持习近平绿色减贫重要论述作为重要指导，把绿色减贫理念贯穿到减贫的全过程，推进相对贫困治理能力和治理水平的不断提升。

（二）绿色减贫是实现乡村振兴目标的内在要求

实施乡村振兴战略是十九大做出的重大决策部署，是决胜全面建成小康社会、全面建设社会主义现代化国家的重大历史任务，是中国特色社会主义进入新时代做好“三农”工作的总抓手[8]。以习近平同志为核心的党中央提出了乡村振兴战略具体路径，即乡村产业、人才、文化、生态、组织“五大振兴”。作为“五大振兴”之一，生态振兴是乡村振兴的内在要求。良好生态环境是农村的最大优势和宝贵财富，也是乡村振兴的关键支撑点。绿色减贫作为具有创新性的现代化扶贫方式和理念，充分依托贫困地区绿色资源禀赋优势，积极创建人与自然和谐共生的绿色生态格局，为实现乡村地区“产业兴旺、生态宜居、乡风文明、治理有效、生活富裕”的发展目标提供了有效方式。绿色减贫不仅能够发挥贫困地区优势、促进贫困地区持续发展，而且能为乡村振兴提供良好基础和持续动力，将成为实施乡村振兴战略的重要战

略选择。由此可见，实施乡村振兴战略，应当坚持人与自然和谐共生，走绿色减贫之路，为乡村全面振兴提供基础和支撑。

（三）绿色减贫是促进全球可持续发展的有效方式

贫困和环境问题是全球性的难题，如何在消除贫困的同时，实现人、自然与社会协调发展，促进“国别公平”和“代际公平”，是全球可持续发展面临的主要问题[9]。《2030年可持续发展议程》强调消除贫困、保护地球、确保所有人共享繁荣，从生态和经济双重角度对人类发展及生活环境提出了要求。习近平绿色减贫重要论述具有高度的科学性和包容性，对于全球其他国家的贫困治理和环境保护具有重要的借鉴意义。当前，通过与许多发展中国家和地区开展多层次、多领域的减贫合作，中国将绿色减贫分享到全球，帮助其他国家在发展经济、增强自身发展能力的同时，有效保护了生态环境。习近平站在人类命运共同体的高度提出的绿色减贫重要论述作为协调经济发展和环境保护关系的重要理念，为全球贫困和生态治理提供了中国方案。坚持绿色减贫、走可持续发展道路，成为全球治理现代化的必然选择。

五、习近平新时代绿色减贫重要论述的未来展望

展望未来，绿色减贫依然面临诸多挑战。首先，治理相对贫困、实现共同富裕是一项长期而艰巨的任务。我国贫困地区主要是自然资源贫乏、生产生活条件恶劣、生态环境脆弱的高山区、深山区、黄土高原区、偏远荒漠区、自然灾害频发区等，解决这些地区的贫困问题，成本更高，难度更大。其次，绿色减贫本身仍需在实践中不断完善，绿色减贫的模式需要进一步开发，部分绿色减贫产业的益贫性需要更进一步提升，绿色资源的收益率需要进一步放大，等等。伴随我国经济由高速增长阶段转向高质量发展阶段，扶贫工作由消灭绝对贫困转向治理相对贫困。因此，绿色减贫作为治理相对贫困的重要手段，其理论和实践需进一步加强完善。未来，应该从以下几个方面继续推进贫困治理的现代化水平：一是尊重农民权益，继续完善生态补偿机制，提升绿色减贫效果[10]；二是积极探索绿色减贫产业化和产业扶贫绿色化的新路径新方法，提升绿色发展、绿色产业的减贫效率；三是积极探索并开展贫困地区绿色生态资产资本化的制度试点，加强绿色资源资产核算评价、补偿、交易、质押及生态金融等方面的创新探索；四是建立绿色减贫考核机制，制

定完善绿色减贫评价体系，以绿色考评倒逼绿色发展。

（本文作者为张琦　孔梅）

参考文献

[1] 习近平. 干在实处　走在前列——推进浙江新发展的思考与实践［M］. 北京：中共中央党校出版社，2006.

[2] 李炯. 习近平“两山”论创新性及其现代化价值［J］. 中共宁波市委党校学报，2016（3）：95-102.

[3] 习近平. 习近平关于社会主义生态文明建设论述摘编［M］. 北京：中央文献出版社，2017.

[4] 习近平. 决胜全面建成小康社会 夺取新时代中国特色社会主义伟大胜利——在中国共产党第十九次全国代表大会上的报告［N］. 人民日报，2017-10-28（1-5）.

[5] 陈巧玲，董悦. 绿色减贫，促进可持续发展［J］. 人民论坛，2017（16）：76-77.

[6] 张琦，冯丹萌. 推动“一带一路”沿线国家绿色减贫合作［N］. 中国经济时报，2017-11-01（5）.

[7] 万君，张琦. 绿色减贫：贫困治理的路径与模式［J］. 中国农业大学学报（社会科学版），2017（5）：79-86.

[8] 冯丹萌，陈伟伟. 十八大以来农村绿色减贫的探索之路研究［J］. 当代经济管理，2018（11）：8-14.

[9] 魏华，卢黎歌. 习近平生态文明思想的内涵，特征与时代价值［J］. 西安交通大学学报（社会科学版），2019（3）：69-76.

[10] 史志乐，张琦. 实施乡村振兴 需要绿色减贫推动［J］. 中国生态文明，2018（3）：67-68.

以绿色减贫推动精准扶贫
实现民族地区可持续发展

绿色减贫契合了“保护生态就是保护生产力”“绿水青山就是金山银山”的理念，在适度开发、减少贫困的同时，为民族地区留足持续发展的生态资本，走出一条发展经济、消除贫困、优化环境的新路。民族地区要以习近平生态文明思想和习近平总书记关于扶贫开发重要论述为指引，把绿色发展理念贯穿扶贫脱贫全过程，以绿色减贫推动精准扶贫，最终实现可持续发展和精准脱贫。

当前，民族地区贫困人口数量多、贫困发生率高、贫困程度深、贫困原因复杂，尤其是深度贫困的“三区三州”，乃我国脱贫攻坚的重中之重、坚中之坚。民族地区如何实现消除贫困和保护环境的双赢，成为迫切需要解决的现实问题。

一、民族地区绿色减贫的理念与实践

民族地区作为我国重点的生态功能区、资源涵养区，以及深度贫困和集中连片特困的重点区，是践行习近平生态文明思想，落实习近平扶贫论述，推进高质量绿色发展的主战场。

绿色减贫理念作为新时代极具中国特色的减贫发展理念，具有丰富的理论内涵。首先，绿色减贫是以环境保护为重要考虑因素的减贫理念，在实施过程中需要充分考虑生态环境承载力情况，兼顾贫困人口扶贫脱贫与生态环境协同发展。其次，在绿色减贫行动实施中，尽可能通过可持续、可循环的方式达到贫困人口脱贫目标，在行动中更侧重方式的绿色化和效益的长期化。绿色与减贫二者之间相互依存、和谐共生，在民族地区减贫过程中要以绿色发展为优先诉求，在绿色发展中要以实现民族地区及其贫困人口的可持续发展为最终目标。

正是绿色减贫新理念，才推动了我国民族地区在绿色减贫实践中不断创新，并取得长足进步。青海互助土族自治县属于六盘山集中连片特困地区，近年来依托民族特色资源优势积极探索符合自身实际的绿色减贫道路，大力发展特色种养、盘绣制作、酩馏酒酿造、民宿接待等产业，在带动群众脱贫增收的同时有效保护了民族文化。湖南靖州苗族侗族自治县在挖掘本地绿色资源优势的基础上，积极推动一二三产融合，建成的国家现代农业产业园以杨梅、茯苓、山核桃等特色产业为媒介，探索出“加工园区＋种养基地＋科研中心＋现代物流＋文化旅游”五位一体的发展新模式，将文农林旅有机结合，对特色农产品进行精深加工，让贫困群众享受到更多绿色产业发展红利。

二、民族地区绿色减贫指标体系及评估

2014年，北京师范大学中国扶贫研究院借鉴国内外绿色发展和减贫评价的有益做法，构建了绿色减贫指标体系，并获得社会各界普遍认可。具体指标体系是：确定经济增长绿色度、资源利用与环境保护程度、社会发展能力、扶贫开发与减贫效果等4个一级指标。其中，“经济增长绿色度”反映了民族地区在经济增长过程中对绿色发展的重视程度，这一级指标不仅关注地区经济生产总值，同时也关注地区生产总值的能耗、二氧化硫排放量、工业固体废物综合利用率等；“资源利用与环境保护程度”反映了民族地区对自然资源和生态环境的保护程度，这一级指标主要考量人均森林面积、森林覆盖率、单位耕地面积化肥施用量等；“社会发展能力”反映了民族地区基础设施、公共服务等方面的发展水平，这一级指标综合考量了各民族自治地方收入、消费、医疗、教育等；“扶贫开发与减贫效果”是对民族地区扶贫开发工作及其成效的全面评估，这一级指标考察了能够反映扶贫脱贫工作的项目，比如贫困发生率、农村人均纯收入增长率以及通电、通路、通水情况等。每一级指标在减贫评估中都有其权重比例，经济增长绿色度占28.57%、资源利用与环境保护程度占14.29%、社会发展能力占28.57%、扶贫开发与减贫效果占28.57%。

对除西藏、四省藏区以及新疆南疆四地州以外11个集中连片特困地区的55个民族自治县（旗）评估结果显示，有27个县的绿色减贫指数综合得分在0以上，占到49.1%。从各县得分来看，六盘山片区的互助土族自治县和武陵山区的靖州苗族侗族自治县分别以0.685和0.665排在前两名，在全国集

中连片特困地区所覆盖的505个县中的排名中分别位于第二和第三名；全国集中连片特困地区所覆盖的505个县前100名中，民族自治县有11个。从全国各集中连片特困地区平均得分来看，大兴安岭南麓山区以0.22、武陵山区以0.056排在前两位。整体来看，我国民族自治县的绿色减贫状况在全国集中连片特困地区所覆盖的县里处于中等水平，有部分民族自治县排名比较靠前，说明丰富的绿色生态资源为绿色减贫提供了基础。

三、民族地区绿色减贫面临的问题

民族地区绿色减贫既具有现实基础，又有迫切需要。近年来，民族地区也在积极探索绿色减贫的发展道路，但仍然存在一些问题。

民族地区具备的资源优势尚未完全释放，绿色减贫意识仍有待增强。民族地区拥有丰富的自然资源和人文资源，在绿色减贫的背景下，民族地区能够将其具备的资源优势转化为经济优势，并将这种优势和效益逐步释放。从当前的数据和评估结果来看，民族地区的资源优势尚未完全挖掘和充分利用，对绿色发展、低碳环保、可持续发展等概念的理解和重视程度仍然不够。如何将绿色减贫理念与当地的文化习俗相融合，如何将其拥有的自然和人文禀赋转化为脱贫致富的有利因素，如何实现从“绿水青山”到“金山银山”的转变等，这些问题都需要下大力气逐一破解。

民族地区绿色产业发展体系尚未完全构建，绿色减贫动力仍显不足。近几年民族地区经济发展水平有了较大程度的提升，比如2019年西藏、贵州、云南GDP增速位列全国前三位，这与民族地区大力发展绿色减贫不无关系。但是从评估结果来看，仍有不少民族地区发展水平较为落后，尚未形成体系完备、支撑有力的绿色产业发展体系。尤其是从县域层面，民族自治县差异明显，不少民族自治县尚未对县域特征进行全面评估，未能制定适合本县特色的绿色产业发展规划；也有不少民族自治县虽然已经上马了绿色产业项目，比如茶园、文旅项目，但是项目缺乏前期评估与长远规划，缺乏基础设施、物流网络等方面配套支撑；还有不少民族自治县绿色产业化和产业绿色化思路不明，未能有效打通相关产业链条，造成绿色减贫效果不明显，制约本地区绿色产业的后续持续发展。

民族地区脱贫攻坚与保护环境矛盾依然存在，绿色减贫创新仍显乏力。当前民族地区成为脱贫攻坚的主战场，是“最难啃的硬骨头”。民族地区要打赢这场脱贫攻坚战，必须处理好脱贫攻坚与保护环境之间的关系。作为我国重要的资源富集区、水系源头区、生态屏障区，民族地区生态环境保护的责任非常重大。只有保护好民族地区的生态资源才能确保高质量脱贫和高质量发展，如果不将生态环境放在优先位置、不考虑破环生态环境负面影响，不论产生了多大的经济社会效益，都是低质量和不可持续的。环境保护的重要性和特殊性要求民族地区脱贫攻坚需要创新模式和路径，但是目前民族地区在绿色减贫方面的创新能力仍显不足，缺乏有效长远可持续的方式方法。

四、推进民族地区绿色减贫的思考和建议

走绿色发展之路、生态文明之路，是经济社会发展的必然要求，也是脱贫攻坚和全面建成小康社会的必然要求，更是新时代改革发展的必然方向。民族地区要在利用好资源和环境优势基础上，坚持走绿色减贫之路，从而实现可持续发展。

强化民族地区绿色减贫理念是绿色减贫的重要基础。习近平总书记指出，“许多贫困地区一说穷，就说穷在了山高沟深偏远。其实，不妨换个角度看，这些地方要想富，恰恰要在山水上做文章。”民族地区天然地拥有丰富的生态资源，需要树立正确的发展观念，并用辩证的思维来看待生态优势。坚持“既要绿水青山，也要金山银山”，要牢牢守住发展和生态两条底线，培植后发优势，奋力后发赶超，走出一条有别于东部、不同于西部其他地区的发展新路。要完善法制法规，从经济、社会、环境等方面来保障民族地区绿色减贫的持续、有效。要在普及推广绿色减贫理念上加强宣传教育，推进绿色培训和教育，构建与可持续发展相吻合的创新型教育体系。在大、中、小学校增加绿色文化教育的课程内容，开展针对贫困人口的绿色生态基础、绿色产业专业技术、绿色项目岗位等培训，积极引导民族地区贫困人口树立绿色价值观，提升对于绿色文化的保护意识和利用意识，使绿色理念、绿色意识、绿色行为、绿色经济等能够有效衔接。

探索绿色产业化和产业绿色化的新途径是绿色减贫的重要方向。产业绿色化和绿色产业化是民族地区产业扶贫最有效的方式。民族地区脱贫致富最终还是需要建立可持续的产业体系，从而保障脱贫和减贫具有可持续性，既可以在增加收入的过程中恢复和保护环境，又可以在恢复保护环境中增加收入。民族地区绿色减贫要着力处理好地缘性贫困、生态贫困问题，科学合理、

充分挖掘本地自然资源，形成本地特色优势，以绿色增长的方式实现可持续发展。民族地区要注重特色文化的开发，积极探索民族文化与生态旅游及延伸产品相融合的方式，优先发展生态旅游产业，以保护为前提，将旅游业培育成最具优势和带动作用的富民支柱产业，推动农旅、文旅、体旅融合发展，打造一批集自然风貌、人文风情与旅游接待于一体的精品村寨。

积极完善民族地区生态补偿机制是绿色减贫的重要支撑。民族地区发展绿色经济，往往面临国家主体功能区禁止开发或者限制开发的问题。因此，国家要加紧制定和实施生态补偿制度及法规，确立适合民族自治地方经济发展的自然资源开发与保护法律制度，建立合理的自然资源利用补偿机制，完善自然资源利用补偿体系。民族地区要完善绿色减贫生态补偿相关法律制度，明确生态补偿的主体和客体、科学厘定生态补偿标准、实现补偿方式多样化，开拓融资平台，努力实现多元化的融资格局，缩小生态补偿资金缺口，逐步构建权属明确、种类多样、长期利用、合理管理的自然资源利用制度。

制定绿色减贫的考核评价体系是绿色减贫的重要保障。绿色减贫的核心就是“绿色”和“减贫”，需要兼顾扶贫成效和经济增长绿色度。习近平总书记强调，要改进考核方法，把民生改善、社会进步、生态效益和实绩等作为重要考核内容。可以借鉴吸收人类发展指数、经济合作与发展组织绿色增长测度指标体系、中国绿色发展指数等权威性指标体系，结合民族地区实际，构建有地域特征的绿色减贫指标评价体系，建立健全绿色减贫考核机制，从“绿色”和“减贫”两个方面着重考核。在脱贫攻坚过程中，既要兼顾脱贫成效，又要兼顾经济增长绿化度。特别针对民族地区多属水系源头区、生态涵养区的情况，更要加大生态文明的考核力度，通过考核引导民族地区正确处理好经济发展、资源开发和环境保护的关系，促进经济、社会与自然环境可持续良性发展，避免资源耗竭而陷入增长停滞及区域贫困的陷阱。

（2020 年第 4 期《中国民族》张琦 史志乐）

以绿色发展理念筑牢脱贫成果巩固防线

党的十八大以来，在习近平总书记提出的“绿水青山就是金山银山”重要思想指引下，各地践行绿色发展扶贫理念，探索出绿色与扶贫的双轨交融、互促互进的良性发展模式，在中国扶贫历史上取得重大突破，也为中国全面脱贫画下重量级的一笔。在全面脱贫任务即将完成的收官时期，我们必须深刻认识到，脱贫任务远未结束，深度贫困地区扶贫问题仍然严峻，脱贫人口的返贫问题不容忽视，再加上今年疫情使贫困人口就业和产业发展形势雪上加霜。越在紧要时刻，越要保持清醒头脑，坚守绿色发展理念，筑牢脱贫成果巩固防线。

做稳深度贫困地区绿色资源的经济价值转化，提升脱贫稳定性。深度贫困地区是扶贫中的最难点，其具有位置“深”、贫困“深”、资源潜力“深”等特殊性，常规性扶贫措施在深度贫困地区受限条件多、见效速度慢，因此必须采用小而精、稳而久的可持续发展路子，这就要牢牢抓住深度贫困地区“绿水青山”资本，根据当地特点发展绿色生态农产品，打造深度贫困地区“具有内涵”的绿色品牌，为深度贫困地区稳定脱贫及后续可持续发展夯实内力。同时，通过电商带动等方式打通深度贫困地区与市场衔接堵点，拓展深度贫困地区销售渠道，确保发展效益能切实落到每个贫困户中，心里稳，脱贫成果才能稳。

提升易地扶贫搬迁安置点的内生发展能力，增强脱贫成果巩固的厚度和弹力。易地扶贫搬迁后的可持续发展是检验脱贫成果的有效方式。首先要确保搬迁安置点的发展基础，确保搬得出。重点关注易地扶贫搬迁安置点的脱贫后续生产发展条件，及时追踪脱贫人口的生活情况，加强基层干部与搬迁人口的及时沟通和协调，对特殊群体的特殊问题要及时发现、及时调解、及时解决，避免脱贫又返贫、搬出又搬回等现象出现，从而造成搬迁成本的浪费，也是对原地区生态环境的又一次“伤害”，提升易地搬迁安置点的脱贫厚度。同时要兼顾挖掘易地搬迁安置点产业发展潜力和空间的重要任务，从特色产业种养到新型主体带动，再到多元渠道销售等多层次发力，尽快完善后续产业衔接体系，提升易地搬迁后续发展的市场弹性，要使得搬迁后能扎根、能生长、能显效。

做实疫情受灾严重贫困地区的产业可持续支撑，稳固脱贫成果的防风险定力。受到疫情影响，一些受灾严重的贫困地区连续多月外出劳动就业受到较大影响，很多外出贫困户面临掉崖式“失业”，随时具有返贫风险，这对脱贫成果巩固带来极大威胁。要以可持续发展为目标，在疫情造成的失业空档期，地方政府要积极发挥主观能动性，系统组织线上劳动力专项培训提升，协调地方企业组织招开线上就业招聘会，并积极协调地方机构给予贫困人口员工名额进行增加调整。

同时有很多贫困地区专业合作社、新型经营主体以及农民等在春耕生产，产品销售对接上也面临严重打击。要发挥绿色金融等资金支撑，为疫情严重贫困地区提供绿色农业扶持专项贷款，保障其稳定度过疫情与脱贫的双重攻克期。

（2020 年 6 月 10 日 中国经济网　冯丹萌　张琦）

第三部分

中国减贫政策与实践：
脱贫攻坚、巩固脱贫成果、
构建相对贫困长效机制和乡村振兴研究
部分论文选载

脱贫攻坚啃下最后“硬骨头”

2020 年是中国脱贫攻坚决战决胜之年，“三区三州”等深度贫困地区脱贫攻坚任务艰巨。必须以更强决心、更大干劲投入到最后的脱贫决战决胜中，统筹推进深度贫困地区疫情防控与脱贫，加大深度贫困地区支持力度，保持脱贫攻坚政策稳定性与灵活性，多措并举地巩固脱贫成果，着力强化深度贫困地区常态化督查巡查考核，以及加强扶贫领域作风建设。不断凝聚深度贫困地区脱贫攻坚合力，我国完全有信心、有条件、有能力啃下最后的“硬骨头”。

一、脱贫攻坚最后的“硬骨头”是什么?

如期打赢脱贫攻坚战必须啃下“硬骨头”，这些“硬骨头”是哪些呢?所涉对象有未摘帽的 52 个贫困县，未退出的 2707 个贫困村，以及未脱贫的 551 万贫困人口。从地理分布上，这最后 52 个贫困县分布在西北、西南地区，按顺时针方向具体是宁夏回族自治区 1 个县、甘肃省 8 个县、新疆维吾尔自治区 10 个县、四川省 7 个县、云南省 9 个县、贵州省 9 个县和广西壮族自治区 8 个县，在未退出的 2707 个贫困村中，贫困人口过千人和贫困发生率在 10%以上的有 1113 个村。

贫困人口中的大病、重病、重残、重灾、老年人和未成年人等特殊群体，也是脱贫攻坚的一大“硬骨头”。李克强总理在十三届全国人大三次会议闭幕后，接受记者采访时表示:“现在低保、失业保障、特困救助等人员大概一年6000万人左右，预计今年人数会增加较多。”今年作为脱贫攻坚收官之年，又遭遇特殊背景，需要投入更多的精力和资金来关注特殊群体，使他们得到切实保障。

二、为什么是脱贫攻坚的“硬骨头”？

为什么深度贫困地区成为脱贫攻坚的“硬骨头”？是“难中之难”“坚中之坚”，其“硬”约束主要表现在6个方面：

第一，“硬”在改变自然条件强力约束很艰难。深度贫困地区大都位于山区，包括未摘帽的52个贫困县及未退出2707个贫困村大都位于高原和深山区、荒漠地区，自然条件恶劣，交通不便。这给扶贫开发带来的困难比平原地区要大很多倍。由于很多自然条件带来的困难是不可克服的（例如海拔高度），改变恶劣自然条件需要花费的成本更高。

第二，“硬”在经济脆弱性约束需要花费时间会很长。深度贫困地区大多区域经济发展落后，远离区域经济中心，难以和市场进行有效对接。同时缺乏产业发展基础且产业结构比较单一，又普遍缺乏具有带动作用的现代实用人才，抵御市场风险能力弱。

第三，“硬”在生态环境脆弱性的束缚相当明显。深度贫困地区生态保护同经济发展的矛盾比较突出，这些深度贫困地区往往伴随自然灾害叠加，“十年一大灾、五年一中灾、年年有小灾”，减贫与减灾双重任务相重合。

第四，“硬”在改变目前基础设施和基本公共服务落后状态的难度非常大。一方面，深度贫困地区生存条件比较恶劣，地理位置偏远，资源贫乏，例如西南缺土，西北缺水，青藏高原缺积温，道路、危房等修缮或重建施工难度大，建设成本高，要实现基础设施指标接近全国平均水平难度比较大；另一方面，深度贫困地区教育医疗卫生条件和基础薄弱，公共服务基础和水平相当落后，要在短时间内改善，难度非常大。

第五，“硬”在贫困人群结构变化造成的困难非常大。在我国95%的贫困人口已经脱贫的情况下，剩余550万贫困人口致贫结构发生了很大变化，其中残疾人占8%左右，因病致贫的人口占20%，65岁以上的老年人占16%左右，这三类人占到了44%。这部分人群基本上是不参与日常的生产活动的，对于这部分人群只能是提供社会保障，如何实现开发式扶贫与保障式扶贫并重，是一个很大的难点。疫情发生以来，生产、就业、物价水平等方面都受到影响，使得贫困人口尤其是老弱病残特殊群体的基本生活更加困难，加之国内经济下行压力，全球经济放缓，各级财政收支矛盾突出，民生兜底保障经费投入压力增大。老弱病残特殊群体由于自身原因，无法依靠自己摆脱贫困，所以如何通过社会保障兜底助其脱贫奔小康也是需要啃下的一个“硬骨头”

第六，“硬”在防止和减少脱贫后易返贫的难度大。我国每年都会有一部分脱贫人口返贫，在深度贫困地区这个问题更加严重。这是社会发展和产业特点对长期脱贫的影响。例如因病、因残返贫，因产业经营亏损返贫，因自然灾害影响农牧业减收而返贫，等等。如何让刚刚脱贫的人口不再返贫，是深度贫困地区的一个重要难点。

第七，“硬”在肩负安全稳定、民族团结和脱贫多重任务。少数民族地区和边疆地区在深度贫困地区中占有比较大的比例，这两类地区由于诸多历史问题和现实因素，尤其是在当前受国际环境变化的影响下，民族分裂主义、极端民族主义和恐怖主义严重影响着这两类地区的经济发展和社会稳定。这些地区除了要与全国一道进行扶贫开发外，还肩负着领土完整、域内安全稳定的国防职能，相对其他贫困地区而言，这两类地区的扶贫开发工作面临更多的现实困难，需要国家倾注更多的精力推进扶贫开发工作。

三、如何啃下最后的“硬骨头”

（一）开展挂牌督战，确保完成脱贫攻坚的硬任务

针对截至2019年底尚未脱贫的52个贫困县，贫困人口超过千人的88个村和贫困发生率超过10%的1025个村，共1113个村，国家采取了特殊性政策措施，即国务院扶贫办实施挂牌督战。2020年1月份，国务院扶贫开发领导小组出台了《关于开展挂牌督战工作的指导意见》。

1. 督战目的

对未摘帽的贫困县和贫困人口多、脱贫难度大的村挂牌督战，及时掌握各地进展，研判形势，协调有关部门加大工作指导和政策支持，督促各地狠抓工作、落实责任，及时解决制约完成脱贫攻坚任务的突出问题，确保剩余贫困人口如期脱贫、贫困县全部摘帽。督战的范围和重点就是：围绕“两不愁三保障”“责任落实、政策落实、工作落实”和“精准识别、精准帮扶、精准退出”等要求。

2. 重点督战五方面内容

其一，义务教育、基本医疗、住房安全和饮水安全保障情况。其二，贫

困家庭劳动力新增转移就业情况，公益岗位新增就业情况，无劳动能力家庭兜底保障情况等。其三，易地扶贫搬迁入住和后续帮扶措施落实情况。其四，不稳定脱贫户和边缘户的动态监测和帮扶情况。其五，中央专项巡视“回头看”、2019 年扶贫成效考核以及各地“大排查”等发现问题整改情况。

3. 督战方式

要贯彻中央统筹、省负总责、市县抓落实的体制机制，明确责任，分级负责。其一，国务院扶贫开发领导小组负责挂牌督战工作的统筹协调，定期调度挂牌的县、村脱贫攻坚进展情况，研判形势，研究部署工作。组织有关力量对挂牌的县、村开展实地督导。国务院扶贫办采取实地了解、视频调度、暗访等方式，跟踪分析各地督战进度，及时发现问题，及时汇报情况，及时推动解决。国务院扶贫开发领导小组成员单位按照领导小组的统一部署开展督导，推动政策、资金倾斜聚焦，指导帮助各地解决突出问题。承担东西扶贫协作任务的相关省市和中央定点帮扶单位要切实履行帮扶责任，聚焦挂牌县、村的突出困难和问题，进一步加大支持力度。其二，各相关省区对本区域挂牌督战工作负总责，制定本区域挂牌督战实施方案，组织相关地州市对挂牌县进行督战，指导各县对挂牌村进行督战。每月初向国务院扶贫办报告挂牌督战工作进展情况。统筹使用各类资源加大支持帮扶，调动各方力量尽锐出战，确保挂牌县、村按期退出，贫困人口全部脱贫。其三，各相关县按照省区统一部署组织对挂牌村进行督战。集中优势兵力，统筹整合资源，强化支持帮扶，确保贫困村按期出列，贫困人口全部脱贫。

4. 挂牌督战的要求

挂牌督战工作既要较真碰硬“督”，更要凝心聚力“战”，明确“督”是为了“战”，切忌舍本逐末，要持续保持攻坚态势，层层压实责任，强化攻坚举措，确保督战实效。其一，加强组织领导。各地各部门要高度重视，按照国务院扶贫开发领导小组的统一要求开展督战。国务院扶贫开发领导小组将组织成员单位开展实地督导。相关省区要精心谋划，认真部署，抓紧研究制定实施方案，加强工作力量做好本区域的督战工作。其二，及时解决问题。对督战中发现的突出问题要进行及时分析研判，需要支持的，协调有关部门及时支持解决；需要整改的，要加大整改力度。对整改不到位、弄虚作假的，要及时开展约谈。对问题突出、工作严重滞后、影响恶劣的，要严肃问责。其三，减轻基层负担。要切实转变工作作风，注重实效，严防形式主义、官僚主义。要加强统筹安排，防止层层加码，对搭车督战、增加基层负担的做法要及时纠正。

5. 中央和省市寓“督”于“战”

县乡村重点在“战”，坚持从严督导、督战结合，防止搭车督战、督战泛化，防止只督不战、强督弱战，切实推动深度贫困地区脱贫攻坚资源和力量向基层一线倾斜，确保攻克最后的贫困堡垒。

（二）克服疫情影响，确保脱贫攻坚任务全面完成

2020年新冠肺炎疫情是影响深度贫困地区脱贫成效的最大的不确定因素。习近平总书记在2020年3月6日召开的决战决胜脱贫攻坚座谈会上特别强调，各级党委和政府不能大意、不能放松，克服新冠肺炎疫情影响，坚决啃下最后的“硬骨头”。

1. 继续多渠道优先支持深度贫困地区劳动力务工就业

对深度贫困地区的贫困户来说，稳住了就业就是稳住了收入的大头。因此，企业复工复产和各类项目建设须优先安排深度贫困地区劳动力务工，具体要落实五大优先，即优先摸清需求、优先安排培训、优先组织输出、优先落实政策、优先重大项目工程和重点企业录用深度贫困地区劳动力，并鼓励其就地就近就业。继续实行东西部扶贫协作“点对点”有效对接策略，各地在点对点输出农村劳动力时重点安排深度贫困地区贫困人口。

2. 强化深度贫困地区多元化消费扶贫支持力度

消费扶贫是深度贫困地区克服疫情影响、加快扶贫产业发展的有效举措。对此，国家发展改革委印发《消费扶贫助力决战决胜脱贫攻坚2020年行动方案》，商务部与国务院扶贫办印发《关于切实做好扶贫农畜牧产品滞销应对工作的通知》，同时，联合中央宣传部、农业农村部、商务部等27个部门和单位开展针对性具体行动，持续释放消费扶贫政策红利，并通过四种模式开展消费扶贫：一是预算单位采购深度贫困地区农副产品的模式，二是由政府主导建立深度贫困地区消费扶贫交易市场和扶贫专柜，三是各类企业借助电商平台主动销售深度贫困地区扶贫产品，四是发挥社会力量助力销售，同时严格监管市场主体，严肃查处消费扶贫行动中的欺诈行为和打着消费扶贫旗号的敛财牟利行为，推进深度贫困地区消费扶贫健康有序发展，最大程度化解新冠肺炎疫情对深度贫困地区农产品销售和贫困群众增收带来的不利影响。

（三）建立防贫监测和帮扶机制，巩固脱贫攻坚成果，高质量完成脱贫攻坚目标任务

习近平总书记指出，要加快建立防止返贫监测和帮扶机制，对脱贫不稳定户、边缘易致贫户以及因疫情或其他原因收入骤减或支出骤增户加强监测，提前采取针对性的帮扶措施，不能等他们返贫了再补救。笔者认为，巩固脱贫成果是脱贫攻坚战经得起历史检验的重要保障。首先，巩固脱贫攻坚成果不仅是完成脱贫攻坚的内在要求，更是当前克服新冠肺炎疫情影响、凝心聚力打赢脱贫攻坚战、确保如期完成脱贫攻坚目标任务的必然要求和迫切需要。其次，巩固脱贫成果是脱贫攻坚经得起历史检验的重要保障。目前我国已脱贫人口中有近 200 万人存在返贫风险，边缘人口中还有近 300 万人存在致贫风险。去年在对已脱贫的 9300 多万人口全面排查中，还发现很多漏洞缺项和薄弱环节。根据监测，受疫情影响，只有少量已脱贫人口返贫，导致这些人返贫的原因为疾病和自然灾害等。今年，新识别容易返贫和易致贫边缘户两类人共 38 万，如有疫情发生，则人数会进一步增加。为了有效防止深度贫困地区脱贫人口返贫和边缘人口致贫，首先要开展动态监测管理，核实两类监测对象，密切跟踪受疫情影响的贫困人口状况，将其纳入全国扶贫开发信息系统，实施动态管理。同时继续对深度贫困地区贫困人口开展精准帮扶，对受疫情影响致贫返贫的建档立卡贫困人口要及时纳入低保、特困供养、临时救助等保障性政策的覆盖范围内，及时落实兜底保障等帮扶措施，确保其基本生活不受影响。对具备发展产业条件和有劳动能力的监测对象，可通过安排财政专项扶贫资金、参加经营技能与劳动技能培训等渠道进行帮扶。

只有巩固脱贫成果，才能保证高质量脱贫不返贫、可持续性增收不反复。再次，巩固脱贫成果是顺利实现与乡村振兴战略衔接的关键和基础保障。巩固脱贫攻坚成果，事关与乡村振兴衔接的时机、衔接点和衔接内容，只有真正实现贫困人口的稳定可持续脱贫，才能有效开展乡村振兴战略。如何巩固脱贫成果？笔者认为，以下几点很重要。第一，精准确定要提升提高脱贫质量的对象和群体。首先是脱贫质量不高的群体，包括已脱贫的 9300 多万人口中就业不稳定、产业发展和收入不可持续的贫困户和贫困村。其次是目前受疫情影响严重的贫困村和贫困户，通过加大扶持力度，才能提高脱贫质量和水平。再次就是对存在返贫风险的近 200 万人和存在致贫风险的近 300 万人

实施针对性预防措施，及时将返贫和致贫人口纳入帮扶，建立防止返贫预警动态监测帮扶机制。最后就是对易地搬迁的960多万贫困人口和同步搬迁的500万非贫困人口的后续帮扶。第二，提升帮扶措施的有效性。一方面，加大就业帮扶力度。充分发挥扶贫车间的扶贫脱贫带动作用，加大东西协作和定点帮扶等就业帮扶的力度，引导贫困人口就近务工，鼓励、激励辖区企业吸纳贫困人口就业，适度增加以工代赈项目，大力推进以工代赈工程。增设公益性岗位，在原有基础上面向就业困难的贫困户，可适当开发、增设公益性岗位规模和数量。另一方面，加强支持引导，统筹谋划产业扶贫。有组织有计划引导、合理安排种养产业发展计划，增加周期短、见效快的种养殖业生产。启动国家收储，对贫困地区、建档立卡贫困户生产的禽类优先收储。加大推进消费扶贫力度。

（四）强化深度贫困地区脱贫攻坚支撑保障体系

深度贫困地区产业结构较单一，基础设施和公共服务尚未实现全面均等化，致贫、返贫风险高，贫困成因复杂且难攻克等，这些成为深度贫困地区如期打赢脱贫攻坚战的拦路虎。要继续加大资金支持力度，截至2019年年底，“三区三州”等深度贫困地区脱贫攻坚实施方案进展顺利，资金到位率超过2018—2020年三年计划的95%，项目完工率超过三年计划的85%，在脱贫攻坚最后的决胜时刻，我们要继续集中兵力，从政策、资金、人员、就业、产业等方面加大支持力度，强力夯实义务教育、基本医疗、住房安全、饮水安全保障，以超常规发力压茬推进，建构一套适应深度贫困地区脱贫攻坚的长效性支撑保障体系。各地政府尤其是“三区三州”贫困区仍需要强化资金筹措和资金拨付，用于易地移民搬迁，农村道路、安全饮水等基础设施建设，保障房和棚户区改造，中小学教学楼、学生食堂等项目建设和贫困区县的生态保护。要重点对没有劳动能力的特殊贫困人口强化社会保障兜底，实现应保尽保。对没有劳动能力的特殊贫困人口，要强化低保、医疗、养老保险和特困人员救助供养等综合性保障措施，尤其要发挥社会救助兜底保障作用，广泛动员社会工作、志愿服务力量等参与兜底保障，构建深度贫困地区兜底保障社工、志愿服务网络，实现对深度贫困地区困难群众应保尽保。

2020年是脱贫攻坚决战决胜之年，在疫情大考下，深度贫困地区脱贫攻坚面临着新的困难和挑战，各项工作任务更重、要求更高，但我们的目标不变、信念不移。只要我们紧盯“三区三州”等深度贫困地区，夯实现有脱贫基础，巩固以往脱贫成果，积极担当作为，保持攻坚态势，保持政策总体稳定，完全有信心、有条件、有能力啃下脱贫攻坚最后的“硬骨头”。

参考文献

[1] 张琦，王赟，杨铭宇. 凝心聚力打赢脱贫攻坚战［N］. 中国社会科学报，2020-04-07（1）.

[2] 习近平：在决战决胜脱贫攻坚座谈会上的讲话［EB/OL］.（2020-03-06）http：//www.cpad.gov.cn/art/2020/3/6/art_624_114021.html

[3] 国新办就确保如期完成脱贫攻坚目标任务有关情况举行发布会［EB/OL］.（2020-05-18）http：//www.cpad.gov.cn/art/2020/5/18/art_105_122462.html

[4] 刘永：坚决克服新冠肺炎疫情影响 全力啃下脱贫攻坚硬骨头［EB/OL］.（2020-04-30）http：//www.cpad.gov.cn/art/2020/4/30/art_106_120964.html.

[5] 张琦，张欣欣. 保持扶贫产业可持续发展是精准扶贫重点［N］. 中国电子报，2020-06-05（2）.

“十四五”时期我国的减贫目标及战略重点

党的十八大以来，以习近平同志为核心的党中央把脱贫攻坚作为全面建成小康社会的底线任务和标志性指标，坚持精准扶贫精准脱贫，以前所未有的力度推进脱贫攻坚。2018年6月《中共中央 国务院关于打赢脱贫攻坚战三年行动的指导意见》出台。同时，我国不断完善顶层设计、强化政策措施、加强统筹协调，推动脱贫攻坚工作更加有效开展。在以习近平同志为核心的党中央的坚强领导下，各地各部门扎实推进各项政策举措落实落地，脱贫攻坚取得重大决定性成就。2020年末，全国现行标准下的农村贫困人口将全部实现脱贫，832个贫困县将全部摘帽，绝对贫困将被消灭[1]。脱贫攻坚的伟大成就，为促进我国经济发展、政治稳定、民族团结、社会和谐发挥了重要作用，为实施乡村振兴战略奠定了基础。但不容忽视的是，我国脱贫攻坚仍然存在一些困难和问题，包括贫困人口稳定实现“两不愁三保障”存在薄弱环节，产业发展基础薄弱，易地扶贫搬迁后续帮扶需要加强，贫困群众内生动力不足等。贫困地区各项事业发展总体还处于探索起步阶段，自身发展能力弱的情况没有根本改变，可持续脱贫的能力还不强。“十四五”时期，贫困依然是我们无法回避的社会问题，是实现社会主义本质要求必须解决的关键问题。因此，对2020年后我国贫困问题的研究是一个重大课题，对“十四五”时期的减贫目标和战略重点的研究不仅具有重要性而且具有紧迫性，对于破解我国新时代主要矛盾、实现共同富裕具有极为重要的意义。

一、“十四五”时期我国的减贫目标：巩固拓展脱贫成果

2020年后，尤其是“十四五”期间，我国的扶贫工作将走向何方呢？对此，《国家人口发展规划（2016—2030年）》给出了答案，即在构建符合国情的贫困人口治理体系过程中，要“由主要解决绝对贫困向缓解相对贫困转变，

由主要解决农村贫困向统筹解决城乡贫困转变”。也就是说，2020 年消除绝对贫困后，我国将进入相对贫困阶段。“十四五”时期我国的首要任务是巩固拓展脱贫攻坚成果，这是开启治理相对贫困的前提和基础。

（一）巩固脱贫成果是“十四五”时期减贫的首要目标

2020 年后，我国的减贫战略将由集中性减贫治理向常规性减贫治理转型，由解决绝对贫困向解决相对贫困转变[2]。但是，值得注意的是，消除绝对贫困的成就是在诸多政策支持和投入的基础上取得的，脱贫攻坚期内的成就尚不牢固，如果缺乏持续的政策支持和投入，就可能存在返贫风险。因此，脱贫工作应该一以贯之，在脱贫攻坚结束后，应给予贫困地区和贫困人口一个政策稳定期和过渡期，以巩固脱贫成果。“十四五”时期，要巩固贫困人口“两不愁三保障”的保障水平，实现脱贫人口稳定脱贫不返贫，不产生新的贫困人口，补齐欠发达地区基础设施和公共服务的短板。巩固脱贫成果就是要实现脱贫的可持续，通过促进贫困地区的基础设施建设，强化可持续脱贫的基本支撑条件，杜绝贫困人口再跌入绝对贫困的“陷阱”。

（二）拓展脱贫成果是“十四五”时期减贫的基础前提

拓展脱贫成果是在保证现有成果的基础上，对脱贫攻坚的质量进行全方位的提升，好的方面优化提升，不足之处加以完善，从而促进农村地区各项事业的再落实、再提升和再完善。在巩固脱贫攻坚成果的前提下，应适当提高贫困的标准，扩大帮扶的范围，提升脱贫的质量，提高农村人口的自主发展能力，缩小收入差距和区域发展差距。在此基础上，开启治理相对贫困的新征程，探索建立治理相对贫困的长效机制和路径措施，为实施乡村振兴、破解相对贫困、实现共同富裕奠定坚实的基础。从减贫对象来说，拓展脱贫成果就是要使扶贫政策惠及更多的农村人口，尤其是在绝对贫困线附近的边缘人群。从减贫机制和经验来说，拓展脱贫成果就是要继续完善脱贫攻坚的体制机制，总结现有的扶贫优秀经验，使其在“十四五”时期的贫困治理中发挥更大的减贫效应。从具体举措来说，拓展脱贫成果就是要进一步完善和推进脱贫攻坚的政策手段，抓住产业、就业、易地搬迁、增强内生动力和绿色减贫等战略重点，不断提升和创新，为脱贫攻坚与乡村振兴的衔接以及新阶段相对贫困的治理提供重要支撑[3]。从国际减贫来说，拓展脱贫成果就是要将中国减贫经验推向世界，加强国际减贫交流与合作，帮助其他国家减少贫困，推动构建人类命运共同体。

二、巩固拓展脱贫成果的必然性和重要性：历史必然和高质量发展所需

巩固拓展脱贫成果是继消除绝对贫困后的新的历史阶段的重点工作，是实现我国社会主义本质要求的历史必然，是确保脱贫攻坚经得起历史检验的重要保障，也是实现脱贫攻坚与乡村振兴顺利衔接的要求。

（一）巩固拓展脱贫成果是实现我国社会主义本质要求的历史必然，消除贫困、改善民生、实现共同富裕是社会主义的本质要求

作为世界上人口规模最大、地区发展差异显著的国家，我国在长期的反贫困历史征程中，艰难求解，取得了丰硕成果，农村贫困深度显著降低，居民最低生活保障制度不断完善[4]。尤其是党的十八大以来，我国农村面貌发生了翻天覆地的变化，人民的生存权得到了最真实的维护和体现，这些充分体现了社会主义制度的优越性。2020年，我国绝对贫困问题将得到彻底解决，但脱贫成果尚需稳固，脱贫质量尚需提高，这些问题是实现共同富裕之路的重大阻碍。巩固拓展脱贫攻坚成果是2035年基本实现现代化、2050年建成富强民主文明和谐美丽的社会主义现代化强国以及最终实现共同富裕等奋斗目标的基础性保障和稳定过渡的前提性保障。因此，“十四五”时期与贫困相关的问题依然是我们无法回避的社会问题，巩固拓展脱贫成果是实现社会主义本质要求不能忽视的首要任务。“十四五”时期，需要通过构建新型、可持续性的扶贫格局，巩固拓展来之不易的脱贫成果，提升脱贫质量，促进全体人民共享改革发展成果，朝着共同富裕的方向稳步前进。

（二）巩固拓展脱贫成果是习近平新时代中国特色社会主义思想在脱贫攻坚领域成功实践的新要求

我国将脱贫攻坚作为国家战略，层层签订责任书、立下军令状，形成五级书记抓扶贫、全党动员促攻坚的局面，从根本上保证了脱贫攻坚战的时刻。但是，2020年打赢脱贫攻坚战只是党和政府制定的阶段性目标。习近平总书记在河南考察时指出：“脱贫后生活还要不断芝麻开花节节高”，“追求更加幸

福的美好生活是永恒的主题，是永远的进行时”。这一论述充分反映了社会主义的本质要求，同时指出了巩固拓展脱贫成果、提升脱贫质量的必要性。2019年4月，在解决“两不愁三保障”突出问题座谈会上，习近平总书记指出，要多管齐下提高脱贫质量，巩固脱贫成果。要把防止返贫摆在重要位置，适时组织对脱贫人口开展“回头看”，对返贫人口和新发生贫困人口及时予以帮扶。因此，2020年不是结束，而是新的开始，巩固拓展脱贫成果，预防返贫和新的贫困的发生以及破解相对贫困将是党和政府的一项具有重要意义的长期工作，探究2020年后如何巩固拓展脱贫成果是以习近平同志为核心的党中央的初心和使命的内在要求。新阶段的贫困工作任务依然艰巨，需要中国共产党带领全国人民不断巩固拓展脱贫成果，提升脱贫质量，治理相对贫困，缩小收入差距。

（三）巩固拓展脱贫成果是脱贫攻坚成果经得起历史检验的重要保障

从减贫的规律来看，脱贫是一个动态过程，低收入农户脱贫后，由于主客观原因可能又重新返贫，甚至落入“贫困陷阱”的恶性循环。动态贫困问题是人类社会中普遍存在的现象，其根本原因在于农村家庭的贫困脆弱性较高，抵御风险的能力较差[5-6]。脱贫攻坚期内的成就是在大量政策支持和投入的基础上取得的，脱贫人口的贫困脆弱性依然较高，自主脱贫意识和能力尚不够强，如果立即停止所有扶贫政策的支持和投入，脱贫人口就可能存在返贫风险。

此外，随着脱贫攻坚工作的深入推进，脱贫难度较小的贫困户已大体实现脱贫，而剩余的未脱贫的农户致贫原因更复杂，脱贫成本更高、难度更大，返贫形势也更加严峻。因此，2020年后，在解决绝对贫困的基础上，为了确保不返贫和不出现新的贫困，让脱贫成果经得起历史的检验，贫困地区和贫困人口需要一个巩固拓展期，通过巩固拓展脱贫攻坚成果，切实提高农村人口的抗风险能力，降低其贫困脆弱性，实现增收、发展的常态化和长效化。

（四）巩固拓展脱贫成果是顺利实现脱贫攻坚与乡村振兴有效衔接融合的关键和基础保障

脱贫成果能否得到良好的巩固关系到脱贫攻坚能否顺利实现与乡村振兴的衔接。习近平总书记在中共中央政治局第八次集体学习时强调，“打好脱贫攻坚战是实施乡村振兴战略的优先任务”，如期脱贫进入全面小康，是我们党对人民作出的庄严承诺，也是实现乡村振兴的前提。脱贫攻坚与乡村振兴在内容和范围上有很多重合点，在项目的实施上也具有一定的延续性[7]。巩固脱贫攻坚成果事关乡村振兴衔接的时机、衔接点和衔接内容，只有真正实现贫困人口的稳定可持续脱贫才能有效开展乡村振兴[8-10]。巩固拓展脱贫攻坚成果有助于做好脱贫攻坚与乡村振兴的衔接的前期研究，可以为贫困地区理清思路，制定属于当地切实可行的乡村振兴规划。脱贫成果的拓展巩固能够提升贫困地区的发展能力，为后期贫困地区振兴提供基础和动力，起到事半功倍的效果。可以肯定地说，脱贫成果巩固拓展的程度和水平，决定着乡村振兴推进的速度和水平；巩固拓展脱贫成果的时效，决定着脱贫攻坚与乡村振兴有效衔接和融合的时效；巩固拓展脱贫成果的成效，决定着乡村振兴衔接的层次和水平。脱贫攻坚成果越是巩固，与乡村振兴衔接的难度就越小，衔接时序推进就会越顺利，与乡村振兴的有效融合才会越充分。因此，“十四五”时期巩固脱贫成果是实现脱贫攻坚与乡村振兴相衔接必不可少的重要环节，有助于促进乡村振兴衔接的时机更加成熟。

三、巩固拓展脱贫成果面临的新机遇与新挑战

2020 年底“两不愁三保障”的绝对贫困问题将彻底解决，这将为巩固拓展脱贫成果和治理相对贫困提供良好的基础。但也应该看到，未来的经济社会发展环境较之以前发生了新变化，贫困治理面临着脱贫不稳定、不均衡以及经济下行和外部不确定性的考验等挑战。

（一）脱贫攻坚战成效为巩固拓展脱贫成果提供了良好基础和条件

1.2020 年我国将历史性地首次解决绝对贫困问题

新中国成立初期，我国是世界上贫困率最高的国家之一，我国人均国民收入为 27 美元，不到亚洲人均收入水平的 2/3，不足印度人均收入的 1/2，人民生活处于极端贫困的状态[11]。我国始终把消除贫困、改善民生和实现共同富裕作为目标，坚持把发展作为解决贫困问题的根本途径，大力实施大规模扶贫开发，从解决温饱到全面实施精准扶贫、精准脱贫方略，经过不懈努力，我国取得了举世瞩目的脱贫成就。到 2018 年末，我国农村贫困人口已减少至 1660 万人，农村贫困发生率下降至 1.7%，贫困村减少到 2.6 万个，我国人均可支配收入达到 28 228 元，比 1978 年实际增长 24.3 倍。照此速度，到 2020

年现行标准下农村贫困人口必将全部实现脱贫，贫困县将全部摘帽，区域性整体贫困问题将得以解决。绝对贫困人口的全部消灭将为巩固拓展脱贫成效提供充分的前提条件

2. 脱贫攻坚成效为贫困地区构建了良好的基础设施和公共服务条件

良好的基础设施和公共服务条件是贫困地区发展的前提。交通、用电、饮水、通信等物质生活条件的匮乏，既是重要的致贫因素，又是贫困的重要表征[12]。新中国成立以来，通过脱贫攻坚的大量投入，长期困扰农民群众的行路难、吃水难、用电难、通信难、上学难、就医难和住危房等问题得到了较好解决，贫困地区已经具备巩固拓展脱贫成果的良好条件。

第一，基础设施条件不断完善。在交通方面，基本上所有的行政村都通了公路，延伸到自然村落及村内主干道的道路大部分得到了硬化，客运班车的通达率显著提高。2018 年，贫困地区村内主干道路面经过硬化处理的自然村比重为 82.6%，比 2013 年提高了 22.7 个百分点；通客运班车的自然村比重为 54.7%，比 2013 年提高了 15.9 个百分点。在电力和通信设施方面，截至 2018 年末，贫困地区通电的自然村接近全覆盖；通电话、通有线电视信号、通宽带的自然村比重分别达到 99.2%、88.1%、81.9%，比 2013 年分别提高了 5.9、17.4、40.4 个百分点。

第二，公共服务水平不断提升。公共服务水平的提升不仅有助于增强贫困地区和贫困人口的发展能力，而且能为巩固拓展脱贫成果营造良好的外部环境。经过脱贫攻坚，贫困地区的公共服务水平得到大幅提升，到 2020 年贫困地区基本公共服务主要指标将实现接近全国平均水平的目标。

一是医疗卫生服务水平显著改善。促进农村医疗卫生事业的发展，提高包括贫困人口在内的农村人口的健康水平，是我国减贫的重要方面。2013—2018 年，是卫生与健康事业投入力度最大、发展速度最快、人民群众得实惠最多的时期。经过不懈努力，医疗卫生水平大幅提高，贫困地区农村医疗服务可及性显著提高。2018 年，贫困地区所在自然村有卫生站的农户比重占 93.2%，比 2013 年提高了 8.8 个百分点，农民就近看病问题已基本解决。此外，通过发展医疗集团、远程医疗协作网等医联体的形式，贫困地区老百姓在家门口就能享受到较高水平的医疗服务，一定程度上实现了贫困地区人人享有基本医疗卫生服务。

二是教育文化水平显著提高。扶贫先扶智，精准扶贫坚持教育均衡发展，

让贫困家庭的孩子都能接受教育，从根本上阻断了贫困代际传递。为此，国家深入实施教育扶贫重大工程项目，全面改善贫困地区农村义务教育中学校基本办学条件薄弱的情况，832个贫困县已基本完成建设任务。实施农村义务教育学生营养改善计划，覆盖所有国家级贫困县，让3700万名农村学生吃上免费营养餐，营养健康状况得到显著改善。实施乡村教师支持计划，“国培计划”累计培训乡村教师和校（园）长540万余人次，实施农村教师特岗计划，全国28万名农村特岗教师活跃在22个省（区）1000多个县3万多所农村学校（村小、教学点）。集中连片特困地区乡村教师生活补助实现全覆盖，有效缓解了贫困地区教师“下不来、留不住、教不好”的问题。通过加大贫困地区教育基础设施建设，落实“两免一补”“三免一助”“雨露计划”等政策，贫困地区的教育水平得到大幅提升。2018年，87.1%的农户所在自然村上幼儿园更加便利，比2013年提高了15.7个百分点；89.8%的农户所在自然村上小学更加便利，比2013年提高了10.0个百分点。

三是社会保障水平明显提升。完善的社会保障体系能够增强贫困群众应对脆弱性的能力。2018年，我国贫困地区基本医疗保险实现全覆盖，所有贫困人口基本医疗保险享受财政补助。尤其是2015年以来实行的健康扶贫系列行动计划，通过大幅度提高建档立卡扶贫对象医疗费报销比例和实行“三个一批”行动计划（大病集中救治一批、慢病签约服务管理一批、重病兜底保障一批），极大地提高了贫困患者的治疗康复水平，降低了其家庭的医疗负担，在较大程度上抑制了因病致贫和因病返贫现象。此外，建档立卡贫困家庭和农村低保家庭贫困状况评估指标体系亦日益完善，核查机制日趋成熟，符合条件的群众获得了相应救助帮扶。农村低保、临时救助等社会救助制度和政策的落实，给予了贫困人口更多的保障和实惠。

3. 脱贫攻坚为贫困地区提供了较强发展能力基础支撑

从贫困地区来看，产业扶贫提升了当地的产业发展能力，为可持续脱贫提供了根本路径。习近平总书记指出：“发展产业是实现脱贫的根本之策。”发展当地特色产业始终是各地脱贫攻坚的重中之重，有效增强了贫困地区发展产业实现脱贫致富的能力和水平。通过农村产业的优化升级，开展新型农业经营活动，贫困地区的农民合作社、家庭农场等各种新型农业生产经营主体迅速发展，贫困地区特色优势产业和电商扶贫、光伏扶贫、旅游扶贫等新业态迅速发展，有效带动了贫困人口脱贫致富。截至2016年底，22个扶贫任务较重的省份已发展农业龙头企业8.8万家，其中省级以上龙头企业1.2万家；全国758个贫困县发展农民合作社44.2万家，带动1500多万户农户。

从贫困人口来看，一方面，通过引导贫困人口参与到市场机制中，充分激发了贫困人口的积极性、主动性、创造性，贫困群众发展生产和务工经商的基本技能得以培育，内生发展活力和动力明显增强，脱贫的稳定性和可持续性也随之增强。另一方面，贫困地区教育的发展，提升了贫困人口的文化素质，提高了农村人力资本水平。2016年，贫困地区劳动力文盲、半文盲人数占比降到5.2%。

4. 脱贫攻坚为贫困地区构建了良好的体制机制和乡村治理的雏形

我国取得举世瞩目的减贫成就，最根本的原因是发挥了党的领导的优势和社会主义制度优势，探索了中国特色的扶贫开发道路。脱贫攻坚建立了“中央统筹、省负总责、市县抓落实”的扶贫体制机制，强化了各级党委总揽全局、协调各方的作用，省市县乡村五级书记抓扶贫，为扶贫开发提供了坚强的政治保证，也是未来巩固和拓展脱贫成果的制度保障。与此同时，我国不断改革和创新国家治理体系，尤其是完善了乡村治理体系：一是将国家治理重心下移，通过干部驻村促使帮扶措施更加精准；二是初步形成了多层级、跨部门的贫困治理网络，对涉农资金进行统筹整合；三是实现了扶贫的多元主体参与，构建了大扶贫格局，包括事业单位、企业主体、社区组织、第三方机构和合作社的参与，多元主体的协同推进实现了减贫效应的最大化[13]。良好的乡村治理体系是乡村振兴的基础条件，为巩固拓展脱贫成果提供了重要保证。

（二）巩固拓展脱贫成果面临的新挑战

1. 巩固拓展脱贫成果面临脱贫“不充分”的问题

我国的扶贫开发取得了决定性进展，贫困人口规模不断减小，贫困发生率快速降低，到2020年将全面实现“两不愁三保障”。但由于我国的贫困程度较深，因而难以在短时间的扶贫过程中使我国的扶贫开发取得决定性进展，2020年打赢脱贫攻坚战后，依然不可避免地存在一些短板。在“三保障”方面，贫困地区特别是一些深度贫困地区、边远地区，其公共卫生、医疗服务和教育水平较低，局部地区依旧存在脱贫后返贫的隐患，这无疑会削弱脱贫的稳定性。在基础设施和公共服务方面，尚未实现全面均等化，尤其是一些深度贫困地区基础设施和公共服务水平还较为落后，难以满足农村人口日益增长的发展需要，成为制约农村经济社会协调发展的重大障碍。在农村经济社会发展方面，农业产业结构比较单一，产业融合带动能力不足，难以提高综合效益，且市场体系建设滞后，致使市场对资源的配置作用没有得到充分发挥，资源利用不合理问题突出，影响了农村经济整体质量的提高。农村普遍缺乏具有带动作用的现代实用人才，以致对发展农村经济的辐射带动作用不明显。产业基础的薄弱以及实用人才的缺乏，难以充分激活农村发展的潜力，容易引致脱贫成效的不可持续性。

2. 巩固拓展脱贫成果面临脱贫成效"不平衡"问题

受资源环境、地理条件等因素的影响，我国农村区域经济发展不平衡问题长期存在，而这种农村区域经济发展的不平衡阻碍着农村经济发展整体水平的提升，势必对扶贫成效造成一定的冲击。就GDP总量而言，贫困地区与发达地区差距不断扩大。2010—2018年，22个脱贫任务重的省（区、市）与其他9省市GDP差距不断增大，二者差距由2010年的15836亿元上升为2018年的31299亿元。从人均GDP来看，2010—2018年，22个脱贫任务重的省（区、市）与其他9省市人均GDP差距不断增大，二者差距由2010年的30615元上升为2018年的52342元。与此同时，在农村人口中出现了扶贫政策"福利悬崖"效应[14]。随着大量优惠政策向贫困户的倾斜，贫困户享受的政策红利越来越多，造成贫困户与非贫困户之间的心理不平衡。这种不平衡若不能及时、得当处理，就可能使扶贫成效大打折扣，因而必须在巩固拓展脱贫成果阶段尽量消除矛盾。巩固拓展脱贫成果，必须保持对欠发达地区的政策支持和投入力度，并将"边缘人口"纳入新的帮扶对象范围，帮助这些地区和人口逐步建立起稳定发展的长效机制，逐步缩小地区和人群间的发展差距。

3. 巩固拓展脱贫成果受我国经济下行压力和外部环境不确定性影响

作为国家重要的减贫行动，"十四五"时期巩固拓展脱贫成果势必会受到经济形势和外部环境不确定性的影响。一方面，我国经济下行压力较大，财政资金投入紧张。近年来，我国经济增速总体持续下降。2019年4月19日，中共中央政治局会议指出，在充分肯定成绩的同时，要看到"经济运行仍然存在不少困难和问题"，"外部环境总体趋紧，国内经济存在下行的压力"。另一方面，外部环境的不确定性增大，贫困地区的产业就业等方面约束性增强。就国际形势来看，我们面临的是“百年未有之大变局”，这是以习近平同志为核心的党中央从战略高度对世界形势作出的重大判定。美国的遏制和打压成为我国重大的外部风险，受中美经贸关系的影响，叠加世界经济走弱等因素，未来我国的贸易可能会有更多的不确定性隐忧，投资、生产、消费将会受到一定的冲击。在我国经济运行压力较大和不确定因素增多的情况下，贫困地区的产业和就业必将面临较大的挑战。这些因素将影响整个国民经济和贫困地区的经济发展以及农村人口增收的能力，而这种外部环境的长期性和复杂性也决定了巩固拓展脱贫成果的长期性和持续性。

四、巩固拓展脱贫成果的关键内容与战略重点

巩固拓展脱贫成果、形成可持续的脱贫效应，必须抓住巩固拓展的关键点，把握巩固拓展的指导思想和原则，明确巩固拓展的目标任务，确定巩固拓展的对象范围，理清巩固拓展的重点内容。

（一）确立巩固拓展脱贫成果的指导思想和原则

巩固拓展脱贫成果应坚持以习近平新时代中国特色社会主义思想为指导，继续加强党对扶贫工作的领导，坚持精准扶贫精准脱贫的基本方略，创新市场化、法治化的扶贫机制，与经济社会发展各领域工作相衔接，与实施乡村振兴战略相衔接，与新型工业化、信息化、城镇化、农业现代化相统筹，实现从稳固拓展脱贫成果到向新阶段迈进的顺利过渡。巩固拓展脱贫成果的基本原则主要包括：

一是坚持巩固拓展脱贫成果与精准防贫的有机结合。“十四五”时期扶贫工作要继承精准扶贫的思想，对贫困人口的识别要相应地引入更多维度，在现有维度基础上，将生活质量、平等机会等多种要素纳入考量范围，提高识别的精度。在此基础上，构建防贫机制，实施精准措施，巩固脱贫成效。

二是坚持巩固拓展脱贫成果与落实主体责任有机结合。充分发挥政治优势和制度优势，继续强化党和政府在巩固拓展脱贫成果中的主体责任，按照中央统筹、省负总责、市县抓落实的工作机制，坚持问题导向和目标导向，提高效率，利用有限资源发挥更大效用。

三是坚持巩固拓展脱贫成果与改善发展环境有机结合。将改善乡村公共基础设施摆在优先位置，加快推进乡村交通、水利、电力、通信、物流等基

础设施和学校、卫生室、文化站等公共服务设施的配套建设以及乡村环境整治，实现脱贫地区公共服务设施从“有”到“好”的转变。

四是坚持巩固拓展脱贫成果与改善民生有机结合。稳步推进义务教育、就业服务、基本养老、基本医疗卫生、住房保障等基本公共服务全覆盖。特别是针对建档立卡贫困户、边缘贫困户，要完善社会保险、社会救助、社会福利等社会保障体系，更好地发挥社会救助兜底功能。

五是坚持巩固拓展脱贫成果与激发群众内生动力有机结合。巩固拓展脱贫成果的重要原则是坚持激发群众内生动力和活力，要坚持群众主体地位，充分调动贫困地区广大干部群众的积极性、主动性、创造性，发扬自强自立精神，依靠其自身努力改变贫困落后面貌。

六是坚持巩固拓展脱贫成果与生态保护有机结合。坚持绿色减贫理念，正确处理经济发展与环境保护的关系。要立足地方实际，培育良好的生态环境，营造良好的发展环境，将绿水青山转化为金山银山。

（二）制定好巩固拓展脱贫成果的目标任务

巩固拓展脱贫成果，首先要巩固脱贫攻坚已经取得的成果，在巩固的基础上拓展脱贫成效，从而实现可持续性的脱贫，为乡村振兴和治理相对贫困打牢基础。在这一总目标的指导下，详细制订巩固拓展的具体目标任务。具体来说，在巩固脱贫期内，一要进一步弥补“两不愁三保障”的短板，到 2025 年，“两不愁三保障”水平大幅提升，大面积消除各类致贫因素；二要强化兜底保障体系，构建精准防贫体系，筑牢持续脱贫防线，从源头上筑起发生绝对贫困的“截流闸”和“拦水坝”；三要促进基础设施和公共服务的全面提升，补齐欠发达地区的短板，争取实现均等化；四要提升贫困地区和贫困人口的发展能力，通过提高产业持续性和就业稳定性，拓展农村人口的致富渠道，争取农民人均可支配收入比 2020 年翻一翻，增长幅度高于全国平均水平；五要构建和培育脱贫内生动力机制，提升农村人口和贫困地区的发展动力和活力；六要创新绿色减贫举措，实现生态保护和脱贫致富双赢；七要进一步加强国际减贫交流与合作，帮助全球更多贫困人口和贫困地区走出贫困，推进构建人类命运共同体开辟新局面。

（三）确定好巩固拓展脱贫成果的对象及范围

巩固拓展脱贫成果要坚持“精准”，明确巩固拓展的对象及范围。就地区来看，应以人均可支配收入、人均GDP等指标为主要参考，将革命老区、民族地区、边境地区等脱贫人口较多、贫困程度较深的欠发达地区作为巩固拓展脱贫成果的重点区域；就村来看，应将基础设施薄弱、集体经济和产业发展落后的村作为重点进行巩固提升；就人群来看，应将脱贫人口和低收入边缘人口作为重点巩固对象，实施动态管理，分类采取帮扶措施。在明确巩固拓展对象的基础上，因地因人制宜，根据不同对象的不同自然禀赋、贫困特征、发展基础等，确定具体的扶贫政策、帮扶措施和支持手段，从而提升巩固拓展脱贫成果的针对性和有效性。

（四）理清巩固拓展脱贫成果的重点内容

2020年我国贫困问题不再是单纯的经济现象，而是集经济、社会、自然等因素于一体的复合现象[15]。因此，需要从经济发展、社会发展、自然生态等多个维度，审视2020之后的贫困问题，明确好巩固拓展的具体领域和内容，提前规划好要巩固拓展哪些成果，抓住巩固拓展脱贫成果的战略重点。

1. 全面做好脱贫攻坚成果的巩固落实

相对贫困阶段首先要做好脱贫攻坚的巩固工作，保证脱贫人口不返贫，使脱贫攻坚经得起历史检验。一是完善兜底保障政策，坚持定期摸底清查。在最低生活保障兜底方面，在低保对象认定中将建档立卡贫困人口作为重点，及时将符合条件的纳入农村低保，同时完善临时救助制度，确保特困人员得到救助供养，确保贫困人口吃穿不愁，饮水和住房安全有保障。二是提升医疗和教育保障水平，促进基本养老保险和基本医疗保险、大病保险实现贫困人口全覆盖，村村有村医，做好控辍保学和乡镇寄宿制学校改善工作，大幅改善农村教育条件，确保贫困人口上得起学、看得起病。三是加大对脱贫地区、欠发达地区，特别是西部地区和深度贫困地区的基础设施建设、公共服务供给的支持力度，重点加强对区域发展有重大促进作用的交通、水利、能源、物流、冷链等基础设施建设，提高对现有基础设施的管护力度，建立完善的管护机制。在巩固拓展期内，促进贫困地区基础设施和基本公共服务的普惠共享、均等可及。

2. 全力做好脱贫攻坚成效拓展和质量提升

拓展脱贫成果应该与治理相对贫困相适应，与乡村振兴相衔接，重点包括以下方面：

一是适当提高贫困的标准，科学划定新的帮扶范围。巩固拓展期的减贫对象应该参考相对贫困的标准，重点考虑绝对贫困时期的边缘贫困人口，扩大享受扶贫政策的人群范围，制定动态化的减贫机制，完善建档立卡信息系统，提高帮扶的精准性、灵活性和科学性。在精准帮扶的基础上，提高脆弱群体的收入水平和发展能力，进一步缩小收入差距。

二是完善脱贫攻坚中形成的中国特色减贫机制和政策举措，使其在新的阶段产生更大的减贫效应。在巩固拓展期间，需以习近平总书记关于扶贫开发的重要论述为重要遵循，立足新时期的新特点，在继承脱贫攻坚经验的基础上，完善巩固拓展的体制机制和政策措施，提升巩固拓展的成效。

三是坚持产业和就业扶贫再推进，实现更高质量的产业发展和更充分的就业。在产业方面，立足农村地区的资源禀赋，发展特色优质高效乡村产业，促进乡村旅游、电商等产业的发展，增强产业的益贫能力。在就业方面，提升职业培训的实用性和精准性，提高就业服务水平，进一步完善就业保障机制。

四是坚持易地扶贫搬迁后续扶持再完善，推动易地扶贫搬迁后续帮扶工作与新型城镇化有机衔接。加强搬迁社区治理，优化管理服务，引导搬迁人口参与当地社区管理和服务，不断提升搬迁群众的融入度。

五是坚持内生动力再提升，提高贫困人口和贫困村的发展能力。一方面，要建立有效的精神扶贫机制，鼓励脱贫群众通过发展产业、稳定就业实现稳定增收，切实提升贫困群众的自我发展能力；另一方面，要通过深化农村集体产权制度改革等方式，不断壮大农村集体经济，提升村集体的发展能力。

六是坚持绿色减贫再落实，实现人与自然共荣共生。继续健全生态保护补偿机制，大力发展绿色产业，完善社会发展、经济发展和生态环境改善的全方位综合监测体系以及考核评价标准，定量客观地综合监测和评估各个地区的生态贫困状况。

七是坚持国际减贫合作再加强，提升国际影响力和话语权。借助“南南合作”等国际平台和共建“一带一路”，总结、宣传、分享中国减贫经验，促进国际减贫交流与合作迈上新的台阶，提升国际社会对中国脱贫成就与经验的认同度，推动人类命运共同体的构建。

参考文献

［1］张琦，孔梅.跨越绝对贫困后的多维反贫困新目标［N］.社会科学报，2019-01-31(1).
［2］张琦.减贫战略方向与新型扶贫治理体系建构［J］.改革，2016（8）：77-80.
［3］豆书龙，叶敬忠.乡村振兴与脱贫攻坚的有机衔接及其机制构建［J］.改革，2019(1)：19-29.
［4］杨骅骝，周绍杰，胡鞍钢.中国式扶贫：实践、成就、经验与展望［J］.国家行政学院学报，2018（6）：138-142，192.
［5］姚嘉.我国贫困阶层的收入流动性研究：动态变化与影响因素［D］.杭州：浙江大学，2016.
［6］罗楚亮.农村贫困的动态变化［J］.经济研究，2010（5）：123-138.
［7］张琦.稳步推进脱贫攻坚与乡村振兴有效衔接［J］.人民论坛，2019（S1）：84-86.
［8］汪三贵，冯紫曦.脱贫攻坚与乡村振兴有机衔接：逻辑关系、内涵与重点内容［J］.南京农业大学学报（社会科学版），2019（5）：8-14，154.
［9］廖彩荣，郭如良，尹琴，等.协同推进脱贫攻坚与乡村振兴：保障措施与实施路［J］.农业经济管理学报，2019（2）：273-282.
［10］朱启铭.脱贫攻坚与乡村振兴：连续性、继起性的县域实践［J］.江西财经大学学报，2019（3）：95-104.
［11］范小建.60年：扶贫开发的攻坚战［J］.求是，2009（20）：35-37.
［12］吴国宝.改革开放40年中国农村扶贫开发的成就及经验［J］.南京农业大学学报（社会科学版），2018（6）：17-30，157-158.
［13］左停，刘文婧，李博.梯度推进与优化升级：脱贫攻坚与乡村振兴有效衔接研究［J］.华中农业大学学报（社会科学版），2019（5）：21-28，165.
［14］檀学文.完善现行精准扶贫体制机制研究［J］.中国农业大学学报（社会科学版），2017（5）：42-50.
［15］白永秀，刘盼.全面建成小康社会后我国城乡反贫困的特点、难点与重点［J］.改革，2019（5）：29-37.

解决相对贫困应有长效机制

消除贫困、改善民生，打赢脱贫攻坚战是党和政府对人民的庄严承诺。党的十九届四中全会通过了《中共中央关于坚持和完善中国特色社会主义制度　推进国家治理体系和治理能力现代化若干重大问题的决定》，其中提到“坚决打赢脱贫攻坚战，巩固脱贫攻坚成果，建立解决相对贫困的长效机制”。

现阶段我国脱贫攻坚战的成效显著。当前，我国农村贫困人口从 2012 年末的 9899 万人减少至 2018 年底的 1660 万人，累计减少 8000 多万人，连续 6 年超额完成千万减贫任务；贫困发生率从 2012 年末的 10.2% 下降至 2018 年底的 1.7%，累计下降 8.5 个百分点；2012—2018 年，贫困地区农村居民人均可支配收入占全国农村居民人均可支配收入的比例从 2012 年的 62.2% 上升到 2018 年的 71%。

民生方面，居民的居住条件、卫生厕所数量、饮水无困难的居民数量以及户均拥有电冰箱、电视机、汽车、计算机、彩色电视机的数量，有了明显提高；贫困户受教育程度明显提高，医疗卫生条件得到明显改善。截至 2018 年底，全国 832 个贫困县中已有 436 个贫困县宣布脱贫摘帽；建档立卡贫困村从 12.8 万个减少到 2.6 万个左右。总体来看，有一半的贫困县、80% 的贫困村和 85% 的贫困人口已经脱贫。

同时，脱贫攻坚战不断深入人心。各级各类干部深入贫困地区帮助贫困群众，干群关系更加融洽，党的群众基础和执政基础更加坚实。社会各界互帮互助，改善了社会风气，促进了社会和谐，巩固了社会稳定。贫困人口对扶贫政策认可度高，对扶贫成效满意度高，对党和政府满含感恩之心。全社会合力扶贫的局面初步形成，政治优势和制度优势充分彰显。

我国的脱贫攻坚战还为全球减贫治理提供了借鉴经验。精准扶贫将成为解决中国贫困地区与发达地区平衡发展、充分发展的新遵循，指导着我国理论工作者和实践工作者去积极探索和创新。与此同时，精准扶贫还将成为中国推动实现《2030年可持续发展议程》目标和面临引领构建人类命运共同体的新任务和新期待。精准扶贫不仅是中国扶贫理论体系成果和智慧结晶，更是世界扶贫新成果与智慧的新体现。

解决相对贫困是一场“持久战”

当前，我国脱贫攻坚战的成效显著，可以称之为人类减贫史上的一个奇迹。按照当前的脱贫攻坚战略，到2020年，全部消除绝对贫困的任务基本可以完成，这意味着在现行标准下，全国的农村贫困人口将全部脱贫，贫困县全部摘帽，并解决区域性整体贫困。然而，消除了绝对贫困，并不是说贫困就消失了。中国农村收入差距依然存在，相对贫困是长期存在的。因此，我国在消除绝对贫困之后，下一步我们必将转入构建解决相对贫困长效机制中去，这也是长期的目标。

在解决相对贫困的阶段，首先就是要确定相对贫困的对象。其次，在消除相对贫困的过程中，要确定和构建解决相对贫困的长效机制。在这一长效机制中，应明确哪些由政府主导，哪些由贫困户发挥作用，如何发挥市场机制和社会化力量来参与减贫。这些都需要从整体上进行顶层设计，稳步推进，科学规划。在构建长效机制时，应与国家当前的乡村振兴战略相结合，同国家“三步走”战略结合，同国家的宏观政策、整体战略结合发展。

建立长效机制需要提升内生动力

建立相对贫困和长效机制时存在的问题有以下几点：

第一，要充分巩固现有的脱贫攻坚成果，这是前提和基础。只有巩固了现有成果，才能为新时期相对贫困标准确定奠定基础。

首先，这是新时代中国精准扶贫精准脱贫理论和政策的需要。打赢脱贫攻坚战，创造了我国减贫史上最好成绩，是人类减贫史上伟大创举，更是习近平关于扶贫工作重要论述和理论体系指导中国脱贫攻坚取得伟大胜利的具体实践，是习近平新时代中国特色社会主义思想的重要组成部分，创新发展了中国特色的扶贫开发道路，为新时代打赢脱贫攻坚战提供了行动指南。理论指导更需要实践应用和巩固。

其次，这是党对全国人民的脱贫目标任务的承诺更加牢固的需要。消除绝对贫困，全面建成小康社会，是对全国人民的庄严承诺，需要通过巩固脱贫成果让全面小康社会的基础更加夯实，让脱贫的成果经得起历史的检验。这也是考虑到当前不同区域之间、群体之间的脱贫程度存在显著差异和不平衡性的实际需要。深度贫困地区脱贫较晚，致贫、返贫风险仍然很高。我国需要一个巩固期，通过持续的政策支持和投入，确保不返贫和不再出现新的贫困。同时，需要通过巩固脱贫成果增强脱贫的可持续能力，强化可持续脱贫的各项支撑条件。

第二，科学确定相对贫困的标准，这是构建解决相对贫困长效机制的基础。为此需要借鉴国际经验，结合中国实际综合考虑，如教育医疗卫生、居住条件等多维因素。与此同时，关键还是要考虑到我国社会经济发展现状和财政实力来最终确定相对贫困标准。

第三，建立长效机制需要提升内生动力。贫困户内生动力的激发比外在帮扶更加有效，要更加注重个人素质、职业技能的提升，调动贫困户的积极性。激发扶贫机制的内生动力同样重要，要发挥市场作用，推进完善扶贫脱贫的服务机制，注重绿色扶贫，力求长远。

“三区三州”深贫地区由于其自然条件、地理位置的特殊性，是脱贫攻坚战的“硬骨头”。“三区三州”脱贫程度如何，很大程度上决定了我国的脱贫攻坚质量水平和我国全面建成小康社会的水平。消除绝对贫困后，建立相对贫困长效机制的难点区域是这些深度贫困地区。由于脱贫攻坚的地区差异性较大，完成脱贫质量不一，对于深贫地区的贫困户而言，据有关的专家调研，很多脱贫户，其收入结构中的“财政性收入”偏高，而工资性及经营性收入相对比例很低，因此，一旦在2020年后有关的帮扶政策逐渐取消，这部分脱贫户就极易出现返贫现象。根扎得越深，脱贫成果越牢固。必须因地制宜，加大投入，三到五年内“脱贫不脱政策”，不断巩固和提升脱贫成果，保持地区扶贫机制稳定性和灵活性，确定就业、社保、产业、绿色扶贫等政策可顺利过渡到新的阶段。

（2019年11月23日《中国劳动保障报》 张琦）

不同相对贫困标准的国际比较对我国的一点启示

十九届四中全会首次提出“建立解决相对贫困的长效机制”，为 2020 年后的扶贫工作指明方向。其中，相对贫困标准的研究和确定，是建立解决畅销机制的基础和前提。本文借鉴包括欧盟、经济合作与发展组织、美国、世界银行等国际典型国家对相对贫困标准设置的经验和在实践中的做法，发现：以中位收入一定比例设置相对贫困标准的“收入比例法”为国际所通用；家庭成员等值规模估算和多维贫困综合识别为重要贫困辅助界定依据；贫困程度评估过程中考虑区域差异非常重要。我国在制定相对贫困标准上可结合国情按收入比例法确定国际可比贫困标准，辅助以多维贫困识别方式，重视城乡、区域和省份间发展差异，坚持个体瞄准和区域瞄准相结合的综合相对贫困评估方式。同时要在城镇中警惕工作贫困等次生贫困问题。

一、相对贫困实践逻辑及典型发达国家贫困标准设定

如果我们遵循这样一个逻辑：国家贫困线的设定应该考虑到国家基本经济状况，因此伴随国家变得更加富裕，要实现贫困和低收入群体向非贫困的转移，就需要投入更多资源。这与诺奖得主阿玛蒂亚·森（Amartya Sen）的可行能力理论相一致。扶贫目标的实现就是要实现贫困群体在任何时候、任何地点都拥有接受教育、健康、营养和融入社会的基本能力和权利。尽管获取能力是绝对的，但为实现上述能力获取所需要的资源获取成本若以收入来度量则是相对的。满足前述能力条件所需的等价货币（或其他交换物）在欠发达国家更低，在富裕国家则要更高。这也是伴随一国发展能力的不断提高，普遍国家从绝对贫困转向相对贫困概念背后的基本逻辑。首先概述发达国家的主要贫困标准界定方式。

（一）欧盟

欧盟使用相对概念界定贫困。该定义始于 2004 年，其核心理念是如果人们所持有的收入和资源无法支撑其维持在社会可接受的生活水平，则其处于贫困状态。欧盟认为那些陷入贫困的个体可能会在很多个维度上同时陷于不利境地，诸如失业，低收入，住房贫乏和医疗保健供给不足，以及遭遇终身学习、文化、体育和娱乐方面的障碍，且陷入贫困的个体往往会在经济、社会和文化等常态活动中遭受排斥和被边缘化，导致贫困个体获得基本权利的机会遭遇限制。2010 年 6 月，欧洲“就业、社会政策、卫生和消费者事务”（EPSCO）部长理事会提出“面临贫困或社会排斥风险”多维度贫困度量指标体系，该体系融合了相对收入贫困、物质剥夺、极低工作强度三个大维度下的若干指标（表 3–1）。

表 3–1　欧盟“面临贫困或社会排斥风险”相对贫困指标体系

三大维度	指标释义
面临收入贫困风险	国家等值税后收入中位数的 60%
严重物质剥夺	无法承担以下九项中的至少四项：意外支出；每年放假一周；欠款（房屋抵押或租金，水电费账单或租购分期付款或其他贷款付款）；每隔一天购买肉或鱼烹饪；取暖费；洗衣机；彩色电视机；电话；汽车
极低工作强度率	过去一年累计工作量不足其工作潜力 20% 的家庭劳动力占家庭中 0~59 岁成员的比例

资料来源：根据 EUROSTAT 指标解释整理

（二）美国

作为发达国家的美国与欧盟和 OECD 国家不同，一直采用绝对贫困概念。这里谈美国的三条贫困线。

第一条是官方贫困线。起源于约翰逊政府“向贫困宣战”时期，自 1959 年首次公布以来已经有长达 60 年的历史，也是美国最主要的贫困度量方式。这条线由美国普查局负责制订，在全国 48 个州都统一施行（除了阿拉斯加和夏威夷州），因此又称为联邦贫困水平。该贫困线的官方统计是根据 1965 年经济学家欧珊斯基提出的收入界定法对“经济食品计划”及不同家庭规模及构成的消费模式做出的讨论所制定。1963 到 1964 年，欧珊斯基测算出获取“适当”食物的支出，并将这个支出水平乘以 3 作为贫困线。之所以乘以 3，是因为当时美国消费者平均投入在食品消费支出上的比例约为三分之一。后期，美国贫困线随每年的物价指数而调整。表 3–2 给出了 2018 年美国官方贫困线的设定。

表 3–2　2018 年美国官方贫困线

家庭人数	家庭中未满 18 周岁人口数								
	无	1	2	3	4	5	6	7	8 个及以上
1 人：									
65 周岁以下	13064								
65 周岁以上	12043								
2 人：									
户主年龄在 65 周岁以上	16815	17308							
户主年龄在 65 周岁及以下	15178	17242							
3 人	19642	20212	20231						
4 人	25900	26324	25465	25554					
5 人	31234	31689	30718	29967	29509				
6 人	35925	36068	35324	34612	33553	32925			
7 人	41336	41594	40705	40085	38929	37581	36102		
8 人	46231	46640	45800	45064	44021	42696	41317	40967	
9 人及以上	55613	55883	55140	54516	53491	52082	50807	50491	48546

数据来源：美国普查局，作者整理。

第二条线是贫困指导线。由美国健康与人类事务部发布，主要用于评估公民是否有资格获得联邦安全项目补贴。与贫困临界线相似的是，贫困指导线也使用最低食物必需水平这一标准，区别体现在：其一，测算用税前收入来表示；其二，贫困指导线适用于全美所有地区。表 3–3 为 2019 年美国贫困指导线。

表 3　2019 年美国贫困指导线（美元）

家庭人数	贫困指导线
1	12490
2	16910
3	21330

续表

家庭人数	贫困指导线
4	25750
5	30170
6	34590
7	39010
8	43430

注：若家庭人口多于 8 人，每额外增加一人贫困指导线提高 4420 美元。此处的贫困线适用于除阿拉斯加和夏威夷州之外地区，限于篇幅略去阿拉斯加和夏威夷州贫困指导线。

数据来源：美国健康与人类事务部，作者整理

第三条贫困线实际上是官方线（第一条线）的延伸，即 2010 年被美国官方提出的“补充贫困线”（Supplemental Poverty Measure，简称 SPM）。与官方贫困线只计算最低食物支出不同，SPM 线核算的是家庭对一篮子经济资源的缺乏程度。篮子内容包括食物、住房、服装和日常用品开销，被称为 FCSU。SPM 线等于 FCSU 支出加上一个可被允许的小额额外支出。SPM 线下的贫困率要略微高于官方贫困率。截至目前，美国普查局同时公布两条贫困标准。这两条标准的主要差异可以参见表 3-4。需要说明的是无论是官方线还是 SPM，均不作为政府扶助低收入群体的主要政策支撑，其作用主要用于监测贫困人口数据，为发展中的贫困提供更详尽的图景。

表 3-4　美国官方线与 SPM 的比较

类目	官方线	SPM
测度单位	家庭成员（出生、婚姻或领养）或一些无上述关系的个体	按照资源共享划分（官方家庭成员定义 + 其他无上述关系的同住儿童、寄养儿童以及未婚伴侣及其亲戚），以及其他无上述关系的个体
贫困线	1963 年确定的贫困线	基于食品、服饰、住房和其他必需品的支出（FCSU）
贫困线调整方式	根据家庭规模、成员构成以及户主的年龄所确定	根据家庭规模、成员构成、地域差异带来的住房成本进行调节
更新贫困线的方式	消费价格指数	根据 FCSU 五年支出水平的平均值调整
测算依据	税前现金毛收入	现金收入之和，外加与 FCSU 相关的非现金收益，减去税，减去工作支出、减去医疗支出、减去支付给其他家庭的儿童抚养费

资料来源：作者结合美国普查局定义整理。

（三）OECD（经合组织）国家

OECD 国家贫困程度在跨国比较时采用 50% 中位收入标准（参见本文第三部分），但不同 OECD 国家在设置本国贫困线的方式时有所差异。以澳大利亚为例，澳大利亚社会事务委员会（ACOSS）负责制订贫困线及制订相关的减贫及其他社会事务，并选用收入比例法衡量澳大利亚的贫困状况。澳大利亚设置了两条贫困线，将家庭同等可支配收入中位数的 50% 作为低贫困线，60% 作为高贫困线，并度量处于贫困线以下的人口占比以及处于贫困线以下人口的收入与贫困线的距离（即贫困缺口）两项指标。由于房屋支出是澳大利亚大部分低收入家庭的主要固定支出，为了比较不同家庭的收入状况，ACOSS 还通过在上述两条贫困线中扣除房屋支出的方式得到两条补充贫困线。这四条贫困线就构成了澳大利亚的贫困线体系（表 3-5）。

表 3-5　2015/2016 年澳大利亚不同家庭类型的贫困线（澳元 / 周）

家庭类型	中位数 50% 贫困线	中位数 60% 贫困线	中位数 50% 贫困线（扣除房屋成本）	中位数 60% 贫困线（扣除房屋成本）
单身家庭	432.73	519.28	353.29	423.94
仅夫妻二人家庭	649.10	778.92	529.93	635.91
单身父母加两个孩子家庭	692.37	830.85	565.26	678.31
夫妻加两个孩子家庭	908.74	1，090.48	741.90	890.28

注：表中的收入为包含社会转移支付之后的税后收入

数据来源：Bradbury et al.（2018），笔者整理。

（四）世界银行

世界银行对于全球的贫困问题进行了大量研究，并根据研究设定了几条根据各国经济发展水平逐渐变化的世界贫困标准。目前世界银行采用并计算全球贫困问题的贫困标准主要有 3 条，分别是根据 15 个最穷国家平均标准计算的每人每天 1.9 美元的极端贫困标准，这一标准通常被称为国际贫困标准；根据中低收入国家平均标准计算的每人每天 3.2 美元的中等偏低收入贫困标准；根据中高收入国家平均标准计算的每人每天 5.5 美元的中等偏高收入贫困线；世界银行还统计了高收入国家的贫困标准为每人每天 21.7 美元。

二、发达国家相对贫困设置的主要特点

前一部分简要介绍了发达国家主要贫困界定方式和实施历程。本部分就发达国家制定贫困标准细节做归纳整理，核心比较结果可参见表3–6。

表3–6 典型国家和国际组织贫困标准设定方式

类别	欧盟（EU–28）	经济合作与发展组织（OECD）	美国
贫困识别方式	相对贫困＋多维剥夺	相对贫困	绝对贫困
参照系	等值收入	等值可支配收入	支出作为设定标准；以收入作为识别门槛
贫困线取值	等值收入中位数的60%	等值可支配收入中位数的50%	家庭规模（未满18岁儿童规模不等值界定绝对贫困线[①]）
是否区域可比	欧盟不同国家之间可比	OECD各国之间可比	SPM具有州际可比性；官方线为全国统一标准
是否人群特征可比	统一标准，不按家庭或群体特征单独设线	统一标准，不按家庭或群体特征单独设线；但加拿大等国也考虑家庭规模	根据家庭规模和儿童数量差异性特征设定不同的标准

资料来源：作者结合各国经验整理

（一）概念：绝对视角、相对视角、多维视角

发展水平结合对贫困内涵的认知决定了国家或地区的识别贫困方式。归纳来看现在主流的贫困识别方式包括：绝对贫困、相对贫困和多维贫困。其中，绝对贫困一般是指根据某种主客观判定原则，将贫困内涵转换成等值收入/消费，并以此作为绝对贫困线；相对贫困依赖于收入分布，是以社会收入集中趋势的一定比例作为相对贫困线的构造方法，这种集中趋势一般可用均值或中位数来表示，在实践中，这个比例一般在40%~60%之间。多维贫困与“基本需求”内涵相对应，但理论来源于阿玛蒂亚·森的可行能力理论。三种概念相互关联：相对贫困是很多发达国家的贫困测度依据，但发达国家也经历过不发达的时期，而在欠发达时期其主要使用的是绝对贫困线（如英国）；绝对贫困线的制定的实践途径来源于主观判定法，即贫困线的制定建立

① 每年贫困线根据CPI–U调节。

在"基本需求法"（如早期英国）或"食物比率法"基础上（如美国）；"基本需求"实际上是多维度的，并且伴随经济发展程度的变化而变动，甚至在一些国家中，单纯依照"基本需求篮子"折合的等值收入或消费无法满足贫困的充分识别①，因此以多维视角识别贫困也非常重要（如欧盟）。正如欧洲议会提出收入贫困对欧盟来讲并非恰当的贫困度量方式，在欧洲相对贫困不局限在收入维度，而是更广义的被定义为包括收入贫困、物质剥夺、以及极低工作强度三个大维度。

（二）参照系：收入、支出或多维参照系

在发达国家中，各国对贫困线的制订比较多样化，比如 OECD、欧盟国家和美国现阶段均以收入为参照系，欧盟兼采用社会剥夺指标法；从发展中国家的应用情况来看支出法则最为广泛。对于究竟使用支出（消费）还是收入作为参照系，不同学者持有不同理由。支出（消费）法的支持者认为，消费是刚性的且相较于收入更好统计，能较客观反映贫困者的生活状态；收入法支持者则提出，正是由于消费支出更为刚性，即便其部分依赖于其家户的生产水平，但仍然也可以通过借贷和储蓄实现较为稳定的消费——这就极可能形成当期收入无法满足消费需求的结果，此时，选择收入作为贫困参照系的优势就表现出其优势，作为度量个体在当期社会生产生活的参与能力和获取能力的恰当指标。在应用上，现阶段发达国家多使用收入而非消费作为贫困的界定参照基础②，如美国、欧盟、OECD 国家。此外，在贫困标准的选取方面，究竟是税前还是税后收入，不同国家的选择方案不尽相同。例如，欧盟采用的税后可支配收入概念，同时其也度量了税前收入概念下的相对贫困程度。

（三）相对贫困线取值：40%、50% 还是 60%？

最早提出相对贫困取值标准的是斯坦福大学教授福赫斯（Victor R.

---

① 例如在公共设施和社会保障体系不健全的贫困地区，部分仅仅在收入或消费上达标，却依旧无法获取基本发展能力的人也应该被视为贫困群体，但一维度的收入或消费指标很显然会遗漏上述群体；再如欧盟等发达国家认为在较高发展阶段下，关注收入以外的人们拥有资源或享有权利是否落后于社会平均发展水平也是度量贫困的重要层面。

② 当然，以消费测度贫困是世界银行等国际组织常用的贫困度量方式。此外，欧盟在上世纪九十年代也是采用消费作为贫困线参照基础的。

Fuchs），旨在为美国提供更适合的官方贫困线。尽管这条相对贫困标准并没有在美国得到应用，但却成为后期OECD、欧盟等国家的相对贫困线设置参照。现阶段，欧盟采用的是60%中位收入标准，OECD国家采用50%中位收入标准，而美国现行官方贫困线约等于其中位收入的40%。当然，不同国家的相对贫困标准设定没有严格的理论或政策实践依据，更多是一种“传统”。在设定中国2020年后相对贫困标准过程中，一方面要参考发达国家经验，更重要的是在理解相对贫困内涵和意义基础上综合考虑我国国情，设置具有长期意义的合宜相对贫困线。

（四）相对贫困的跨期追踪：定值还是变值?

相对贫困是一个与收入分布紧密相关的概念，其取值各年份居民中位收入的一定比例作为相对贫困线，进而测算对应低于相对贫困线的人口规模。从概念上，由于各个年份的收入分布必然具有变化，对应社会上处于相对贫困地位的人群规模和比例也会发生变化。因此，以年度形式计算和更新年度相对贫困线（即变值估计）具有基于年度收入分布的相对贫困监测意义。但这种方式的跨期可比性丧失“绝对可比”意味。为弥补这个缺陷，OECD和欧盟国家同期公布定值相对贫困估计结果。例如，OECD国家以2005年为基期固定当年度相对贫困线，将其作为绝对值并利用通胀指数逐年调节，形成跨期可比的相对贫困结果。上述方式也可以为我国加以借鉴。

（五）对贫困程度区域可比的考虑

从国际经验上看，分区域设定贫困线是较为普遍的做法。以欧盟为例，其参考两种相对贫困设定形式来判定欧盟内相对贫困人口规模和对象：一类是欧盟各国标准，即每个欧盟成员国以其国民收入中位数的60%划线所得到的相对贫困；另一类是欧盟整体标准，即将全部欧盟成员国汇总，并以全部成员国居民收入排序，得到收入中位数的60%作为相对贫困线。后者意味着那些收入水平较低的国家多数国民都将被视为相对贫困人口，所产生的问题就是这些相对贫困人口中的大多数可能并不属于国内标准界定的相对贫困范畴。基于此，欧盟国家实际评估主要基于各国标准而非欧盟统一标准。再以美国为例，其2010年以来所补充设定的SPM贫困线较原有官方线的一大改进便是SPM综合考虑了美国各州的区域差异（但美国官方线则是全国一条线），因而更具有地域针对性。

（六）不同类型家庭成员的等值规模效应

欧盟、OECD 等国家均使用等值（equivalized income）来科学区分贫困家庭中儿童和成年人在收入和消费上的差异；美国贫困度量则采用区分家庭规模 - 儿童比例的方式来区分不同家庭的不同。尽管等值规模概念尚未在我国得到应用，但在国际贫困和不平等问题研究中却比较成熟。等值收入的基本内涵是，由于家庭消费具有规模效应，每增加一位家庭成员所带来的消费并非呈现 1:1 比例增加。例如，一个成员的家庭和三个成员的家庭在用水、用电，或者是家庭住房面积的共享方面都不是简单的一个成员乘以 3 的关系。在操作层面上，OECD 将家庭第一个成员赋值为 1，额外成年人赋值 0.7，儿童为 0.5。这一标准又被称为“牛津标准”或旧 OECD 等值规模（OECD1982 年提出）；后期 OECD 又提出“修正等值规模”（OECD-modified scale）。该规模由哈格纳斯等人提出，于上世纪九十年代后期被 OECD 和欧盟统计局所借鉴。具体来讲为户主赋值 1，额外成年人为 0.5，儿童 0.3；2011 年 OECD 发布了新等值规模标准，即使用将家庭收入除以家庭规模的平方根，举例来讲一个四口之家所需要的收入就是一个一口之家的二倍。

（七）主要公布指标

多数国家主要公布贫困发生率和对应贫困人口规模；OECD 国家还公布贫困距，即贫困人口的平均可支配收入距离贫困线的差距。美国普查局还公布：（1）贫困线以上人口，即家庭收入超过贫困临界线的人口数量；（2）接近贫困人口，即家庭收入超过贫困临界线但低于 120% 临界线水平的人口数量；（3）贫困人口，家庭收入处于贫困临界线上或低于贫困临界线的人口数量；（4）严重或深度贫困人口，即家庭收入低于贫困临界线 50% 水平的人口数量。此外，发达国家会根据居民的人口结构性特征（如性别、年龄、种族、家庭结构、教育程度等信息）公布对应人群的贫困情况。

三、发达国家应用相对贫困线所面临的问题和挑战

尽管相对贫困线就有可操作性强、计算简单、节省评估成本（已知国民收入便可得到相对贫困线）等优点，体现特定发展时期社会对公平正义的追

求，但相对贫困也存在局限。基于发达国家经验，我国在践行相对贫困过程中值得警惕和引起重视的问题如下：

其一，相对贫困的内核并不尽然是贫困的本质，而是不平等领域的子课题，或者说是由于非均衡发展所带来的相对剥夺、相对贫困问题。而且相对贫困依赖收入分布的中位数值结果，经济正常发展下不会出现问题，而一旦发展遭遇危机，便会产生相对贫困度量误差。第一类被称为“虚假繁荣下的被贫困”。凯尔特虎（Celtic Tiger）时期的爱尔兰便是真实例子①。该时期爱尔兰由于大规模境外直接投资而出现飞速经济增长，尽管同期中低和低收入居民收入水平并没实质改善，但受到高收入群体在泡沫经济时期收入虚假增长的影响，人均可支配收入中位数水平提升，相对贫困线上移，很多非贫困群体被识别为贫困，这种“被贫困”对应增加了扶贫救助体系的财政负担。第二类被称为“萎靡经济下的被脱贫”。这种情况往往发生于经济倒退期。例如，2008年经济危机之后欧洲许多国家遭受重创，经济在一段时期内难以复苏甚至出现负增长。此时，中位（或平均）收入水平下降，相对贫困标准伴随下降。由此产生的后果是很多原本被识别为贫困的人口被剔除出去而无法享受相应的扶贫救助待遇，产生贫困人群的“被脱贫”问题。

其二，应当明确设置相对贫困标准的主要意义在于监测贫困，而不应将其简单等同于实施帮扶措施的基础。事实上，即便对于已广泛采用相对贫困标准的欧盟各国，相对贫困标准与现有多数的社会福利和保障政策的关联也并不紧密，存在一定程度上的“脱钩”现象。在确定上述政策的对象时，会更多地参考绝对收入水平、年龄、就业状态、婚姻和子女数量等因素，旨在识别难以维持生计的家庭和个人。以上欧洲经验表明，在充分发挥相对贫困标准监测功能的前提下，仍不应完全放弃绝对贫困标准，而需要根据物价上涨、消费结构变化等因素适时调整，以便对相对贫困人口中因疾病、失业、自然灾害等原因而陷入暂时性贫困，无法维持基本生计水平的人群予以重点扶持。

其三，发达国家在应对相对贫困中也正面临新挑战。其一，“工作贫困”问题。工作贫困是指一类有工作未必能脱贫，就业质量低会使人们随时有落入贫困的风险的新型贫困问题。现阶段主要出现在城镇地区并且主要被欧盟国家所关注。包括德国、英国、法国等国家均有较高的工作贫困发生率。其

① 该时期是指爱尔兰在1995年至2007年间的经济繁荣时期。

二，后现代农业发展背景下的农户贫困。例如，德国正经历后现代农业发展中的新型贫困问题。理由在于现代农业发展造成了多数农民无法适应迅速变化的农业技术与市场，特别是由于缺乏必要的资源与资本，单个农民在应对农业市场化的过程中处于明显的弱势地位。其三，欧洲国家的无家可归现象不再仅仅是中年人在长期社会矛盾下的反应，也愈发成为影响年轻人和移民的重要问题。其四，儿童贫困问题凸显。上述家庭或者特殊个体的贫困问题将从长期影响个体发展能力、受教育程度、工作能力和人力资本，并对家庭中的年轻一代产生贫困的传递效应，长远来看将造成国家整体发展水平的下降。

四、讨论和政策启示

（一）讨论与分析：国际经验与我国当前阶段贫困标准设置方式的比较

第二部分从七个典型层面介绍了发达国家的贫困设置方式。本部分将结合我国目前情况作出比较分析和总结。

首先，由于经济社会发展阶段的不同，我国基于国情发展下对贫困概念的理解与发达国家有不同和相同之处。从我国现阶段实践来看，20 世纪 90 年代末我国在绝对贫困测算方法上实现了首轮与国际接轨；本世纪初期和本世纪第一个十年，我国分别实现了农村贫困线与世界银行“1 天 1 美元”和“1 天 1.9 美元”的国际接轨。紧接着 2011 年《中国农村扶贫开发纲要（2011—2020）》“两不愁三保障”任务目标以及“十八大”“精准扶贫”时代下“五个一批”施策方法的提出践行“多维贫困”理念。尽管考虑维度不同，但我国 2011 年以来的收入 +“两不愁三保障”扶贫方略与欧洲的多维理念类似。未来阶段，综合考虑相对贫困与多维贫困的结合也是一种有益的探索方向。

其次，从参照系上看，我国国家统计局利用住户和贫困监测数据往往以消费为主，适当结合收入的方式作为贫困人口测度参照系，即主要统计那些年均消费水平低于贫困线的贫困人口，但精准扶贫时期扶贫办判定个体是否为建档立卡贫困户的一个重要依据则是个体的年均纯收入是否低于 2300 元（2010 年不变价）。

第三，十九届四中全会提出“建立解决相对贫困的长效机制”，这之于中国扶贫标准国际化具有重大意义，因为其标志着我国将全面实现扶贫度量标准的国际接轨，形成国际可比的系列贫困度量指标。但究竟选取怎么样的相对贫困标准取值，仍然是需要结合我国国情并根据经验数据下的讨论来分析。

第四，贫困的跨期追踪方式上，前述提到的 OECD 国家的定值跨期可比的相对贫困线设定方式我国也可以予以借鉴。

第五，在是否需要分区域设置贫困线的问题上，不同国家有不同的应用。国际经验对我国的启示在于在我国城乡差异、区域差距巨大的现实背景下，要理清“全国一条线”、分城乡、分区域等方式设定相对贫困的区别和意义。

第六，尽管等值规模概念尚未在我国得到应用，在此方面的有益讨论非常必要。需要指出的是并没有特别适用于某个国家的通用型等值规模，发达国家的经验值得借鉴，但具体方案不能照搬。例如发达国家之所以将儿童的权重赋值更低，理由在于儿童在多数福利制度发达的国家中得到了充分保障，因此这些国家的儿童消费所需相对较低，故等值规模赋值低。但对我国而言我国儿童消费在很多情况下要高于成人，因此符合中国国情的等值规模要专门开展课题研究。

最后，我国官方拥有详实的贫困数据库，统计信息充分完善，但相比发达国家统计部门所公布的数据信息，我国对数据的探索和挖掘有待加强。国际经验还显示，要更好研究收入分配和贫困问题，建立起标准化且具有代表性的调查体系非常重要。我国拥有比较成熟的数据库包括国家统计局的住户调查、贫困监测调查；扶贫办也专门建立了建档立卡贫困户的数据库，但统计部门和扶贫部门对贫困的定义和界定方式并不完全一致。对我国即将开展的贫困人口普查，我们的一个建议是可参照发达国家（如 OECD 参照堪培拉手册制定标准化调查）做法，制定标准化调查体系，制定更有利于绘制贫困人口全貌的数据体系。

（二）经验及启示

从经验借鉴方面，首先，要警示相对贫困线自身难题——其跨期相对贫困变动结果明晰性欠佳，这是因为相对贫困由中位数乘以一定比例确定，而跨年度中位数变化同时受到收入分布和收入增长的影响，从而令相对贫困变动的最终结果并不直观。对此，康斯坦斯·雪铁龙（Constance Citro）和罗伯特·迈克尔（Robert Michael）以及迈克尔·福斯特（Michael Foster）等学者所提出的应对方案包括设置“绝对－相对”贫困的混合贫困线[①]或设置固定相对贫困线。固定相对贫困线是较为成熟的做法，实践起来也更简单，在OECD以及欧盟国家都有广泛应用。对应到我国，由于用相对贫困标准很难反映反贫困实践进程的动态性，也就体现不出大规模扶贫工作的成效。但如果2020年后继续使用绝对贫困线，需要上调贫困线并且会面临两种上调方式：一是大幅度上调；二是小幅上调，频繁调。第一种上调方式显然是不现实的，因为上调后贫困人口规模会大幅度增加，也会给扶贫工作带来很大压力，特别是加大财政负担。而第二种上调方式会带来不同时期贫困状况变化不具有可比性，从而对扶贫效果难以做出评价。因此采取引入相对贫困标准的动态调整机制，调整期限可以设置为五年一次，在此期间相对贫困标准不变，相对贫困线的绝对值可随物价和农村居民收入分配格局变动进行调整。标准可以设想到2030年将相对贫困标准水平与国际接轨。

第二，考虑到目前中国经济仍具有二元经济特征、城乡收入差距较大的基本事实，我们提出分城乡设置相对贫困线的思路。在具体操作层面需要对其可能产生的问题加以注意：首先，城乡两条线将对监测和扶助对象的识别提出新的挑战，尤其是对正逐步放开户籍制度的中小型城市更是如此（城乡最低生活保障制度也面临类似的问题）；其次，要注意区分相对贫困线的监测和扶助功能，避免城镇高福利所导致的农村居民过度涌入问题；再次，在扶贫目标上，可参照国际上同时使用贫困发生率和贫困距两项指标综合研判的方式，不再把扶贫目标定在减少贫困人口数量上（或不再将贫困人口规模减少作为唯一扶贫成就标准），而要通过各种手段实现他们收入的更快增长，观察贫困距指数的合理下降，或者观测贫困户年收入高于社会人均收入若干个百分点，即相对贫困的减缓程度。

第三，明晰政策职能，一方面对因天灾人祸所引起的绝对贫困问题和绝对贫困群体，需要借鉴发达国家良好的数据联网体系和发达的福利体系，有效结合临时救济制度，有效对上述群体进行兜底；另一方面，对因丧失劳动力而失去增收来源的群体，仍需要采用低保兜底的手段有效扶助。此外，对应到脆弱贫困群体，建议建立健全防贫机制，建立反贫困预警机制。最后，继续结合具有中国特色的精准扶贫思路，有针对性地对上述群体进行救助。

---

① 混合贫困线理念是设置一条介于绝对到相对贫困的过渡贫困线，该研究始于上世纪九十年代。

第四，2020 年后贫困的表现形式多元化问题会愈发突出，借鉴国际思路并融合我国已有扶贫理念，我们建议重视多维扶贫。这是因为不同贫困人群致贫、返贫原因不同，收入低只是表象，只有找到穷根才能找到解决办法。这就需要扶贫干部在“大扶贫”格局下有效协调多方联动，在精准识别的前提下因人施策。例如：以就业保障机构和失业保险机制帮助失业人群，以医疗保险和社会慈善力量救助因病致贫，以发展教育（如 12 年义务教育、“营养餐”“互联网 +”）降低因学致贫，等等。

第五，我们提出要坚持个体瞄准和区域瞄准（或社区标准）相结合的方法。贫困区域分布是客观存在的。根据国家的实力，在基础设施和公共服务方面，还是要向相对贫困地区倾斜。2020 年“两不愁三保障”问题解决后，可以考虑在宏观上采取区域瞄准，在贫困区域内实行特惠措施，而在贫困区域外采取普惠办法，个体瞄准与区域瞄准互为补充，相辅相成。

（2020 年 7 月《南京农业大学学报》（社会科学版） 张琦　沈扬扬）

论脱贫攻坚与乡村振兴的有效融合与发展

2020 年是非常关键的一年，是国家“十三五”规划的收官之年，又是全面建成小康和脱贫攻坚目标实现的检验之年，更是连接 2020 年后我国建立解决相对贫困长效机制的谋划之年，也是推进脱贫地区稳步进入建立解决相对贫困长效机制进而融入乡村振兴阶段长期发展战略的重要基础之年。全面启动和实施乡村振兴战略有助于贫困地区巩固脱贫攻坚成果，有助于贫困地区实现长效发展，也有助于建立缓解相对贫困的长效机制。

一、脱贫攻坚与乡村振兴有效衔接和融合已经具备强力基础支撑

从我国 2019 年 95% 的贫困人口脱贫、90% 的贫困县摘帽等事实不难做出肯定判断，2020 年中国将历史性地首次消除绝对贫困，脱贫攻坚以来的各项成果为贫困地区乡村振兴打下了坚实基础，为乡村振兴提供了良好基础设施和公共服务条件，为乡村振兴奠定了较强发展能力的支撑基础，为乡村振兴提供了良好的乡村治理体系的雏型，为乡村振兴打造了一支素质过硬、真抓实干的人才队伍。

二、推进全面脱贫与乡村振兴有效衔接和融合必须分阶段有序化循序推进

分阶段有序化循序推进主要体现在：一方面要始终坚持精准扶贫思想。另一方面按照时序来分阶段推进。最后就是坚持分地区逐步推进。

分阶段就是要巩固脱贫成果，为乡村振兴战略和建立解决相对贫困长效机制构建有力支撑，具体思路是：2020 年—2025 年，考虑到乡村振兴战略的长期性及我国 2020 年后减贫策略转向建立相对贫困长效机制，2020 年后的“十四五”期间，即 2020 年—2015 年，有必要设置脱贫成果巩固期，目的就

是对脱贫攻坚取得的各项成果进一步的巩固，解决脱贫程度和水平的不平衡性和差异性。这是因为，巩固拓展脱贫成果是脱贫攻坚成果经得起历史检验的重要保障，通过巩固和拓展脱贫攻坚成果，能够切实提高农村人口的抗风险能力，降低他们的贫困脆弱性，实现增收和发展的常态化和长效化。巩固脱贫成果是顺利实现与乡村振兴衔接的关键和基础保障。脱贫成果能否得到良好的巩固关系到脱贫攻坚能否顺利实现与乡村振兴的衔接。习近平总书记强调，“打好脱贫攻坚战是实施乡村振兴战略的优先任务”，如期脱贫进入全面小康，是我们党对人民做出的庄严承诺，也是实现乡村振兴的前提。2025年后，重点在巩固脱贫成果、拓展和提升脱贫质量基础上建立缓解相对贫困长效治理机制，并全面启动和推动与乡村振兴的衔接和融合。

有序化推进主要是指建立解决相对贫困机制与乡村振兴战略的融合推进。也就是说，坚持以减缓相对贫困和建立相对贫困长效机制为重点，以振兴促进贫困缓解，努力做好机制衔接和融合，促进衔接及融合的全面推进和综合提升，在实践中实现相对贫困长效机制与乡村振兴的有效融合。因此，政策内容、实施方式组织机构和推进机制、利益平衡机制、要素融合平台、内生动力机制及集成和协同推进农村综合改革等都需要进行融合推进。

三、建立精准防止返贫预警监测和帮扶机制是2020年的重要工作之一

在一定程度上说，建立精准的防止返贫的预警监测和帮扶机制是脱贫成果能否得到良好巩固的关键，可以肯定地说，能否建立有效的防止返贫的监测预警和帮扶机制以及建立防止返贫的监测预警和帮扶机制的有效程度和水平，决定着未来建立相对贫困长效机制推进的速度和水平；建立防止返贫的监测预警和帮扶机制的时效，决定着建立解决相对贫困长效机制的时效。防止返贫的监测预警和帮扶机制越是巩固，脱贫攻坚成果越是巩固，建立解决相对贫困长效机制的难度就会越小，建立解决相对贫困长效机制与乡村振兴融合的难度就会越小，融合的时序推进就会顺利，融合才会有基础性保障，与乡村振兴的有效融合才会充分。

脱贫攻坚与乡村振兴对接：国际经验与中国路径

一、引言

在乡村发展和农村减贫问题应对上，我国正经历着与典型发达国家类似的发展路径，均经历了工业化发展、城镇化进程加速的前期进程。城镇化发展带来了国家的经济进步和资本资源的快速积累，同时也导致城乡分割，农村发展滞后等问题的出现，伴随而来的是农村居民发展权益受损，逐渐陷于贫困。为应对不均衡发展，多数发达国家均结合自身情况，开展不同形式或程度的农村振兴，取得了一定成绩。这些经验和做法，值得我国借鉴。一则在于助力我国发挥“后发优势”。如果能够利用发达国家成型、成熟的先进思路和方案提供智力支持，更能做好扶贫长效机制和乡村发展的有效对接，实现扶贫济困与乡村振兴“两手都要抓，两手都要硬”的坚定民生发展目标。二则在于有利于我国实现“弯道超车”。从历史时间来审视上述问题，发达国家乡村振兴实行较早，发展过程中也不断有新型社会问题产生，从这个意义上，合理分析和规避发达国家农村发展遭遇的新型贫困，有助于我国转换发展思路，以往鉴来。基于此，本文既强调发达国家经验的引导性价值，同时也强调中国路径的特殊性，试图从正反两个方面协调发达国家之于我国的经验与教训的最终借鉴价值。

二、关于减贫与乡村发展战略融合发展的逻辑关联探讨

如今，我国正处在脱贫攻坚和乡村振兴战略实施的关键交汇期，在“两个一百年”奋斗目标的战略指引下，脱贫攻坚与乡村振兴两大战略在历史交汇。对两大战略，理论界和政策界初步得到的判断结果是，打赢脱贫攻坚战是乡村振兴的前提和基础，实施乡村振兴战略是脱贫攻坚的巩固和提升（张

琦、孔梅，2019）；同时，脱贫攻坚具有紧迫性、突击性、局部性和特殊性等特点，乡村振兴则具有渐进性、持久性、整体性、综合性等特点（高强，2019）。故此，需要兼顾两项战略的理论起点和目标，以求同存异的思路对二者进行统筹规划。若单独看减贫战略发展，一个普遍共识是 2020 年之后中国的贫困现象并不会消失，而是以一种新的形态长期存在（李实，2018；李小云、许汉泽，2018；魏后凯，2018），并且 2020 年后中国反贫困的主战场依然是农村。要聚焦在五个方面，包括未来经济社会发展条件、新贫困标准的制定、城乡统筹贫困治理体系的建立、社会保障体系的建设、财政金融改革（陈志刚等，2019）。若单独看乡村振兴，韩俊（2018）提到，实施乡村振兴战略，不仅要提升农业发展质量，推动农业全面升级，而且要促进农村全面进步，实现农民全面发展，旨在从根本上解决“三农”问题。此外，很多学者指出除农村经济建设以外，促进农村政治建设、文化建设、社会建设、生态文明建设都是统筹推进乡村振兴的必备条件。

除了针对发展时期谈战略，从理论上滤清城乡间发展关系，更加有助于理解乡村振兴和脱贫攻坚机制构建所带来的长远意义。笔者认为，两大战略的重要共性在于，其根本目标是通过为农村居民创造更好的发展路径，缩小城乡居民间的发展差距，实现共同富裕的奋斗目标。由此，两大战略的终极目标可以归纳为发展命题和对发展收敛路径的探索。实际上，上述命题在二战后期得到了广泛讨论。比如，在 Rosenstein-Rodan（1943）的发展议题基础上，一系列经济发展的结构主义方法出现，并试图找寻发展中国家的科学发展路径，为国家发展战略提供参照。其中具有典型代表性的是由刘易斯（Lewis，1954）提出的二元经济模型。该模型后经费和拉尼斯（Fei and Ranis，1961）以及其他学者不断完善，核心是论证工业化、城镇化发展战略对一国早期阶段经济发展的重要价值。此外，新经济地理学派克鲁格曼（Krugman，1991）提出了“核心 - 边缘”理论，该理论立足于市场接近效应、生活成本效应和市场拥挤效应三大效应，为讨论城乡发展关系提供了城乡关联平衡形态促成的发展路径的可能性。归纳起来，上述理论构想侧重城镇优先发展，完成了“先富带动后富”发展中的前两个字。然而，伴随学者对典型发展中国家发展路径的观察，城乡二元经济增长并未发挥城镇区域先富带动后富的“涓滴效应”，国家横截面实证结果显示，经济增长并不一定会带来福利水平提高（Sen，1982；Bourguignon et al.，2003；Ahluwalia，2011）。巴西、墨西哥等陷入了中等收入陷阱国家的经验也表明，城市化和二元转换的过程未必能改善人民贫困状况，反而滋生了贫民窟问题。故此，另一派学者倡导政府引导，强调政府对农业部门的重视。回归中国国情，站在巨人的肩膀上，中国学者多数强调政府因势利导的重要作用（林毅夫，2011；王学峰，2011），强调了国家科学发展战略的重要性。

整体上，本文将上述时代背景、战略逻辑和理论研究作为前提，重点借鉴发达国家在乡村发展和农村减贫方面的经验，为我国发展战略的顺利实施献计献策。

三、关于减贫与乡村发展战略起点的探讨：来自发达国家经验

在国际借鉴中，要认清我国所处发展阶段，以及发达国家在践行乡村振兴的阶段点上所具备的基础条件中的同与不同，二者缺一不可。因为只有在同一个发展层面上谈问题，才具备可比基础。本部分重点讨论我国实践乡村振兴与扶贫长效机制相衔接战略的发展阶段合宜性问题。

（一）理论探讨

尽管发展经济学中结构性理论和模型中对欠发达国家和发展中国家的发展路径提供了有益指引，但正如前文所述，面对结构分化路径下如何收敛的问题，并没有充分讨论。即便有探讨，不是脱离了发展经济学的理论框架，就是仅仅基于经验数据讨论了共性问题，较少对具有特殊国情的案例和发展模式进行深入探讨，故对较高发展路径下的发展模式的指导价值有限。

但上述研究领域并未一片空白。一些来自我国经济学者的有价值的理论探讨，为本文提供了思路。其中，胡景北（2008）构建模型讨论了经济发展成功或者结束即经济发展过程的终点应具备的特征问题，论证在二元模型下，当工资、现代部门劳动边际生产率与农业劳动边际生产率三条曲线合而为一，经济会进入以索罗（Solow，1956）模型为代表的新古典增长时期或区间。这篇文章更重要的价值在于基于索罗模型得到农业发展模式改变的重要意义。文章提出：农业高于现代部门的速度翻一倍，经济发展所需要的时间缩短一半，即农业部门生产率相对于现代部门增长更快，这对于在一定时间内完成经济发展阶段是极其重要的。而这对应到乡村振兴战略，则进一步强调了产业结构调整、产业升级、技术升级和人才、资本引入的重要意义。在此方面，

林毅夫（2011）提出，经济发展是人均收入水平持续增加的过程，这个过程不仅要求现有产业必须持续引入新的更好的技术，而且还要求现有产业必须不断从劳动力（或自然资源）密集型产业向新的、资本密集型的产业升级，否则人均收入水平就将像 Solow 新古典增长模型所预测的那样陷入停滞。而一旦进入到索罗增长模型的阶段，城乡发展趋同的内在需求将是农村要素禀赋和产业结构升级，使经济达成 X- 效率性（林毅夫，2011）。这其中涉及两个问题：一方面是重要的技术、资本以及人才升级，另一方面是基础设施的有效升级。为实现上述过程，经济增长可能会使得现在的制度安排变得过时，因为经济增长在不断改变对制度服务的需求，而制度服务在本质上却是公共品，其供给涉及集体行动，常因搭便车问题无法成功进行（Lin，1989）。为应对上述问题，政府有必要在经济发展过程中起到积极作用，以促进硬性和软性基础设置的及时改进，从而满足产业升级新的需要（林毅夫，2011）。

（二）发达国家乡村发展的开启动因分析

本部分将分别列举几个典型发达国家的乡村发展案例，着重介绍其乡村发展的社会经济基础和发展动机，并基于此尝试提炼出对政策行动动因判断之于发展战略提出的重要基础性作用。一个基本判断是，乡村发展和减贫的制度构建需求，一定程度上源于原有制度触发了不利于增长的结果，而必须通过制度调整和机制设计，通过资源的重新配置和重组，恢复经济的增长动力。

1. 双元结构的形成

这条逻辑链条遵循如下路径：资本资源（以及其他资源）在城镇集中，促使城市的优先发展，这种发展的特点是：一方面资本创造更高的价值，形成对劳动力的更高需求；另一方面，形成了资本驱动下的城市和传统农业两个部门，且城镇部门工资率高于农业部门，从而形成大量农村劳动力涌向城市的劳动力流动格局。

2. 由双元结构导致两级分化矛盾

双元结构发展模式在一定时期内（中短期）使城镇高速发展，带动国家整体性发展，居民福利整体性提高。但在中长期的发展路径中，往往导致部门的两极分化格局。

3. 农村停滞发展严重阻碍整体经济发展

从中长期来看这条路径下的经验结果是：农村逐渐出现衰败，表现为农业产业人才流失、耕地抛荒，农村老龄化、空心化现象日益严重等内外矛盾，农村日趋衰落给农村社会治理带来了严峻的挑战。由此，最终促成了国家调整发展战略，致力于投入更多资源来发展乡村治理贫困。

以日本为例，二战后，日本经济遭到重创，社会一片混乱。日本将主要资源集中于大都市的重建，大量的农村劳动力涌向城市，从而顺利实现了自1955年至1973年长达18年的经济高速增长期。1968年，日本超过了当时的“西德”，成为GNP（国民总生产）世界第二的经济强国，完成了追赶欧美的任务。然而，城市迅速发展的另一面，是农村的日趋衰落。数据显示，1955年到1971年间，工业和其他非农业就业人口增加了1830多万，总数达到4340多万人，占就业总人数的比重从61%提高到85%，而同时期农业劳动力则从1600万人减少到760万人。至此，农村人口过少的现象使得日本农村面临瓦解的危机。而上述发展矛盾也成了日本乡村发展六次产业核心内容的最根本驱动力。

1945年韩国的经济、科技发展水平日益提高，为上世纪六七十年代的经济高速发展奠定了坚实基础，创造了“汉江奇迹”。但在工业化和城市化加速发展的同时，工农业、城乡和区域之间的发展严重失衡，贫富差距拉大，社会矛盾加剧。大批农村年轻人纷纷涌入大城市，冲击着农村原有的传统文化、伦理和秩序。上述矛盾构成了上世纪70年代韩国“新村运动”的动因。当然，比较来看，尽管都是亚洲国家，但日韩决定发展乡村经济的动机略有不同。日本构建了以产业发展为主线的政策调整思路，而韩国则更加注重精神和文化层面，由此提出了“开发精神、改善环境和增加收入三位一体”的运动。

再以欧洲国家为例，多数欧洲国家经历了工业革命，城市化发展，人口流动和农村衰败。多数国家经验表明，上述城乡差距无法通过市场涓滴机制自发收敛，故此政府干预几乎成为典型欧洲国家成功应对乡村衰败问题的必经之路。例如：英国作为老牌发达工业国，是较早经历了乡村衰败和贫困的国家之一，由此也衍生出英国乡村发展增强计划，确保营造乡村人口稳定脱贫、经济发展可持续的乡村生产体系；第二次世界大战后，法国开始了城镇化进程，大量乡村居民涌向城市，导致法国农村空心化、人口老龄化、城乡人口失衡的问题越来越严峻，阻碍了法国农业的健康发展，由此也促成法国政府开始实施“领土整治”；德国路径较为相似，1991—2013年间，原东德地区人口减少约200万，超过东德地区总人口的10%，其乡村地区流失人口更高达20%以上，且呈现高度老龄化、空心化，城乡失业率和极右翼政党的支持率远远高于西德地区，为应对城镇优先发展所导致的农村欠发展问题，1936年德国政府通过实施《帝国土地改革法》，由此开始对乡村的农地建设、生产用地以及荒废地进行合理规划。

四、国际经验对我国两大战略融合的启示

通过梳理典型发达国家的乡村发展实施路径和主要做法，并与我国发展基础及其潜在路径类比，由此提炼如下几项值得注意的经验：

第一，德国二战后期所提倡的“等值化”发展理念，倡导农村与城市生活不同类但等值，使在农村生活和做农民成为一种自然选择，可以作为扶贫和乡村振兴衔接的核心发展原则。“等值化”理念指在保持村庄地方特色和独特优势的基础上，通过土地整理、村庄更新等方式，提升农业生产效率和农村生活水平，使农村与城市生活不同类但等值。这实际上提供了制度均等化的发展基础。即均衡城镇、农村的各项发展内容，包括扶贫和社会保障、基础设施建设、政策法规等层面的内容，从而为农村发展与城镇化进程互相融合奠定基础思路。一旦打破区域差别，在为国民提供无差异的区域良性发展模式的基础上，使国民拥有更加灵活和自由的流动意愿。

第二，日本上世纪70年代末开展的“造町（造村）运动”“一村一品”和六次产业发展模式，其实施背景符合我国拥有小农历史传统的国情，为塑造可持续发展产业和乡村本土就业扶贫路径，走质量兴农、“产业兴旺”之路提供经验。并且，日本的很多产业发展理念已经在我国得到本土化践行，如“接二连三”和“一村一品”。此外，我国科技特派员制度是“六次产业理论”的最重要实践来源。由此可见，日本所探索的以产业发展路径带动减贫、增收的模式，有利于形成“一方水土养一方人”的本土发展优势，以及长效脱贫和致富路径。

第三，韩国上世纪70年代初开展了一场由总统发起、政府自上而下开展的“新村运动”，其“提振精神”目标和理念为我国激发贫困群众内生发展动力，走“治理有效”“乡风文明”之路提供了经验。从概念界定上看，新村运动是一场由总统发起的，政府主导的，通过改造农民的生活伦理来改善农

民生活环境，提高生活水平的群众活动。从实施路径上看，最初完全由政府主导，但是进入到执行深度阶段后，政府开始意识到真正的主角并不是政府，而是村民，于是慢慢开始向社区发展，村民可以自主选举村长等基层领导、决定社区发展等事务。即新村运动在政策制订层面上是自上而下的，但在执行层面遵循自下而上的路径。甚至在后期，伴随新型城镇化发展，接受过新村运动洗礼的农村人，当其转移到城镇后，将上述管理理念在城镇中贯彻实践，从而形成了一种广泛的社会互助运动。上述运动模式的宗旨和我国现阶段所倡导的“内生发展动力”、以智和志扶贫谋发展具有异曲同工之妙，值得借鉴。

第四，英国、法国、意大利、瑞士等欧洲国家所实施的“土地整治”与乡村发展深度融合，构成乡村发展的另一大重要基础与前提。以德国为例，早期《帝国主义改革法》对乡村土地进行合理规划，推动农地整治，有利于农业生产的规模化，极大提高了土地利用效率，为乡村发展打下坚实基础。第二次世界大战后，土地整治的重点变为农村公共基础设施完善，提高了乡村地区的生活水平和生活质量。70 年代以后，在土地整治中重视农业生态环境保护，则改善了乡村环境，吸引更多的年轻人在此长期生活下去，将会持续促进乡村发展。由此可见，土地整治实现了与乡村发展的深度融合，是发达国家实现乡村振兴的重要基础平台。结合我国土地流转和土地“三变”的实施探索，欧洲国家的上述发展路径值得借鉴。

最后，发达国家经验显示，乡村振兴、扶贫机制构建并不是与城镇化相冲突的概念，相反的，三者相辅相成，互相促进。回归到我国，脱贫攻坚与乡村振兴在内容上有高度的统一性，都主要集中在经济、环境、文化、治理以及整体生活水平几个方面。在此基础上，从发展目标和实施标准为依据，构建两者的衔接机制。而贫困地区的乡村振兴尤其具有特殊性，即脱贫攻坚与乡村振兴在内容和范围上有很多重合点，在项目的实施上也具有一定的延续性。因此，脱贫攻坚与乡村振兴的融合可以为贫困地区理清思路，制定属于当地切实可行的乡村振兴短期规划。同时，脱贫攻坚与乡村振兴的有效融合也可以为贫困地区节省不必要的财力和人力，为后期贫困地区振兴发展提供基础和动力。此外，本文强调，单纯的乡村振兴并不能完全替代扶贫。发达国家经验和乡村减贫发展路径表明，乡村发展并不必然带来贫困的消除。这就提示出在乡村振兴发展过程中，要注重长效机制的构建，并且要重视扶贫长效机制构建应具备的完整性、周期性和全面性问题。

五、发达国家所面临的新兴挑战及其对我国的借鉴意义

（一）乡村内部和乡村间的贫富分化、发展分化

现阶段，部分发达国家的乡村发展开始面临内部贫富分化和区域分化的问题。究其原因，根据“中心地”模式的传统纵向发展构架，在当代全球城镇化发展的巨大作用下，一些国家的乡村发展已经再次显现出活力不足的弊病，表现为：按人口和等级安排的“均等化”投资，难免大量投入到发展意愿不高、资源潜力不足的所谓“重点地区”。但由于上述区域并没有形成预期的经济增长和就业岗位，从而导致巨大的投资浪费。而那些自身具有较强发展意愿、且具有潜在资源和发展条件的乡村地区，却往往因为人口基数和行政等级低而丧失了投资和发展的机会。上述问题在德国、意大利等国家均有所发现。

（二）后现代农业发展中的新型贫困问题

现阶段，一些国家经历了从传统到现代的转型，由此发展出现代农业。一方面，现代农业的发展提高了农业生产率，另一方面，现代农业的发展减少了农业领域所需要的劳力，促成了乡村剩余劳动力的转移。乡村社区的衰落，其内在原因来自发达国家以市场化为主要导向的公共政策，与政府接受新自由主义意识形态对自由市场、个人主义、放松管制、私有化和削减福利的倡导。由此促成的结果是，一方面农业市场化程度和农业生产效率都有大幅提升，但也使农业越来越受到全国乃至全球农产品市场的支配，更易受到资本力量的支配；市场力量在推动大量乡村人口非农化就业的同时，也导致在劳动力资源配置过程中低技能劳动力滞留乡村的问题。此外，市场化与城市化进程还导致城市价值观对传统乡村生产、生活以及文化价值观的全面侵蚀，加速了乡村社区的衰落。同时，现代农业发展也造成了多数农民无法适应迅速变化的农业技术与市场，特别是由于缺乏必要的资源与资本，单个农民在应对农业市场化的过程中处于明显的弱势地位。

（三）城镇中的“工作贫困”问题

工作贫困，是指一类“有工作未必能脱贫，就业质量低会使人们随时有落入贫困的风险”的新型贫困问题。现阶段主要出现在城镇地区，并且主要被欧盟国家所关注。上述问题源于，虽然诸多发达国家在经济建设、乡村更新方面取得巨大成就，但并不能由此就彻底摆脱贫困的威胁。前文所述的城镇中底层居民的“工作贫困”现象说明，贫困减少与乡村振兴并不存在必然的等价关系。根据“欧盟收入与生活条件统计”，2014 年，18～64 岁劳动力中，工作贫困率最高为罗马尼亚的 19.5%，最低为捷克的 3.6%。欧盟 15 国平均为 9.2%，新成员 12 国平均为 10.9%。其中，本文所讨论案例国家中，德国、英国、法国等国家均有较高的工作贫困发生率。由此，以德国为例，其政府正在尝试启动新一轮的城市人群扶贫计划。其原因有三：一是工资低，为获得与就业关联的福利，许多人在低工资岗位上就业，收入过低造成贫困；二是收入不稳定，不稳定就业者缺乏收入保障，面临较高的工作贫困风险；三是就业不充分，家庭次级劳动力就业率低、就业不充分，拉低家庭平均收入，造成工作贫困。

六、政策建议

第一，以产业振兴为内核，以农业、农村、农民扶贫富裕能力建设发展为主旨。从国际经验上看，发达国家的乡村发展和扶贫均强调了产业振兴的重要价值。在应对乡村衰落难题的过程中，应抓住乡村产业这个“牛鼻子”，在制度和农村发展形式上加以创新，吸引城市和工业生产要素向乡村合理有序流动，促进乡村特色产业融合发展，构建现代农业产业体系，提升农产品附加值，推进农业农村领域改革与对外开放，增加农产品的国际竞争力和农村发展活力，同时重视政府对本国产业的保护。在发展思路上，可大力培植多产业融合的乡村特色产业，合理规划产业升级，为农户和农业发展创造长效可持续的脱贫和发展路径。

第二，政府引导的发展模式，对整体性乡村高效发展和迅速改变农村贫困落后局面具有决定性作用。发达国家尽管多数奉行市场经济，但政府引导在多个国家以不同形式、在不同层面得到应用。由此展示出乡村振兴和扶贫开展路径中，政府引导模式在弥补市场失灵方面的优势，以及弥补落后地区发展理念和能力不足的问题。上述政策实施路径引导的发展模式，值得中国在乡村振兴和扶贫工作中加以借鉴。基于此，本文建议要重视法律体系完善的重要性，加强乡村振兴、扶贫常规化工作的立法与“双向”机制建设。结合发达国家的区域规划经验，农村区域规划可考虑遵循土地集中使用和管理的原则，政府重视居民的参与性，由政府引导公民和社会团体参与公共物品的供给过程，弥补贫困落后区域发展理念和能力不足的问题。此外，除了从政府引导机制上看，除了“自上而下”机制设计和引导支持，政府的引导功能还可以体现在公民参与、乡村治理，以及调动农民积极性方面。此外，要注意提升农民合作组织的组织化程度，认识到小农户是实施乡村振兴和推进农业现代化的基础。

第三，重视教育和农户技能培训。经验和理论研究均显示，教育有助于阻隔贫困的传递，同时也是提升收入和能力的重要途径。几乎所有国家均将教育和技能提升作为构建长效脱贫机制过程中的重要环节和发展乡村的重要起点。故此本文建议，充分发挥教育在乡村振兴和长效扶贫机制构建中的作用，具体包括培养职业农民、重视教育均等化发展，以达到激发农民自身素质，养成自发性的内生发展机制的目标。在发展路径上，可以参照如德国、瑞士、法国的经验，在提供全面教育补助的前提下，重视分类培养，形成“准入证”和“资格证”培训机制，确保农户学习到适合自己、应用性强、高质量的教育内容，提升培训后就业率。

第四，基础公共服务设施建设均等化项目的重要性。贫困和衰败不仅表现在软实力，也同时表现在基础设施建设方面。结合前文论述，基础设施建设在实现索罗增长和趋同中具有关键性作用。故本文提出，在两大战略融合过程中，要借鉴发达国家经验，改变由市场分化和利益驱动所引起城乡、区域分化困境，由政府财政承担一部分先期建设，并辅以构建均等化制度条件。由此对我国政府的建议是：将基础设施建设作为一项必备投入，为农村地区农户提供良好社区发展基础。

第五，结合中国国情，在把握好两大战略关系的基础上，要坚持三个原则，确保实现有效衔接。尽管国际经验具有重要参考价值，但量体裁衣、因地制宜才能设计出最为合适的发展战略。在我国特殊的发展时期下，脱贫攻坚是乡村振兴的前提和基础，乡村振兴是脱贫攻坚的深化和延伸。在二者关系处理上需要注重的三个原则包括：一是要始终坚持精准扶贫思想。脱贫攻坚的成效证明了精准扶贫思想的科学性，衔接过程中，要将“精准”原则贯穿脱贫攻坚和乡村振兴的始终。二是坚持分阶段有序化推进。2020 年之前，以脱贫攻坚夯实乡村振兴之基，将产业兴旺、生态宜居、乡风文明、治理有效、生活富裕的乡村振兴战略总要求融入具体的脱贫攻坚行动。2020 年以后，以乡村振兴引领扶贫工作，为巩固提升脱贫成果提供新要求、新动力和新保障。三是坚持分地区逐步推进。针对地区、乡村发展基础和阶段的差异性，因地制宜、分类推进，逐步实现衔接。

城镇的快速发展也为提高国家整体实力奠定了强有力基础。现如今，我国已经具备从“允许一部分人先富起来”向“共同富裕”过渡的经济和社会发展基础。在关键时期的决策和战略发展目标，将决定国家和民众的发展走向。本文认为，乡村振兴是一条利国利民的发展道路，而发达国家所经历的路径、成功经验和教训，将为我国在一定程度上提供具有价值的参考思路。

（2020 年 3 月 7 日《研究报告》张琦　沈扬扬）

第四部分

中国减贫政策与实践：

中国扶贫脱贫成效、经验和

国际分享部分论文选载

扶贫成就展现大国担当

党的十九大报告提出，确保到2020年我国现行标准下农村贫困人口实现脱贫，贫困县全部摘帽，解决区域性整体贫困。这不仅能够实现且必将高质量实现。这是我国发展史上首次消除绝对贫困的伟大创举，也是世界发展史上的奇迹；是中国从站起来、富起来到强起来的历史性时刻；是从一个基本温饱解决不了的国家发展到基本消除绝对贫困，迈进全面建成小康社会的新阶段，并在2050年建成富强民主文明和谐美丽的社会主义现代化强国的奋进史。

一、贫困地区可持续发展能力增强

资料显示，至2018年底，我国贫困发生率已经降到了1.7%，贫困人口已经从2012年的9899万下降到1660万。预计到2019年底，我国将会有95%的贫困人口全部脱贫，90%的贫困县全部摘帽。预计2020年，剩余的深度贫困地区和深度贫困人口也将按时实现全部脱贫。脱贫规模和区域目标任务将高质量完成。

资料显示，2018年，我国贫困地区农村居民人均可支配收入达到10371元，扣除价格因素后年均实际增长10%，高于同期全国农村平均增速2.3个百分点；占全国农村居民人均可支配收入的比例也从2012年的62.2%增至2018年的71%，预计2020年将超过75%以上。人均消费支出年均实际增长9.3%，也高于全国平均增速。

基础设施和公共服务不断改善，贫困地区可持续发展能力增强。我国的脱贫不仅是提升收入能力和水平，更重要的是改善和提升基础设施和公共服务条件，即千方百计地减低和消除致贫因素。同时，努力消除城乡二元隔离的制度性障碍，使贫困人口同样享受改革带来的成果，这才是实现高质量高水平脱贫的根本。据统计，截至2018年末，贫困地区通电的自然村接近全覆盖，通电话、通有线电视信号、通宽带成为自然村“标配”，村内主干道路面经过硬化处理的自然村比重超八成，通客运班车的自然村比重达50%。公共服务方面，贫困地区接近90%的农户所在自然村拥有幼儿园、小学，93.2%的自然村有卫生站，78.9%的自然村垃圾能集中处理，有文化活动室的行政村比重达90.7%，拥有合法行医证的医生或卫生员的行政村比重达92.4%，均比2012年有大幅度提高。农村基础设施建设的提档升级和逐渐均等化的公共服务，为加快推进农业农村现代化建设，破解城乡二元结构、实现贫困地区可持续发展创造了可能。

二、推进贫困治理体系和治理能力现代化

推进国家治理体系与国家治理能力现代化，成为新时期中国共产党治国理政的重要课题。打赢脱贫攻坚战，实际上就是国家治理体系和治理能力现代化在贫困治理上的成功实践和体现，主要体现在精准扶贫的责任体系、政策体系、投入体系、社会动员体系、监督体系和考核评估体系的形成，及其成功实践。

责任体系主要体现在强化中央统筹、省负总责、市县抓落实工作机制。中西部22个省党政主要负责同志向中央签署脱贫攻坚责任书，省市县乡村五级书记一起抓。贫困县党委和政府承担脱贫攻坚主体责任，与此同时，强化了东部省份和中央各单位脱贫攻坚责任。

政策体系是贫困治理体系取得成功的关键。中央各部门和各地区相继出台和完善“1+N”的脱贫攻坚政策举措，着力构建适应精准扶贫需要、强力支撑的政策体系。

投入体系成为打赢脱贫攻坚战的资金强力保障。我国自2013年以来，财政专项扶贫资金的规模逐年增加，2019年达到1200亿元，比2018年增加200亿元，比2017年增加400亿元，加上地方财政资金以及最近几年我国的银行金融支持资金、资本市场的支持资金、小额信贷资金和企业、社会组织和个人等资金，是历史上用于扶贫脱贫资金保障最多的时期。

社会动员体系是扶贫脱贫的重要力量。作为最具特色和最体现我国制度优势和政治优势的东西部协作、定点扶贫、企业和社会组织以及个人，都成为扶贫脱贫的重要力量。

建立脱贫攻坚监督体系是贫困治理体系和治理能力现代化的重要保障。制定脱贫攻坚督查巡查工作办法，对各地各部门落实中央决策部署开展督查

巡查、民主监督，加强纪检监察、检察、审计、财政等部门和媒体等监督力量的合作，改进督查巡查办法，确保监督工作质量。

脱贫攻坚考核评估体系成为增强脱贫攻坚战认可度和信任度的重要保障。我国从 2016 年开始，不断完善的年度成效考核、资金考核、交叉考核等第三方考核，在考核评估减贫成效、精准识别、精准帮扶、扶贫资金使用管理等方面，已经形成科学完整成熟的指标体系。

三、中国特色扶贫理论与实践不断发展

我国精准扶贫战略的顺利推进，不仅促进了中国特色社会主义理论与实践的创新，还有力推动了世界减贫进程，为构建人类命运共同体提供了中国智慧、中国方案和中国经验。

中国特色社会主义减贫理论与实践得到创新和发展。党的十八大以来，在习近平新时代中国特色社会主义思想指引下，我国脱贫攻坚取得历史性成就。习近平总书记关于扶贫工作的重要论述及其实践成就，充分彰显了中国道路的科学性，充分证明了中国特色社会主义制度的优越性，充分彰显了中国共产党的执政能力和执政水平。

按照世界银行每人每天 1.9 美元的国际贫困标准，中国对全球减贫的贡献率超过 70%，是世界上减贫人口最多的国家，也是世界上率先完成联合国千年发展目标中减贫目标的国家。同时，中国还积极帮助其他发展中国家减贫。截至 2015 年 10 月，中国已累计向 166 个国家和国际组织提供近 4000 亿元人民币援助，派遣 60 多万援助人员，并先后为 120 多个发展中国家落实联合国千年发展目标提供帮助。“一带一路”建设将使国际减贫合作成果惠及更多国家和人民。

中国以本国国情为基础，勇于实践、敢于创新，走出了一条具有中国特色的反贫困道路。中国历史性的减贫成就不仅印证了自身选择的正确性，而且给那些既希望摆脱贫困，又希望保持自身独立性的发展中国家提供了一种全新的选择。

（2019 年 12 月 6 日《中国社会科学报》张琦　薛亚硕）

打赢脱贫攻坚战是国家治理体系和治理能力现代化在贫困治理上的成功实践和体现

贫困治理是中国国家治理的重要组成部分。党的十八大以来，中国脱贫攻坚的贫困治理实践，内化于国家治理体系和治理能力现代化建设进程中，并形成了良性互动、相互促进的局面。与此同时，脱贫攻坚实践和贫困治理进程中形成的相应制度安排、实践策略和有效经验，进一步完善和提升了中国国家治理体系与治理能力，为国家治理体系和治理能力现代化提供了成功的创新案例和经验示范。

现代化是人类社会近代历史发展进程中的重要主题。当前，国家治理能力现代化已成为世界各国关注的焦点。中国实施改革开放四十多年来，社会主要矛盾发生显著变化，这对于新时期中国共产党推动国家治理体系与国家治理能力现代化提出了新的挑战和要求。2013 年，中国共产党召开第十八届中央委员会第三次全体会议，正式提出“推进国家治理体系和治理能力现代化”这一时代命题。习近平总书记指出：“我们的国家治理体系和治理能力总体上是好的，是有独特优势的，是适应我国国情和发展要求的。同时，我们在国家治理体系和治理能力方面还有许多亟待改进的地方，在提高国家治理能力上需要下更大气力。”随后，中国共产党在十八届四中全会上进一步明确指出，中国国家治理体系和治理能力是中国特色社会主义制度及其执行能力的集中体现，并提出“坚持和完善中国特色社会主义制度、推进国家治理体系和治理能力现代化”的总体目标。可以说，推进国家治理现代化是全面深化改革的必然要求，同时也为中国推动国家治理提供了前进的方向和道路，进一步彰显出中国共产党治国理政能力的有效提升。

坚持以人民为中心的发展思想，不断保障和改善民生，增进人民福祉，走共同富裕道路是中国国家制度和国家治理体系的显著优势。作为社会主义国家，不同于西方传统意义上依赖社会福利减贫的路径模式，自新中国成立以来，中国形成了以国家行政力量为主导的减贫实践模式，即充分发挥社会主义制度优势和政治优势，将政府外部干预与贫困地区贫困人口自力更生相结合，推动贫困地区经济社会整体发展以及贫困人口脱贫致富，从而实现共同富裕目标。因此，中国的贫困治理是国家治理的重要组成部分。一方面，国家治理现代化的水平影响和制约着贫困治理现代化的水平，减贫成功与否有赖于制度建设及社会环境的健全和完善；另一方面，贫困治理无疑也影响到国家治理体系和治理能力现代化的水平，有效的贫困治理能够促进和改善国家治理，推进国家治理体系和治理能力的现代化。党的十八大以来，以习近平同志为核心的党中央着眼于全面建成小康社会，把脱贫攻坚工作纳入“五位一体”总体布局和“四个全面”战略布局，全面打响脱贫攻坚战。在此过程中，中国脱贫攻坚取得了显著成效，也推动构建形成了具有中国特色的贫困治理体系，并与国家治理相互促进、相互推动，脱贫攻坚治理实践为国家治理体系和治理能力现代化提供了成功的经验和示范。

一、脱贫攻坚作为我国贫困治理成功案例是新时代中国国家治理的重要组成部分

贫困问题是世界各国特别是发展中国家经济社会发展过程中面临的共同挑战。自18世纪以来，西方有关贫困的认知逐渐从个人问题转向社会公共问题，国家干预主义思想下，解决贫困问题成为国家重要的责任，贫困缓解开始成为一种国家建构，世界各国发展过程中均形成了相应的贫困和反贫困话语体系、制度安排以及专门性的组织机构等。自新中国成立以来，中国始终致力于在推动经济社会发展的整体进程中解决农村贫困问题，经历了从救济式扶贫、广义扶贫到建立正式扶贫制度、推行区域瞄准的开发式扶贫，以至扶贫瞄准对象的村级转移和参与式扶贫，以及扶贫开发与社会保障“两轮驱动”，到精准扶贫、脱贫攻坚等不同发展阶段，不仅推动反贫困取得了显著成效，也走出了一条具有中国特色的贫困治理道路，逐渐构建起中国的贫困治理体系。

中国的贫困治理可以理解为政府、市场以及社会等多方主体共同参与下，协调调动各项资源，合力帮助贫困人口实现消减贫困目标的过程和状态。即在政府的主导下，充分调动全社会力量和资源形成合力，针对具体的贫困问题采取具体的减贫举措，从而实现消减和摆脱贫困的目标。在此，贫困治理

是一个国家或地方政府对贫困问题及其对象实行的全过程管理。在宏观层面，贫困治理涉及政府、市场、社会三者在解决贫困问题中的关系和责任，为消除贫困所采取的战略和政策工具以及贫困治理过程中的责任和问责；在微观层面，则涉及对贫困的识别、分析、监测和评估等一系列行动模式。因此，从本质上来看，贫困治理是一个社会再动员、再组织和再塑造的过程，内在地蕴含于国家治理体系当中。

当前全面建成小康社会背景下的脱贫攻坚，不仅对贫困治理体系的进一步完善发展提出了全新要求，也明确将贫困治理纳入国家治理体系当中，提出以脱贫攻坚统揽各地区经济社会发展全局，将地区脱贫攻坚作为各级政府头等大事和第一民生工程推进等等。一方面，全面建成小康社会，困难群众不落一户、不落一人。因而实现脱贫攻坚目标是解决现阶段农村经济社会发展过程中突出性问题，决胜全面建设小康社会、实现社会主义现代化、实现中华民族伟大复兴中国梦的重要内容。特别是党的十八届四中全会提出将“坚持和完善统筹城乡的民生保障制度，满足人民日益增长的美好生活需要”作为推进国家治理体系和治理能力现代化的具体工作要求。在此意义上，脱贫攻坚是当前统筹城乡发展的重要内容和迫切任务，是当前全面建成小康社会目标的必要条件，是国家步入经济发展新常态下的战略抉择，是满足人民美好生活需求的必经之路。另一方面，长期以来，国家主导成为中国农村贫困治理的显著特征和总体性要求，即坚持“中央统筹、省负总责、市县抓落实”的政策原则和管理体制。从中国共产党执政以及政府过程行为视角审视，脱贫攻坚是国家自上而下进行的社会治理过程，也是充分发挥社会主义制度优势的集中体现，内在地成为国家治理体系的重要内容。同时，脱贫攻坚阶段的贫困治理体系在习近平总书记关于扶贫开发工作重要论述指引下，以精准扶贫精准脱贫的基本方略，不断优化提升贫困治理的投入、动员、实施、监督、评估和考核体系，贫困治理的现代化水平和治理能力得到显著提升。

二、脱贫攻坚的制度安排和能力提升促进了国家贫困治理体系进一步完善

国家治理体系和治理能力的现代化，在本质上要求国家治理适应时代发展的特征和规律，符合一个国家经济社会发展的整体要求，通过创新国家治理的方式和手段，积极回应国民社会生活需求和社会主要矛盾变化，推动国

家治理体系制度化、科学化、规范化、程序化，从而取得显著的治理成效，推动实现国家事业发展、人民幸福安康、社会和谐稳定以及国家长治久安。特别是就中国而言，国家治理体系和治理能力现代化是指通过建立完善相应的制度体系，积极发挥中国特色社会主义独特的制度优势，以充分实现国家治理的效能。因而从内容上讲，国家治理现代化含有两个层面的现代化：首先是制度层面上，要求国家治理制度设计和制度结构安排的科学化和合理化，突出治理体系的现代化；其次是治理能力层面，要求实现国家治理能力的现代化，也即作为治理主体的国家在治国理政过程中所具有的能力和水平。

中国农村贫困治理经历了从非制度化到制度化的演进历程。在此过程中，中国逐渐形成了有关农村扶贫开发的职能机构——国务院扶贫开发领导小组，并推动实施开发式扶贫、集中连片区域开发等一系列政策安排，农村反贫困从新中国成立之初普遍性的社会救助实践逐渐走向专门性、系统性的扶贫开发制度体系。当前新时期中国打赢脱贫攻坚战进程中，国家提出精准扶贫精准脱贫方略作为农村贫困治理的主要制度安排，并逐步形成了有关精准扶贫对象识别、帮扶、退出、考核、评估等一系列的政策建构，以及坚持党的集中统一领导、坚持全国一盘棋，发挥中国特色社会主义制度优势和集中力量办大事优势，自上而下以政治任务和运动式治理推进的精准扶贫脱贫攻坚行动，直接推动了国家治理体系的进一步完善。

总的来看，新时期中国脱贫攻坚制度体系的顶层设计，突出强调各级政府都要承担起责任，发挥好中央和地方“两个积极性”，形成上下联通、高效协同的管理体制。按照习近平总书记“五级书记一起抓扶贫”指导思想，各省自上而下地形成了省、市、县、乡、村五级书记一起抓扶贫的领导责任体制。部署东西部协作扶贫、定点扶贫，以及社会各界合力攻坚，不仅有效增强了国家贫困治理体系的资源动员能力，也不断推动着贫困治理领域的改革创新。同时，建立与脱贫任务相适应的投入体系，解决好资金、资源的问题，保障脱贫攻坚各项目标如期实现。在实施体系层面，国家提出“六个精准”“五个一批”实施路径，包括在贫困地区实施基础设施建设、产业发展、就业培训、生态建设、医疗健康服务、公共文化服务、社会保障等多项政策举措。在监督考核层面，逐步建立起比较完整的脱贫攻坚监督和考核评估体系，运用多种形式、相互配合的监督、考核和评估制度与方法，对脱贫攻坚政策和规划的落实情况、扶贫对象识别、政府扶贫绩效、财政专项扶贫资金和贫困退出等进行考核评价。由此，中国脱贫攻坚形成了包含责任体系、组织体系、投入体系、动员体系、政策体系、监督体系、考核体系等在内的“四梁八柱”，不仅为决胜脱贫攻坚战、全面建成小康社会提供了有力的制度支撑，也促进了国家治理体系的进一步完善。

脱贫攻坚治理体系在实践中不断调整完善，具有鲜明的创新性、科学性、指导性。基于此，国家各项治理的体制机制得以完善，基层社区治理能力得以加强，社会成员协作得到推进，从而强化了党的执政能力建设，巩固了党的执政基础。而有关脱贫攻坚的实施体系、动员体系、考核和评估体系也逐步实现制度化、常态化，并被应用于环境整治、风险防控等其他治理领域，直接促进了国家治理体系的完善。

三、脱贫攻坚中的贫困治理体系创新发展，推动了国家贫困治理能力现代化提升

新中国成立七十年来，中国政府主导的扶贫开发工作取得了显著成效，同时也推动世界减贫事业的发展。伴随扶贫工作进入“啃硬骨头、攻坚拔寨”的冲刺期，中国仍面临严峻的贫困问题。一方面，剩余贫困人口大多分布在一些深度贫困地区，自然条件恶劣、发展资源不足、经济基础薄弱、社会发育不完善是其主要的特点，因而在帮扶政策和方式上对扶贫政策及其执行方式的精细化、专业化水平要求较高；另一方面，在以往国家大力持续投入扶贫财力和人力资源的现实情况下，需要进一步创新和提升扶贫开发工作的方法和效率，以充分发挥国家主导扶贫开发的制度效用。习近平总书记强调：“国家治理体系和治理能力是一个国家的制度和制度执行能力的集中体现，两者相辅相成。”因此，突破当前阶段贫困治理发展的困境，需要具备国家治理能力现代化的战略思维，从经济治理体系、政治治理体系、文化治理体系、社会治理体系、生态治理体系、党的建设体系、法治建设体系等方面多维度推进国家贫困治理能力现代化建设。事实上，党的十八大以来，习近平总书记提出精准扶贫、精准脱贫基本方略，中国国家贫困治理体系经历了一系列调整创新，在信息汲取能力、政治保障和制度保障能力、综合回应能力、资源动员能力以及政策执行能力等方面都有显著提升。可以说，以精准扶贫战略为主的有关脱贫攻坚的一系列制度安排和实践策略，是中国贫困治理体系因应新时期减贫形势变动和打赢脱贫攻坚战“时代呼唤”所做出的战略调整，

其实践过程是国家贫困治理体系现代化和治理能力提升的过程，也是进一步推动中国国家治理能力现代化的过程。

具体而言，中国脱贫攻坚进程中，着力构建起政府、市场、社会协同参与的“大扶贫”格局，综合发挥政府、市场、社会在贫困治理中的作用，进一步提升政府的资源整合能力和社会动员能力；利用市场机制“看不见的手”进行宏观层面的资源配置，通过促进贫困地区经济发展，实现带动贫困人口脱贫致富的“涓滴效应”；发挥社会组织灵活、高效的特点和优势，使其在帮扶救助特殊贫困地区及特殊贫困人口过程中发挥专业性、补缺型作用。在政策供给层面，提出以“绣花”功夫强化“因村因户因人施策”，解决帮扶措施不精准的问题，提高贫困治理的精细化管理水平。围绕“五个一批”实施路径，各地贫困地区因地制宜，创新形成了“扶贫车间”“消费扶贫”“电商扶贫”“构树扶贫”等一系列精准扶贫模式，不仅显示了政府对于贫困地区和贫困户多元化、差异化需求的综合性回应能力，也显示了基层政府高效、创新的政策执行能力。同时，通过精准扶贫实施过程中签订目标责任状、层层压实责任以及严格的精准考核和评估机制，脱贫攻坚治理实践进程充分发挥了中央和地方的积极性、创造性，有效提升脱贫攻坚治理体系在不同贫困地区应对不同贫困问题的适应性和执行力。这些也集中体现了中国国家治理体系将社会主义制度与市场经济有机结合，不断解放和发展社会生产力，以及坚持改革创新、与时俱进，善于自我完善、自我发展的显著优势。

四、脱贫攻坚的贫困治理成功实践为国家治理体系和治理能力现代化提供了一定的经验和示范

新时代中国脱贫攻坚取得了显著成效，也充分显示了中国共产党的执政宗旨以及中国国家制度和国家治理体系具有多方面的显著优势。而在此过程中，以精准扶贫、政府主导为主要理念和特征，中国积累了丰富的减贫实践经验，进一步推动中国特色贫困治理体系的丰富和完善，这些也为提升国家治理体系和治理能力的现代化提供了经验和示范。

贫困问题是一项复杂的且与整个经济社会系统密切相关的问题和现象，其在人类社会发展过程中不仅具有经济、社会、文化、心理等不同的表现形式，在致贫原因的讨论上也形成了道德缺陷致贫说、资源匮乏致贫说、制度结构致贫说、文化心理致贫说等不同解释观点，因此解决贫困问题的方式亦

在不断创新和发展，从而走向了更加多元化、多层次、多维度的综合性治理方式。中国农村扶贫开发进程中，逐渐形成了扶贫开发与社会保障并重的扶贫“两轮驱动”举措。特别是脱贫攻坚阶段，中国提出实施精准扶贫精准脱贫方略，以综合性减贫策略回应发展中国家贫困问题的复杂性和艰巨性。当前中国的贫困治理体系，强调精准识别、精准帮扶，提出因地制宜，因人、因户、因村施策，针对贫困人口不同需求采取更加具有针对性的扶贫措施，提高扶贫资源供给与贫困人口需求的衔接度。由此，“精准”或者说“精细化”成为当前中国国家治理体系建设当中重要的实施策略和目标取向，不仅强调政府政策供给与政策需求的匹配度和针对性，也强调了提升政策的综合性，以及应对人民群众多元化、差异化政策需求的重要意义。

同时，中国注重发挥政府在减贫中的主导作用，通过落实“中央统筹、省负总责、市县抓落实”的管理体制，由政府主导贫困人口识别、帮扶、退出、评估的各个阶段，精准扶贫转化成为地方政府的中心任务，同时打破以往政府内部行政治理条块之间的明确界限，动员各个部门的资源和力量投入到脱贫攻坚进程中，有效提升了地方政府的统筹整合能力和资源配置能力。而通过实施驻村帮扶、“第一书记”等制度安排，促使党员干部深入贫困地区基层前线，切实帮助贫困地区开展精准扶贫，不仅助力贫困地区改变贫困现状，提升基层治理水平，也进一步密切了党群关系、干群关系，巩固了中国共产党的执政基础，成为新时代中国贫困治理进程的显著特色和成功经验，同时也集中体现了“紧紧依靠人民推动国家发展的显著优势”。这些对于国家其他发展领域治理体系和治理能力的现代化产生了积极的借鉴和示范。

国家治理能力“是运用国家制度管理社会各方面事务的能力，包括改革发展稳定、内政外交国防、治党治国治军等各个方面”。中国自新中国成立之日起开始了消除贫困、改善民生的实践探索，特别是 20 世纪 80 年代正式启动了有组织、有计划、大规模的扶贫开发进程，减贫发展成为国家治理的重要组成部分。在此过程中，中国政府主导下的扶贫开发取得了突出成就，也逐步形成和建立了具有中国特色的贫困治理体系。当前，新时代脱贫攻坚的治理实践是在伴随中国经济社会发展步入新常态、社会主要矛盾发生重大转变以及全面建成小康社会进程中，中国对扶贫开发做出的最新战略安排，因而内在地成为国家治理体系的一部分。同时，脱贫攻坚进程中形成的一系列制度安排以及实践策略模式，提升了国家治理体系以及治理能力的现代化水平，其实践经验也为国家治理体系和治理能力现代化提供了成功的经验和示范。但同时，我们也必须认识到，中国脱贫攻坚治理实践仍然处于不断完善发展的动态过程之中，还需要进一步的实践检验和理论提升，而脱贫攻坚治理实践经验的可持续性及其在其他国家治理领域的适用性、边界性、可复制性等问题仍待进一步的反思和审视，脱贫攻坚治理实践对其他国家治理领域的影响意义，以及如何进一步参与全球治理，为构建人类命运共同体不断做出贡献等，都将是值得继续深入挖掘和研究的问题。

参考文献

［1］习近平. 习近平谈治国理政［M］. 北京：外文出版社，2014年.

［2］刘欣. 国家精准扶贫政策的乡村执行研究以河乡岩村为调查个案［D］. 华中师范大学，2017.

［3］刘敏.NGO与贫困治理：以香港为例［J］. 兰州学刊，2008（8）：73-76.

［4］王小林. 改革开放40年：全球贫困治理视角下的中国实践［J］. 社会科学战线，2018（5）:17-26.

［5］江必新. 国家治理现代化基本问题研究［J］. 中南大学学报（社会科学版），2014（3）:139-148.

［6］吕方. 精准扶贫与国家减贫治理体系现代化［J］. 中国农业大学学报（社会科学版），2017（5）：17-23.

［7］孙德超，高锐. 打好"三大攻坚战"的理论阐释与推进路径——基于国家治理能力的视角［J］. 理论探讨，2019（3）：31-37.

［8］凌文豪，刘欣. 中国特色扶贫开发的理念、实践及其世界意义［J］. 社会主义研究，2016（4）：69-75.

［9］许汉泽，李小云."行政治理扶贫"与反贫困的中国方案——回应吴新叶教授［J］. 探索与争鸣，2019（3）：58-66，142.

［10］秋石. 不断提高运用中国特色社会主义制度有效治理国家的能力［J］. 求是，2016（19）：5-9.

中国减贫的奇迹：制度变革、道路探索及模式创新

新中国成立时，中国人民处于普遍贫困的状态。根据联合国相关数据统计，1949 年中国人均国民收入 27 美元，不足整个亚洲的三分之二（亚洲人均国民收入平均 44 美元）。新中国成立之后，中国政府充分发挥社会主义制度的政治优势，把消除贫困、改善民生、实现共同富裕作为施政目标。截至 2019 年新中国成立 70 周年时，我国农民人均可支配收入比 1949 年实际增长 40 倍，达到 14617 元，累计减贫人口规模超过 7 亿多人。尤其是自 2012 年以来效果更加明显，资料显示，2012 年底贫困人口 9899 万人，到 2019 年年底减少到 551 万人，贫困发生率由 10.2% 降至 0.6%，连续 7 年每年减贫 1000 万人以上。与此相对应就是贫困人口的收入水平大幅提升，资料显示，从 2013 年至 2019 年，832 个贫困县农民人均可支配收入由 6079 元增加到 11567 元，年均增长 9.7%，比同期全国农民人均可支配收入增幅高 2.2 个百分点。全国建档立卡贫困户人均纯收入由 2015 年的 3416 元增加到 2019 年的 9808 元，年均增幅 30.2%。贫困群众“两不愁”（不愁吃、不愁穿）质量水平明显提升，“三保障”（教育、医疗和住房有保障）突出问题得到总体解决，中国减贫成就得到国际社会的普遍认可，如果到 2020 年底，脱贫攻坚任务完成后，我国相当于提前 10 年实现了联合国《2030 年可持续发展议程》的减贫目标，这对中国和世界都具有重大意义。中国作为人口最多的发展中国家，在消除农村绝对贫困、实现全面小康方面，走出了一条中国特色扶贫开发道路，创造了世界历史上的减贫奇迹。[1]

一、中国特色扶贫制度变革和道路探索

从新中国成立之初的土地改革到现阶段的打赢脱贫攻坚战，我国的农村扶贫开发历经70年，围绕扶贫开发制度变革进行了多阶段和多领域的探索创新，对全面建成小康社会提供了坚实的思想指导和行动指南，对实现共同富裕的社会主义建设目标提供了良好的制度体系和基础保障。[2] 历经70年的政策调整和开发实践，我们实现了扶贫制度的变革和完善、探索出了符合新时代中国特色社会主义的扶贫开发道路。

（一）农民土地所有制改革背景下的全区域贫困治理阶段（1949—1955年）

1950年6月，《中华人民共和国土地制度改革法》颁布实施，废除了封建土地剥削制度，实行农民土地所有制，农村生产力得到大幅度提高，极大缓解和改善了农民物资匮乏、生活困苦的贫困局面。数据统计显示，1949—1955年，粮食每公顷产量从1035公斤增长到1425公斤，年均增长6%。新中国成立之初的土地农民所有制改革是以破除封建落后生产关系、发展社会主义生产力为目标的制度变革。一方面，它是通过变革土地所有制，建立与先进社会主义制度相适应的经济基础保障，另一方面，通过实行农民土地所有制使广大被剥削者拥有生产资料和发展基础，极大提高农业生产要素的产出效率，保障了农民的生存基础。

（二）人民公社时期的“平均主义”扶贫阶段（1956—1977年）

1956年，随着社会主义三大改造完成（农业、手工业和资本主义工商业），我国的扶贫开发和农村发展进入新的历史阶段，即人民公社治理下的“平均主义”时期。这一时期的主要特征表现为两个方面：一是农村土地由农民所有制变为集体所有制，主要是将农民直接拥有的土地无偿入股、统一经营，改造为集体所有制，实施集体所有、集体经营的生产队发展模式。二是实行人民公社制度下的平均主义分配方式，农民的生产经营所得归集体所有，成果按照平均主义和共同富裕的模式进行均分。“政社合一”的农村贫困治理和发展模式，“生产队为基础”的管理体制以及劳动生产的集体化，军事化特征，在一定程度上降低了贫困群体规模的相对比重，却造成了平均主义下的

普通贫困状态。

（三）农村土地制度向家庭联产承包责任制变革过渡下的扶贫阶段（1978—1985 年）

1978 年 12 月，党的十一届三中全会召开，农村率先开始进入制度改革推动贫困治理的阶段：一方面，确立了农村土地经营的家庭联产承包责任制，中国广大农村通过以家庭联产承包责任制为主的土地经营体制改革打破了过去集体劳作、平均分配的制度模式，极大地调动了农民耕种土地的积极性；另一方面，对农产品统购统销的制度进行改革，通过提高农产品价格、赋予农民农业生产自主权等多种形式创新农业制度，大幅度提高了农业劳动生产率和农民收入水平。农村全方面的制度改革改善了制度性缺陷引发的贫困状态。

（四）扶贫体制改革和贫困县开发式扶贫的探索阶段（1986—1993 年）

1986 年，以国务院扶贫开发领导小组及办公室成立为标志，中国农村扶贫开发工作开始进入了有计划、有组织的开发式扶贫新阶段。这个阶段的扶贫工作机制主要有三个方面明显变化：一是建立了扶贫协调动员机制和组织机制。由中央多个部门组成的扶贫开发领导小组作为协调机构实现扶贫工作制度化和规范化，并且对地方扶贫工作进行有序指导。二是初步完善了扶贫制度体系的瞄准性，将资源下沉到贫困县，帮扶精准性得到了提高，通过划定 18 个集中连片贫困地区和 331 个国家贫困县，开始了以县为基本扶贫单位来分配使用扶贫资源的制度模式。三是开发式扶贫对传统的救济式扶贫进行了改革，通过探索实施“以工代赈”的开发式扶贫机制，让贫困人口通过基础设施建设和产业务工等方式获得劳动报酬，改变了过去“输血式”的低效率扶贫机制。

（五）综合性目标任务下的区域瞄准性扶贫开发阶段（1994—2000 年）

1994 年 3 月，《国家八七扶贫攻坚计划（1994—2000 年）》的颁布标志着综合性扶贫攻坚战略的展开。这个阶段，以“八七攻坚”为标志的扶贫治理制度具有明显的创新特征：既有扶贫目标任务，又有治理方式。首先，创新了扶贫责任机制，通过实施资金、任务、权利、责任“四个到省”的扶贫工作责任制，带动了各级部门和地方政府的扶贫热情；其次，探索了区域协调发展战略，在中央层面，规范和制定了机关定点扶贫的具体细则，同时也探索了东西扶贫协作机制，通过跨部门帮扶、跨区域协作探索了“东中西部”区域协调发展机制和区域发展战略；最后，探索了金融扶贫等政策组合合力，不同部门通过出台不同的信贷优惠、财税优惠及其他优惠政策，使扶贫政策体系得到进一步完善。

（六）整村推进和参与式扶贫机制的创新阶段（2001—2010年）

进入二十一世纪后，农村贫困问题由普遍性贫困逐渐转变为贫富差距的日益扩大、收入性贫困为主转变为多元贫困为主、区域性贫困发展到阶层性贫困等。2001年《中国农村扶贫开发纲要（2001—2010年）》颁布实施，纲要提出将未来时期的扶贫开发重点从贫困县转向贫困村，更加注重群众参与，提出利用参与式方法自下而上地制定和实施扶贫开发规划。扶贫机制主要有两大变化：一是创新了以整村推进为重点，以产业项目和就业培训等为内源的扶贫机制模式，[3]将扶贫的行政单位进一步下移到村，探索了整村提升和扶贫机制，并在全国范围内确定了14.8万个贫困村，扭转了贫困县以外的贫困人口享受不到扶贫政策和资金的状况。二是农民参与扶贫机制得到落实，创新了贫困户与扶贫项目、资源等的利益联结机制和自下而上的参与式扶贫模式，整村推进过程中让农民参与基层的贫困治理决策过程，将农民的意愿贯穿在发展扶贫产业、乡村基层治理领域中。三是开始推广新农合、农村低保、雨露计划等一大批农村社会保障政策，探索了农村社会保障体系的贫困治理作用。

（七）开发式扶贫与保障式扶贫结合的精准扶贫阶段（2011年以后）

2011年，国家颁布了《中国农村扶贫开发纲要（2011—2020年）》，将扶贫开发的总体目标确定为“两不愁三保障”，不仅重视贫困户的收入水平，还突出强调贫困人口的社会福利和保障水平。2013年，习近平总书记在湖南省十八洞村调研时，首次提出了“精准扶贫”思想。我国的扶贫开发工作正式进入了开发式扶贫与保障式扶贫相结合的精准扶贫时期。[4]这一时期，精准扶贫的工作有以下变化：一是区域发展战略全面落实，通过在全国划定 14 个集中连片特困地区，打破了行政区域规划带来的贫困治理困难；二是第一次形成了以“户”为单位的精准帮扶机制，不仅仅以收入水平来衡量贫困，关键突出以“两不愁三保障”为目标的综合指标治理贫困，通过全国扶贫开发“建档立卡”系统的实施，确立以户为单位进行精准识别贫困对象、施策和帮扶；三是形成了全社会的大扶贫格局，定点帮扶、东西协作、企业帮扶、社会力量参与等多种帮扶主体投入到脱贫攻坚的机制模式中，通过责任、考核倒逼各级政府和部门强化扶贫帮扶力度，形成全社会参与扶贫开发的机制模式；四是形成了健全的贫困识别体系、帮扶责任体系、政策资金投入体系、考核评估体系，围绕“帮扶谁、谁来扶、怎么扶、如何退”四个关键问题形成了“六个精准”“五个一批”的精准扶贫战略；五是产业开发式扶贫、低保兜底等双轮驱动机制全面确立，覆盖农村居民的医疗救助、最低生活保障、养老保险等制度全面建立，创新了农村特色贫困群体的扶贫脱贫和增收致富长效机制。

二、中国扶贫开发机制变革的显著特点

新中国成立 70 年来，我们在探索中国特色扶贫道路的历程中，对扶贫开发体制机制进行了多阶段的适应性调整，从扶贫政策、减贫治理体系、脱贫考核、区域发展等大扶贫格局，以及保障式开发式扶贫、绿色减贫和金融扶贫等多方面进行变革，使扶贫脱贫的机制更加适应每阶段的历史趋势，形成了具有中国特色的特点和亮点，朝着全面小康社会和共同富裕的目标稳步前进。

（一）中国扶贫政策的阶段性调整与不断优化：共同富裕的目标

中国的扶贫政策始终与社会主义发展的不同阶段相适应，与农村制度改革相协调，目的是为了解放和发展社会生产力，提高社会生产效率，最终实现共同富裕。农村制度改革的特征体现在：一是始终将“三农”问题的制度性改革作为扶贫开发的最大动力，以放活农村经济要素活力为主，土地资源得到了充分利用和发展；二是将减轻农民负担、农业税费改革作为关键手段，在短时间内极大改善了人民的贫困状态。

1. 农村生产经营体制的变革

新中国成立之前，90%的土地和生产资料归地主阶级所有，中国农民处于物质资源普遍贫困的时期。因此，建国初期，国家出台《土地改革法》，实施农民土地所有制和自主经营制，释放了土地生产效率，农民贫困的生活状态短时间内得到极大改善。20世纪50年代初期，为解决土地生产经营分散问题，国家实行农业社会主义改造，将农民土地所有制变为农村土地集体所有制和集体经营制，广大农村施行“政社合一”的人民公社管理体制，实行统一经营、平均分配的模式，造成农村处于制度性贫困状态。1982年1月，中国第一个关于农村工作的一号文件正式出台，提出了包产到户和包干到户的生产责任制。家庭联产承包责任制打破了以“平均主义”为核心的农村分配格局，解决了农业体制缺陷造成的温饱问题，并成了农村土地制度的典型模式。

2. 农业税制度的变革

鉴于农村农民税费负担较重、城乡发展不平衡、国际农产品市场冲击风险加大等因素，2005年，我国全面免除农业税的惠农政策，并以法律的形式固定下来，9亿多中国农民彻底告别了缴纳农业税的历史。取消农业税制度不仅减少了农民的负担，增加了农民的实际收入水平，并缩小了城乡发展差距，还体现了我们发展过程中的“公平”原则。因此，取消农业税政策是农业制度性的改进，是国家对城乡经济和社会发展不平衡政策做出的重大调整，为农村贫困治理提供了更强劲的政策支持。

农村制度改革伴随着中国扶贫政策改革的全过程，破除了最大的制度性贫困因素，农村发展要素活力得到充分激活，整个农民生活状态得到极大改善。农村制度改革对扶贫开发的意义、策略、主体等做出了适应时代与国情的阶段性调整，从而实现了中国扶贫政策的阶段性调整与不断优化。

（二）扶贫减贫治理体系的创新：精准扶贫的新探索

精准扶贫是党的十八大以来的贫困治理最鲜明的特征，实现了从贫困区域、贫困县、贫困村、贫困户的识别传导机制到贫困帮扶机制。精准扶贫的实施体现了减贫治理体系的创新：[5]一是“六个精准”创新了扶贫减贫体制，对扶贫脱贫责任、政策、投入、监督、考核等方面进行了顶层设计；二是“五个一批”创新了贫困治理方式，涉及产业扶贫、易地扶贫搬迁、劳务输出扶贫、交通扶贫、水利扶贫、教育扶贫、健康扶贫、金融扶贫、农村危房改造、土地增减挂钩、资产收益扶贫等。通过这些扶贫制度创新，形成了完备的减贫政策体系，提高了国家贫困治理能力和治理化体系的现代化水平，提升了综合性回应减贫需求能力。

精准扶贫是一种全新的减贫方式，实现了由大水漫灌式整体扶贫向区域瞄准式重点开发式扶贫再向滴灌式精准扶贫的转变，适应了全面建成小康社会的阶段性任务要求，真正实现了从多维度视角探索治理贫困。比如：精准扶贫工作的贫困户“建档立卡”制度的创新，一是将多维度指标纳入扶贫机制，长期以来，我国的扶贫对象仅依靠收入水平进行衡量，没有注重福利保障水平的缺失，造成了帮扶对象的识别排斥；二是根据多维度指标将贫困群体分类划定，确定了因病、因灾、因学等几类致贫因素，便于分类精准施策；三是改变了扶贫资金“天女散花”式的使用方式，也改变了过去因人情扶贫、关系扶贫而造成的应扶未扶、扶富不扶穷等社会不公现象；四是通过“减贫大数据”，掌握新时期中国农村贫困“底数”，为相关政策安排提供坚实的信息基础，完善国家贫困治理体系。

（三）扶贫到脱贫的适时转变与发展：2020 年目标任务

确保到 2020 年我国现行标准下农村贫困人口实现脱贫，贫困县全部摘帽，解决区域性整体贫困是我们党的历史承诺。随着脱贫考核机制的完善，一方面我们创新了科学的指标评价体系，改变了过去贫困县和贫困户的纳入和退出注重经济收入单一指标的情况；另一方面我们建立了从精准识别到精准帮扶再到精准脱贫全过程的多重考核体系，强化了领导责任，实现了扶贫工作由“过程”到“结果”的转变。[6]

1. 脱贫考核制度创新

我们围绕“户—村—县”的三级脱贫退出考核，创建了脱贫内容、考核程序等脱贫评估体系，保证了贫困户、贫困村、贫困县层层考核、有序脱贫。围绕贫困户的脱贫退出，重点考核贫困户收入水平和“两不愁三保障”（不愁吃、不愁穿，教育、医疗和住房有保障），在收入水平提升的条件下，重点关注贫困群体的福利水平改善；围绕贫困村的脱贫出列，重点考核贫困村的基础设施、公共服务，以“三通三有”（通水、通电、通路，有卫生室、有集体收入、有特色产业）和村集体收入为重点衡量指标；围绕贫困县的脱贫摘帽，重点考核贫困县的整体发展水平、脱贫攻坚成效，以贫困县的“三率一度”（贫困发生率、错退率、漏评率、群众认可度）为综合衡量指标。从 2016 年开始，我国的贫困县规模实现了历史上的首次净减少，832 个贫困县中已脱贫摘帽 436 个。

2. 扶贫成效考核方式创新

一方面，创新了扶贫的“约谈”机制，在强化“中央统筹、省负总责、市县抓落实”的扶贫管理体制基础上，中西部 22 个省份党政主要负责同志承担扶贫攻坚主体责任，贫困县党政领导承担扶贫落实责任，党中央对扶贫开发责任落实不力和效果较差的省份领导进行约谈，各省级政府对贫困县进行约谈。[7] 另一方面，创新了以第三方专项评估检查为特点的上下联动考核机制，包括组织扶贫开发成效、省级之间的交叉考核、专项督查巡查、媒体暗访等多种形式的考核监督机制，对地方政府的扶贫成效考核，从减贫成效、精准识别、精准帮扶、扶贫资金使用等多方面进行，保证了扶贫开发效果的客观公正。

（四）国家区域发展战略与扶贫减贫的对接：区域协调

贫困具有典型的区域集中性特征。因此，我们将区域协调发展与区域扶贫开发有机结合：一方面创新了共同富裕的实现机制，通过落实“先富带动后富”的发展理念，缩小区域发展差距；另一方面按照区域发展制约共性因素，以区域治理促进贫困开发，提高了资源、政策等的整合利用效率。

区域协调发展战略。进入 21 世纪以后，全国区域发展不平衡问题凸显，地区差距问题有日益扩大的趋势。实施区域协调发展成为新时代的发展目标，以此带动农村减贫工作的发展。一是实施西部大开发战略。2000 年，我国出台西部大开发战略，将加快西部地区发展与区域脱贫结合起来。通过对西部地区投入大量倾斜性政策、资金等，在完善基础设施、实现经济加快发展、提高人民生活水平等方面，为西部扶贫开发提供基础性保障。二是实施中部崛起战略。2004 年，国家将中部崛起作为区域发展战略的第二个层级。通过出台《促进中部地区崛起规划》，完善了支持中部崛起的政策体系，建立了中部与东部扶贫合作机制，加强了中部与东部省区在劳动力转移就业、产业转移等农村扶贫方面的合作。三是实施东北振兴战略，2004—2018 年，中央对东北振兴做出多次政策和机制调整以推动全面振兴。通过出台规划纲要和扶持政策，第一次主动强调依靠内生发展推动东北经济发展和农村扶贫脱贫，按照西部地区补助标准，对东北地区的基础设施、扶贫开发和社会事业等方面进行补助。

集中连片特困地区扶贫开发战略。为了遵循贫困的发生规律，更加有效治理区域贫困问题，2010 年，按照资源环境因素和贫困特征，全国确定了 14 个集中连片特困地区，当时在全国综合排名最低的 600 个县中，有 521 个在片区内，占 86.8%。通过打破行政区域规划，按照地区共性致贫因素进行分类施策，在统筹区域经济发展的基础上破除共性发展机制障碍，创新了片区攻坚的区域贫困治理机制；[8] 同时，在贫困县为单位的帮扶基础上，以贫困区域进行资源整合投入，创新了“点面”相结合的扶贫机制。

（五）国家、社会与市场相结合的机制：大扶贫格局

扶贫减贫是全社会的责任与义务，需要全社会所有资源的共同参与。我们所建立的大扶贫格局具有如下特点：一是改变了传统的扶贫机制中，政府占绝对主导的地位，政府主导的单一扶贫机制无法胜任全面小康的要求，需要形成良性运行的大扶贫机制。二是动员了全社会的资源参与扶贫机制，形成了不同行业和部门关注扶贫、投入扶贫事业的氛围，不同行业部门立足自身优势创新了多种扶贫模式。

定点帮扶与东西协作机制。一是通过定点帮扶实现了中央、国家机关、军队、央企、国企和有关单位等定点扶贫工作对 592 个国家扶贫开发工作重点县的全覆盖；二是通过东西协作机制，利用东部地区经济较发达县（市、区）与西部地区贫困县开展携手奔小康行动，实现区域协调发展，东部 9 省和 13 个大城市与西部 16 个省（区、市）建立了协作帮扶关系。利用定点帮扶和东西协作机制，中国政治优势和制度优势得到充分发挥，对实现区域减贫发展、贫困人口增收提供了政策、资金等基础保障。

民营企业和社会组织公众参与扶贫机制。一是通过开展“万企帮万村行动”鼓励民营企业参与专项扶贫开发工作，体现了民营企业承担社会责任，实现从“自然人”向“社会人”的良好转变；二是通过带动社会工作专业组织、社团和各界志愿者、爱心人士积极参与减贫行动，搭建了社会组织和公众参与扶贫的平台，充分调动了社会资源参与脱贫攻坚的积极性。

扶贫脱贫的共同职责将政府、社会和市场力量聚集一体，以政府为主导，专项扶贫、行业扶贫、社会扶贫有机结合、互为支撑。多方面多层次的社会

扶贫机制充分调动了多元主体的力量，广泛动员了社会各方面力量参与扶贫开发，体现了中国特色社会主义制度的优越性。

（六）开发式扶贫与保障式扶贫的有效结合：模式创新

从 20 世纪 80 年代中期开始，国家实施“以工代赈”项目、基础设施改善和产业发展等模式，开始探索开发式扶贫模式，即将“外部输血”和“内部造血”的扶贫机制有机结合。进入新世纪以来，随着中国农村人口的老龄化趋势不断加强，导致缺少劳动力致贫的群体越来越大，单一的开发式扶贫难以解决新的贫困问题，因此又探索建立了农村最低生活保障制度、新型农村合作医疗制度、新型农村社会养老保险制度等社会保障机制，统筹解决农村贫困人口的生活、就医、养老等基本生存需求。[9]

一是新型农村合作医疗保障制度。从 2003 年开始，我国开始实施以大病统筹为主的新型农村合作医疗制度，到 2010 年基本实现了全国农村居民的全覆盖，构筑了治理贫困最关键的一道防线。精准扶贫以来，我们又实施了健康扶贫工程，对贫困户的医疗制度进行了创新和拓展，形成了基本医疗保险、大病保险、医疗救助和商业补充保险的“四重”保障机制。二是农村最低生活保障制度。2007 年，农村最低生活保障制度作为社会救济政策的一种有效形式，开始在全国范围内推广施行。通过扶贫线与低保线“两线合一”改革试点工作，推动扶贫政策与低保政策的有效衔接，保障贫困户的基本生活条件，最大程度发挥低保兜底的保障作用。三是新型农村社会养老保险制度。2009 年，新型农村社会养老保险制度开始惠及农村老年群体，将农村户籍人口纳入社会保障网络，以保障农村居民年老时的基本生活为主要目标。统计数据显示，这种转移性保障收入占农村贫困地区老年群体收入的 25%。

开发式扶贫与保障式扶贫机制的结合实现了两个目标：一是实现了普惠性的保障制度，对所有农民、农村老年群体等进行扶持和救助，确保所有人同步进入小康社会，发挥了社会保障、社会福利救济在内的保障式扶贫作用。二是首次创新了城乡统筹的保障制度，城乡居民医疗保险（新农合与城镇职工医疗保险合二为一）制度、农村社会养老保险制度与城镇职工养老保险制度衔接，对缩小城乡发展差距，实现共享发展进行了有益探索。

（七）绿色生态发展与减贫结合的绿色减贫模式的创新：可持续发展

为了提高经济增长的可持续性和发展成果的共享性，党中央将绿色发展与消除贫困作为未来阶段必须打赢的两大攻坚战，通过绿色发展实现减贫成为未来贫困治理的趋势。[10]一方面，将绿色发展理念和方式落实到了扶贫开发全过程，改变了过去以环境代价换取贫困地区发展的思路模式，提升了扶贫脱贫质量和效益；另一方面，通过绿色减贫的评价体系完善了扶贫考核指标体系，进而探索了更多可持续的长效脱贫模式。

绿色减贫理念和方式的创新。绿色减贫理念打破了绿色发展与扶贫开发的二元悖论，首次将绿色发展和减贫融为一体。随着生态文明建设的推进和"绿水青山就是金山银山"思想的发展，通过绿色发展实现扶贫减贫的新理念得到了创新发展，从以往单纯的以经济维度为目标的单维度减贫逐渐向绿色减贫转变。绿色减贫方式主要以可持续发展为原则，以提升贫困人口生活和收入水平为目标，以光伏扶贫、旅游扶贫、绿色产业扶贫等为实践模式，绿色减贫方式创新了减贫发展模式，使减贫效果更具可持续性和长效性。

绿色减贫评价制度的创新。北京师范大学中国扶贫研究院团队将绿色减贫分为经济增长绿化度、资源利用与环境保护程度、社会发展能力和扶贫开发与减贫效果四个维度。在参考联合国人类发展指数、亚太经合组织的绿色增长指标以及中国绿色发展指数等理论机制的基础上，参照多维贫困理论和中国的地域贫困特点，首次构建了中国绿色减贫指数。

绿色减贫的最大意义在于其产生的减贫效应不仅体现在收入水平的提高上，同时还体现在环境、生态、文化等综合效应上。绿色减贫是生态文明建设中减贫方式的创新，是一种符合生态文明发展、实现绿色增长和发展新方式的减贫新理念，更是贫困地区贯彻落实绿色发展理念的重要体现。作为把生态文明与反贫困有机结合起来的减贫新战略，绿色减贫推动了扶贫开发与资源环境相协调、脱贫致富与可持续发展相促进，贫困地区实现可持续发展是必然趋势。

（八）金融扶贫模式的创新与发展：普惠金融

从20世纪80年代开始，我国开始探索以信贷支持贫困地区发展的金融扶贫模式，目的是发挥金融扶贫的重要作用和实现普惠金融的目标。金融扶贫制度最大的特点是以市场化机制配置金融扶持资金，变革了政府无偿的资金投入机制，实现了资金的“有借有还”循环利用模式，对于激发贫困地区和贫困户的内生动力具有极大的促进作用。

专项扶贫贴息贷款制度。扶贫贴息贷款制度是我国最早的金融扶贫政策，一是国家政策性银行的扶贫专项贷款，主要针对贫困村、贫困户的易地扶贫搬迁、交通、水利、电力等贫困地区基础设施建设提供扶贫金融支持。二是商业性银行对贫困地区的产业主体发展提供的政府贴息贷款，目的是提高扶贫产业的扶贫带动性。专项贴息贷款是有偿、有息资金，原则是“有借有还，到期归还”，扶贫贴息贷款制度的创立改变了单纯政府“输血”式的扶贫模式，从资金来源上彻底改变了无偿赠与的模式，为贫困地区开发式扶贫政策的执行起到了重要推动作用。

小额信贷制度。扶贫小额信贷是政府和金融机构为扶持建档立卡贫困户发展增收而制定的贷款帮扶机制，尤其以“政银保”为模式的小额贷款模式对有贷款意愿、发展能力、技能素质和一定还款能力的建档立卡贫困户提供了资金基础。小额信贷制度的特点是5万元以下信用贷款，3年以内由财政贴息、县级建立风险补偿金，支持贫困人口发展致富产业。截至2018年3月末，全国共有835万建档立卡贫困人口获得信贷支持，带动842万建档立卡贫困人口就业和产业发展。

IPO绿色通道政策。这是一种创新的金融扶贫制度，金融监管部门通过开通贫困地区企业上市的绿色通道，支持有质量的贫困县企业上市，对当地发展、就业等产生支持，真正让贫困地区有造血能力。截至2018年底，国家级贫困县有12家企业通过资本市场绿色通道政策上市，贫困地区金融扶贫水平显著提高。

金融扶贫以贫困地区的市场需求和扶贫产业的发展前景来激发金融跨域的积极性，从而实现跨期配置金融资源的基本功能，在社会公平和经济效率之间找到平衡的手段，有效激活了金融机构的社会责任意识，也为贫困地区和贫困群体实现可持续发展提供了创新路径。

（九）深度贫困的创新治理模式：新时代扶贫脱贫重点

为了确保深度贫困地区能同全国各地区同步达到小康，我国在深度贫困地区脱贫攻坚过程中实现了两个转变：一方面实现了从全面推进扶贫向深度贫困地区专项攻坚转变，通过出台《关于支持深度贫困地区脱贫攻坚的实施意见》，制定了深度贫困地区脱贫攻坚的时间表、线路图。另一方面实现了从注重外部帮扶向外部帮扶与激发内生动力并重转变，在外部投入的基础上，通过扶志与扶智的教育引导方式，进一步激发了深度贫困群体的内生动力，打牢了深度贫困的攻坚基础。

从深度贫困地区的扶贫制度来看，深度贫困地区的确定是 2020 年前实现全面小康社会的最后一个区域扶贫开发战略，对深度贫困地区的脱贫攻坚专门出台了多种政策制度保障。比如国土资源部拓展了深度贫困地区的城乡建设用地增减挂钩政策。深度贫困地区开展增减挂钩，可不受指标规模限制，深度贫困地区节余的增减挂钩指标在东西部扶贫协作和对口支援框架内跨省域流转使用，极大补充了深度贫困地区的扶贫资金。

从深度贫困地区治理方式来看，探索了内生发展动力机制。将扶贫与扶智、扶志相结合的精神扶贫理念作为深度贫困治理的关键，深度贫困地区的部分贫困户认为家庭的贫困是历史性的，无法改变世世代代的贫困现状，因而思想上无法实现脱贫。通过教育引导、就业培训等“软”措施机制帮助他们掌握增收技能，增强了他们脱贫致富的内生动力。

深度贫困地区是我国全面建成小康社会中最突出的“短板”，在目前脱贫攻坚形势中，深度贫困问题的治理依然复杂严峻。因此，从扶贫开发制度保障方面给予深度贫困地区特殊支持成为解决深度贫困地区脱贫的关键。

（十）防贫减贫与防灾减灾相结合，贫困治理与灾害治理相统筹

实践证明，贫困往往都与灾害相叠加，往往越是贫困地区，越是容易发生自然灾害，凡是灾害发生地区，贫困人口受灾最严重，脱贫难度也最大，中国在减贫过程中积累了丰富的实践经验。2008 年汶川大地震时，中国就探索了将防灾减灾、灾后重建与扶贫脱贫相结合，防贫减贫与防灾减灾相结合，贫困治理与灾害治理相统筹的有效机制。2020 年的新冠肺炎疫情给中国社会经济发展带来了巨大的影响，对此，中国充分运用了精准扶贫的思想，针对重大疫情的冲击和影响，采取了分类分级、精准施策的政策，统筹解决疫情防控与扶贫脱贫攻坚战。这也是中国在减贫过程中经过实践探索取得的重要经验之一。

三、思考与建议

新中国成立70年来，我们围绕共同富裕的目标，从摆脱制度性贫困开始，到解决区域贫困实现区域发展，再到突破阶层贫困实践精准扶贫，我们不断在改善人民福利状态上积极探索，形成了相对健全的扶贫开发体制机制和减贫模式，从而完善了扶贫开发的总体思路和实现途径。但是在脱贫攻坚的冲刺期，我们也思考了扶贫机制和制度的内在问题。

（一）扶贫开发工作的制度性调整提高了贫困治理成本

扶贫工作的每一次制度变革都需要大量的社会资源进行补充和重新分配。比如，我们的绝对贫困标准，新中国成立之后进行了三次大规模调整，处于之前扶贫标准线下的贫困人口经过帮扶实现脱贫之后，又因新的制度标准调整，重新进入贫困，需要新的帮扶力量和帮扶资源。扶贫工作重复进行，造成扶贫成本增多。而且制度性约束对于社会组织和企业等非政府机构约束作用相对较小，企业、社会组织等帮扶工作大多数依靠自律。这些可能会导致未来扶贫工作出现弱化、容易引发大规模返贫风险，造成工作的重复和资源的浪费。

（二）扶贫开发工作的制度性调整缺少法律保障

我国的扶贫工作目前主要靠行政手段和行政措施进行，大范围自上而下的扶贫方式能够利用行政优势短时间内提升贫困人口的福利水平、改变贫困地区的落后面貌。但是这种扶贫方式和手段带有短期性、运动式的特点，没有形成长效的法律制度保障。尤其目前我国还没有出台扶贫方面的法律法规，绝大多数的扶贫工作靠部门规章、行政条例来维护，还没有上升到法律保障的高度和水平。缺少法律保障，扶贫工作会出现两个风险：一是造成未来扶贫工作力度的弱化，目前许多基层政府用大量精力来抓扶贫工作，这种运动式的扶贫工作无法在长期保持；二是随着扶贫工作的难度日益加大，行政命令带来的扶贫疲劳战增多，扶贫干部的疲惫感增加，工作难以长期维继。

因此，及时出台扶贫方面的相关法律，形成扶贫工作的长效机制是未来国家治理贫困的趋势。贫困治理现代化水平的提升和贫困治理体系的完善主要体现在长效机制保障方面，行政指令的指导虽然能在短时间内发挥巨大作用，但是要想在长时间内形成稳定的制度保障还是需要法律，法律特有的权威性和稳定性能够使扶贫这项工作形成一种长期化的模式，从保障人权、发展权等方面来说，法律也能为人的福利状态提供稳定的保障作用。

（2020 年第 5 期 《行政管理改革》 张琦　张涛　李凯）

参考文献

［1］张琦，张涛. 我国扶贫脱贫供给侧结构性矛盾与创新治理［J］. 甘肃社会科学，2018（3）：82–89.

［2］唐步龙. 改革开放 40 周年：从“共同富裕”到“精准扶贫”的实践与创新［J］. 云南民族大学学报（哲学社会科学版），2018（2）：92–97.

［3］陆汉文. 激发贫困人口内生发展动力［N］. 中国社会科学报，2017–12–15（5）.

［4］陆汉文. 探索体制机制创新 破解扶贫脱贫难题［N］. 中国改革报，2017–01–16.

［5］汪三贵. 以精准扶贫实现精准脱贫［J］. 中国国情国力，2016（4）：1.

［6］黄承伟，刘欣. 新中国扶贫思想的形成与发展［J］. 国家行政学院学报，2016（3）：63–68.

［7］张琦，万君. 考核机制助推贫困县如期脱贫［J］. 国家治理，2015（38）：32–36.

［8］覃志敏. 连片特困地区农村贫困治理转型：内源性扶贫——以滇西北波多罗村为例［J］. 中国农业大学学报（社会科学版），2015（6）：5–11.

［9］左停. 创新农村发展型社会救助政策——农村低保政策与其他社会救助政策发展能力视角的比较［J］. 苏州大学学报（哲学社会科学版），2016（5）：1–8.

［10］张琦. 中国绿色减贫指数报告（2016）［M］. 北京：经济日报出版社，2016：23.

新中国 70 年易地扶贫搬迁的就业减贫历程回顾及展望

易地扶贫搬迁是新时期脱贫攻坚的重要方式之一，面对不同时期国内外环境、扶贫重点、物质基础等条件的不同，各阶段采取的具体政策措施和实施方法有着特有的特点。总体上易地扶贫搬迁就业减贫先后经历了五个发展阶段：以农业就业为主的普遍贫困状态下的区域开发移民（1949—1981 年），以农业就业和工程务工为主的跨区域搬迁的吊庄移民实践（1982—1993 年），农业和产业等多重就业模式探索的综合性目标任务下的开发式移民阶段（1994—2000 年），以产业发展带动就业务工为主的区域协调机制下的易地扶贫搬迁探索发展阶段（2001—2010 年），以提升就业技能和实现产业稳定就业为主的精准扶贫方略下的易地扶贫搬迁攻坚阶段（2011 年至今）。通过梳理新中国成立 70 年以来我国易地扶贫搬迁的就业发展变迁历程，从搬迁后农户就业安置模式角度分析各阶段易地搬迁的政策实施及对减贫开发的推动作用。在此基础上，结合全面小康社会的减贫新趋势，提出了易地扶贫搬迁就业研究的重点和方向，为易地扶贫搬迁的减贫政策创新进行了未来展望。

一、引言

迁徙是人类活动的主题，始终与人们期盼摆脱贫困，进而追求更好的生产发展水平和生活福祉有关。2020 年全面实现小康社会及农村实现全面脱贫是“十三五”时期扶贫的攻坚目标和战略，为满足我国贫困地区人民对美好生活的追求，基于我国所面临的区域贫困特征现状，并结合以往水库移民、生态安置、避灾避险安置等工作经验的基础上，易地扶贫搬迁成为我国精准扶贫的重要方式，目的是更好的发挥其在脱贫攻坚过程中的作用和意义[1]。易地扶贫搬迁依托国家强有力的经济和社会资源保障，具有范围广、规模大、投资多等显著特点。从“十五”到“十三五”，搬迁区域由最初的宁夏、内蒙古、贵州和云南四省实践逐步发展到现阶段跨越东、中、西三个区域22个省市自治区的局面，区域上呈现出了空间集聚效应，相对集中于贫困发生率高的区域，即贫困发生率高的区域搬迁规模高于发生率低的区域。

易地扶贫搬迁作为一种扶贫手段，从本质上来说，它只是一种方式和过程，而不是结果。易地扶贫搬迁的最终目标是实现搬迁与增收的双赢目标，因而搬迁群体的后续就业安置、农户增收利益途径等问题才是当前阶段易地扶贫搬迁政策的核心内容[2]。可以说，就业发展与易地扶贫搬迁是一脉相承的，是易地扶贫搬迁在减贫领域的必然延伸和结果使然，要实现搬迁人口的脱贫目标，离不开就业帮扶的政策实施。为厘清易地扶贫搬迁和就业发展及精准脱贫之间的关系，可以从宏观和微观两个维度分析。宏观上，易地扶贫搬迁与土地增减挂钩交易相结合，为搬迁群体的就业发展提供资金支持；通过后续产业布局发展可以推动搬迁群体的就业，达到解决区域性整体贫困的减贫政策效应，实现搬迁与就业的双赢目标。微观上，易地扶贫搬迁改善了搬迁贫困群体的就业基础条件，化解了扶贫碎片化的实践困境；通过提升搬迁贫困群体的就业技能和内生发展动力，突破了贫困陷阱；通过增加搬迁贫困群体的就业机会和增收渠道，形成搬迁与就业的良性互构；构建的稳定就业机制成为搬迁群体可持续发展的路径选择。

可以看出，扶贫搬迁群体的后续就业发展问题在易地扶贫搬迁的政策实践中有着重要的现实意义，因此本文研究视角仅基于扶贫搬迁的就业视角，故未将工程和库区等非扶贫移民纳入。当前，国内外学者在研究扶贫移民问题的论述中，也逐渐开始将更多的关注点转移到后续的产业发展和就业增收等方面。

二、建国以来易地扶贫搬迁的就业减贫历程

鉴于易地扶贫搬迁所取得的减贫成就，农户搬迁之后通过就业等手段实现稳定增收和可持续发展，才是易地扶贫搬迁的政策初衷，因而搬迁后续就业是易地扶贫搬迁的未来研究趋势。通过梳理总结建国以来我国的移民搬迁和扶贫搬迁情况，将易地扶贫搬迁的就业减贫历程划分为五个阶段，总结各阶段易地扶贫搬迁的政策实施及搬迁后就业安置模式情况，并从搬迁后农户再就业角度分析易地扶贫搬迁对减贫的推动作用。

（一）以农业就业为主的普遍贫困状态下的区域开发移民（1949—1981 年）

易地扶贫搬迁的探索实践最早可以追溯到建国初期，建国之初到 80 年代初期，我国整体上处于物质普遍贫乏阶段，由于户籍制度的禁锢，人口流动性较低，整体上以国家的行政安排实现区域人口调整。这一段时期主要有两大扶贫移民工程，一是担负屯垦戍边的生产建设兵团进行农业开发。建国初期，为满足边境稳定开发与人员温饱的需求，国家先后在全国成立 12 个生产建设兵团，由复员军人、农民、知青等群体组成，进行边境区域农业开发，至 70 年代后期大多数转成地方农垦农场。二是知识青年上山下乡与返城的暂时移民，从 50 年代开始，国家开始倡导城市知识青年到农村劳动和定居，全国共有 2000 多万知识青年下乡插队，随着八十代改革开放政策实施，绝大多数人通过招工、高考等方式又回到城市。

由于当时的产业化和城镇化程度较低，移民普遍以农业生产经营为主要谋生手段，通过开垦荒地、参与农业生产等满足基本的物质生存需要。这种模式并没有带来生产资料的变化，只是改变了区域资源禀赋形成新的农业土地资源分配模式，属于低层次的移民发展方式。以生产建设兵团为例，30 余年间实现全部移民接近 600 万，开垦农场 2000 余个，人均粮食产量提高 2 倍以上，土地的减贫效益得到有效提升，极大促进了农业粮食增加和边境区域开发，在短时间内取得了区域减贫和社会稳定的效益，区域减贫实践取得明显成效。但是由于这一时期的移民开发具有典型的政治色彩，因此并没有作为典型模式进行推广和复制。

（二）以农业就业和工程务工为主的跨区域搬迁的吊庄移民实践（1982—1993 年）

1982 年，针对甘肃定西、河西、宁夏西海固等地区贫困极端性和复杂性特征，国务院启动“三西”专项扶贫开发工作，对该地区的农业发展工作进行专项补助，以促进生态脆弱区的扶贫开发[3]。宁夏自治区结合区域环境因素和群众的生产生活习惯，决定采取建设吊庄移民的方式实施农业发展和扶贫减贫。吊庄的本义为一个村庄分布在两个地方，即一家人在生产和生活地区同时拥有居住场所，在耕种和农闲季节进行流动居住。“三西”建设初期的扶贫移民依然采取两地兼顾的异地生产形式，随后，在立足河套地区有利的水利资源基础上，宁夏自治区正式将西海固地区的贫困人口集中移民迁至河套灌区，开展开发式移民工程以“济定西、西海固之贫”。按照移民安置方式的不同特征，吊庄移民又可以分为县外集中吊庄移民、县外插户吊庄移民、县内吊庄移民，其中又以跨区域的县外搬迁为主要模式。

这一时期的吊庄移民尚处于移民搬迁探索起步阶段，资金投入和政策配套相对不足，但仍然取得了较大的扶贫和社会效益。移民的就业方式发生明显改变，开始探索多元化的增收方式，即吊庄移民搬迁以“有土安置”的农业开发建设为核心，并对农工和农商开发型模式进行探索，一是有计划地引导搬迁农民向农业基础条件较好的河套走廊实现跨区域迁徙，开发利用荒地等土地资源解决人地矛盾，提高土地的粮食产出效益，务实生产基础。二是借助以工代赈扶贫项目和黄河水利开发工程，提高资金的扶贫边际效益和移民群体的务工收入，劳务工资性收入为搬迁移民摆脱贫困实现可持续发展创造了基础条件。据相关数据统计，吊庄移民搬迁规模为 17.4 万人，开发农业配套土地 54 万亩，人均粮食产量和收入水平远远超过非移民搬迁家庭。除直接的经济效益外，吊庄移民搬迁在极大缓和迁出地人与生态环境紧张关系的同时，也为迁入地的农业和经济发展提供了人力资源条件，初步达到了经济、生活和社会的效益目标。另外，吊庄移民搬迁也为解决生态因素引发的区域性极端贫困开展了有益探索和实践。

（三）农业和产业等多重就业模式探索的综合性目标任务下的开发式移民阶段（1994—2000 年）

结合以往扶贫工作实践和新千年全民温饱目标，1994 年，国家出台《国家八七扶贫攻坚计划（1994—2000 年）》，对扶贫任务、减贫方式进行了分解和明确，开启了综合性扶贫开发战略的序幕。立足于解决 8000 万贫困人口温饱的综合目标，首次提出开发式移民的概念，利用移民搬迁对生活在区域条件恶劣的农户施行异地扶持发展模式[4]。随后，1996 年，《关于尽快解决农村贫困人口温饱问题的决定》对开发式移民予以进一步明确，即对发展基础条件缺乏、解决温饱成本较大的极端贫困村实施移民搬迁，以尽快实现全面温饱的目标任务。在政策和目标的指引下，搬迁范围进一步扩大，云南、广西等边境贫困省份加入移民搬迁的实践工作中，宁夏则继续对吊庄移民形式进行完善和拓展。总体来看，八七攻坚时期是第一次将开发式移民作为解决贫困人口温饱问题的一种政策手段。

这一阶段的安置方式仍以农业安置为主，产业就业务工为辅。但在结合对口帮扶和横向联合的基础上，产生新的变化趋势，即利用区域产业优势，实施多元化的就业安置模式。以宁夏自治区闽宁村和华西村为例，福建省作为宁夏的对口协作省份，建立闵宁村扶贫经济开发区（2011年改名为闵宁镇）作为宁夏南部山区移民的集中安置区，以农业发展为基础，通过产业结构调整实现农业和种植业协调发展。江苏省华西村通过投资建设易地开发基地的形式在宁夏建立华西新村，利用自身的乡镇企业发展经验发挥搬迁的后发优势，走工业化安置路径实现迁入地的城镇化和工业化。作为八七扶贫攻坚的重要方式，开发式移民取得了较好的减贫效益：一是彻底解决了移民群体的温饱问题，结合国家整体减贫战略，保障了移民群体的生计问题；二是就业安置实现了向农业、工业等多方式转变和过渡，非农就业安置成为搬迁群体可持续发展的路径选择；三是移民搬迁与开发式扶贫理念相结合，通过培育搬迁群体的内生发展动力，摆脱了以往救济式扶贫的无效困境。

（四）以产业发展带动就业务工为主的区域协调机制下的易地扶贫搬迁探索发展阶段（2001—2010年）

2000年以前，移民搬迁主要采用“开发式移民”的概念表述，2000年，西部大开发作为中国第一区域协调发展理念被提出，其后与易地扶贫搬迁和扶贫开发紧密相连。2001年，《中国农村扶贫开发纲要（2001—2010年）》将“自愿移民搬迁”作为扶贫开发的途径写入文件，将搬迁与后续发展放在同等重要地位，并对其概念内涵进行阐释。同年度，国家计委《关于易地扶贫搬迁试点工程的实施意见》正式采用“易地扶贫搬迁”概念，在西部大开发战略的时代背景下，将宁夏、内蒙古、贵州和云南作为首批试点省份开展实践，从搬迁任务、资金来源和工作组织等方面进行全面部署[5]。2006年，《易地扶贫搬迁“十一五”规划》中将易地扶贫搬迁与生态移民进行概念等同，赋予其承担减贫治理和生态保护的双重任务。

在这一阶段，国家不断完善易地扶贫搬迁相关政策机制，从农业水利到产业技能，突出强调搬迁移民的后续发展问题，搬迁目标由注重搬得出向稳得住过渡。借助西部大开发承接产业转移和区域发展的机遇，对易地扶贫搬迁的后续产业做出规划部署，这一时期的就业安置呈现两个特征：一是产业结构调整作为易地扶贫搬迁的后续扶持主要形式，通过东西协作等区域协调发展机制不断得到强化，非农就业安置模式成为主要安置方式，进一步发挥了贫困地区劳动力资源的优势；二是以就业技能培训和就业渠道拓宽等方式提升搬迁贫困人口的自主发展动力，通过人力资本投资提高搬迁群体的可持续生计能力。易地扶贫搬迁的探索发展十年时期，中央和地方累计共出资 295 亿元，搬迁人口达 285 万，而历史同期减贫人口为 6000 万（2008 年贫困标准衡量），对减贫的贡献度接近 5%，取得了良好的社会示范效应，充分说明易地扶贫搬迁已经取得了良好的探索和实践效果。

（五）以培育就业技能和实现产业稳定就业为主的精准扶贫方略下的易地扶贫搬迁攻坚阶段（2011 年至今）

2020 年消除绝对贫困、实现全面小康是精准扶贫时期的攻坚任务，以政府主导方式为基础的易地扶贫搬迁经过多年探索完善和实践发展，在治理贫困方面取得了成功的减贫效益，也实现了区域资源空间配置的最优化目标，成为“十三五”期间减贫的重要方式，从宏观政策体系来看，“十二五”期间，国家相关部门对易地扶贫搬迁政策机制进行了初步完善。2011 年，《中国农村扶贫开发纲要（2011—2020 年）》将易地扶贫搬迁和产业扶贫、就业促进同时列为扶贫专项内容进行协同推进。2012 年《易地扶贫搬迁“十二五”规划》、2014 年《关于做好新时期易地扶贫搬迁工作的指导意见》均将后续产业发展作为规划的专门内容予以明确。2013 年，精准扶贫理念提出以后，易地扶贫搬迁成为脱贫工程的“五个一批”之一，易地扶贫搬迁的重要性得到进一步强化[6]。2015 年，《中共中央国务院关于打赢脱贫攻坚战的决定》指出利用政策组合方式解决易地搬迁脱贫问题，并就劳务和产业脱贫做出专门阐释。2016 年，《全国“十三五”易地扶贫搬迁规划》强调把搬迁后续发展放在更加重要的地位，对搬迁安置工作和后续脱贫机制做出详细安排，为易地扶贫搬迁的攻坚提供了政策和举措依据[7]。

在脱贫攻坚阶段，提升搬迁劳动力就业技能和就业收入水平成为易地扶贫搬迁后续发展的核心内容。一是安置方式以农业工业园区、风景区和城镇为基础，以就业基础条件提升引导贫困人口实现搬迁安置的合理化；二是通过就业培训塑造和培育搬迁人口的就业能力和后发优势，提升其内在发展能力和脱贫的主动意识；三是利用产业结构布局和区域经济发展战略，形成产业带动就业的良性循环机制，提高搬迁群体的可持续发展和生计能力。“十二五”时期，各级政府累计投资 1000 余亿元，搬迁贫困人口接近 400 万，历史同期减贫人口为 6663 万（2010 年贫困标准衡量），占整个脱贫人口的 7% 左右[8]。“十三五”期间，易地扶贫搬迁承担 1000 万贫困人口的脱贫攻坚任务，占总贫困人口的 20%，其中 2016 年已搬迁 249 万贫困人口，2017 年已搬迁 340 万贫困人口。

三、结论

从易地扶贫搬迁的就业实践历程来看，每个阶段都有不同的就业扶持发展模式。普遍贫困状态下的区域开发移民是一种农业开发形式的政策性移民；跨区域搬迁的吊庄移民实践也是一种农业安置方式，但是以提高土地的产出效益为前提，有效改善了区域性贫困难题。综合性目标任务下的开发式移民阶段开始利用产业和区位优势探索非农业的安置方式，彻底解决了贫困群体的温饱问题。区域协调机制下的易地扶贫搬迁探索发展阶段正式将易地扶贫搬迁的概念进行固化，并针对移民群体的农业经营、产业发展、就业技能等出台政策扶持，形成多种就业发展模式。精准扶贫方略下的易地扶贫搬迁攻坚阶段突出强调搬迁群体后续发展的重要性，利用产业、城镇等资源优势实现每个搬迁家庭劳动力的非农就业，注重提升搬迁劳动力的就业和产业技能优势，为搬迁贫困群体的可持续生计水平和发展能力提供基础条件。此外，结合实践总结发现，易地搬迁的前中后三个时期都是工作的重点，任何一个环节就业机制的缺失都会影响易地扶贫搬迁的就业减贫成效。在搬迁前期，就业安置是影响贫困户搬迁意愿的最大因素；在搬迁过程中，搬迁群体通过技能培训获得搬迁后持续发展的生计能力达到减贫的目标；在搬迁后期，就业的多元化为搬迁群体的致富增收提供了多样化选择途径。

（一）作为影响贫困户搬迁意愿的最大因素，就业安置有利于破除搬迁的后续生计风险约束

生计能力的不可持续是贫困户搬迁之前面临的最大风险约束，易地扶贫搬迁就是围绕破除这种风险约束，并从后续就业扶持对搬迁贫困群体进行政策投入的角度，通过易地扶贫搬迁实现贫困人口的可持续脱贫，而搬迁人口

可持续脱贫就要实现产业、就业等后续扶持措施的完善[9]。就业增收是扶贫搬迁的难点和关键点，如果就业解决不好，群众没有稳定的收入来源，搬迁群体将处于一种非理性的状态，即存在回迁或返贫的潜在风险。以陕西省安康市为例，其通过实行“移民搬迁进社区、土地流转建园区、农民就地变工人”的综合承载方式，有计划、按步骤地把扶贫搬迁群众转化为产业工人，推进“先业后搬”。安康市出台《关于移民搬迁先业后搬工作的指导意见》，按照规划选址先定产业，确定对象先选产业，搬迁安置先兴产业，后续服务先抓产业，督查考核先看产业的搬迁就业安置思路，将搬迁贫困户的就业发展作为先决条件，创新“搬迁户+”模式，即“搬迁户+龙头企业+园区+合作社（协会）+小微企业+中介组织+电商+旅游+家庭农场+产业大户+干部帮扶”等模式，把发展区域特色主导产业与搬迁户增收致富有机结合起来，因地制宜发展搬迁群众参与度高的特色产业，立足工业园区配置劳动密集型企业，立足农业园区培育主导产业，立足旅游景区发展配套服务业，立足家庭创业搭建服务平台，通过扶持企业、合作社、小微企业和家庭创业以及实施金融配套引导经济组织与搬迁群众增收致富能力。

（二）就业技能培训能提升搬迁群体劳动力素质，产生区域性和群体性正向外部效应

劳动力素质是关系区域经济发展的关键因素之一，劳动力素质的高低直接关系到区域产业的选择和发展，就业技能培训机制通过提高搬迁群体的劳动力素质，能有力消除就业的结构性和区域性矛盾，进而对地区经济增长产生正向外部作用。搬迁安置的贫困户脱离了原有的生产资料之后，离开了赖以生存的农业基础资源，需要一种新的劳务方式来赚取生活收入[10]。搬迁之后，贫困户的居住环境、交通条件、就业机会等都比之前变得更加便利，为搬迁贫困户的自身就业技能提升提供了基础条件。易地扶贫搬迁的贫困户大多数都处于教育程度较低、劳动技能单一的状态，而搬迁之后面临着新的就业岗位与原有技能不匹配的结构性矛盾风险。这就需要政府提供有针对性的就业培训机制，使其能够及时融入新的搬迁环境之中，对易地扶贫搬迁有就业能力的对象进行职业培训和劳务输出等，努力实现搬迁户每户有一人稳定就业。

（三）就业途径的多元化实现就业选择的多样化，化解了搬迁群体的就业结构性矛盾

市场机制对贫困群体的就业具有一定的排斥和挤出效应，尤其是搬迁贫困群体受区域条件、产业环境和自身技能等因素限制，在市场经济机制主导下的就业中处于被排斥的边缘化地位，政府通过行政手段设置多元化的就业岗位满足不同搬迁劳动力的就业需求，能够有效缓解特定区域内市场失灵所造成的就业结构性矛盾。目前主要有三种模式：一是依托迁入地的龙头企业吸纳搬迁群体就业，扩大政府扶持资金的乘数效应。通过政府与企业搭建的定向就业模式，利用政府财政资金支持将搬迁贫困劳动力引导至迁入地的农业产业园区、工业产业园区、旅游服务业景区等一、二、三产业。二是利用区域劳务协作支持搬迁青壮年劳动力跨省域务工就业，实现劳动力资源的合理化和最优化配置。实施扶贫劳务协作，实现搬迁贫困户的劳务转移就业，贫困地区利用区域对口援助、东西劳务协作、省际协作等扶贫政策，推动发达地区与贫困地区就贫困劳动力就业务工建立协调机制，促进贫困地区人力资源转化为增收优势，带动搬迁劳动力实现转移就业。三是与创业就业扶持政策相结合，发挥创业政策的益贫带贫机制。依托政府的创业扶持政策和培训机制，通过对搬迁贫困人口创业进行补贴和税费减免扶持等措施，帮助有创业意愿的搬迁人口实现创业增收，通过创业实现就业发展。搬迁贫困人口的就业要立足于区域条件禀赋，比如承租安置区的扶贫车间、创办农家乐小微企业、成立扶贫电商企业，其特点是利用区域特色产品形成灵活的创业方式，对创业意愿强的搬迁劳动力而言，利用局部区域资源的集聚化进行创业，具有投资成本小、管理运营简单的特征，在实现自身发展的同时，通过益贫机制的辐射作用带动其他劳动力就业。

四、未来展望

随着实现全面小康目标的临近，我国即将完成“现行标准下的贫困人口全部脱贫”目标，可以预测 2020 年后，我国将经历贫困结构转化的过程，扶贫减贫重点也将转向巩固脱贫成果的新阶段。在新的减贫趋势和阶段中，易地扶贫搬迁仍需与就业减贫政策和措施相互协调，以实现搬迁人口稳定致富的目标。因此我们需要从以下几个方面重点入手：

第一，提升区域经济发展与搬迁就业脱贫的联动效应。易地扶贫搬迁的迁出地大都具有区域空间集聚效应，往往具备相似的区域和产业特征，即要素资源禀赋较差、产业基础薄弱。因此，引导搬迁群众迁入区域优势和产业优势相对明显的区域，可以达到实现更高产业层级的就业和扩大移民搬迁的区域经济效应的双重目标。同时，根据各地区的区域和产业发展基础，科学选择搬迁贫困户的就业途径，主要从以下方面进行考量，一是通过迁出地的退耕还林和生态保护机制，依托林地资源种植林下经济作物和调整农业产业结构，搬迁距离较近的贫困户可以继续参与农业产业务工。二是依靠现有工业园区或引进扶贫微工厂、扶贫车间的形式，实现搬迁人口就地就近参与第二产业务工。三是不断创新搬迁劳动力的就业方式，针对搬迁劳动力实施技能精准培训，按照以市场需求为导向的就业培训机制，提高搬迁劳动力的市场适应性和就业精准性；将搬迁劳动力技能、就业岗位、就业意愿等因素结合，实现劳动力的更精准和高质量就业，激发其工作热情；对弱劳动力，探索对就业技能要求相对较低的公益性开发岗位，如保洁员、护林员、道路看护员等，解决特殊群体的就业难题，达到搬迁贫困群体的“智志”双扶。四是挖掘区域经济资源的绿色优势，通过辐射作用带动搬迁人口实现旅游产业等第三产业就业，达到生态、减贫、经济的多重效益目标。

第二，加强政府部门与社会组织的就业资源投入力度。易地扶贫搬迁及搬迁家庭后续就业发展作为一个系统性扶贫工程，需要进一步完善相关组织机构的协调机制，发挥政策体系的支撑作用，拓宽就业扶持资金的投入结构等，通过政府部门和社会组织的共同作用，最终构建起政府与社会的资源整合和保障机制。由于易地扶贫搬迁资金主体都用于搬迁群众的房屋建筑、社区基础设施和基本公共服务配套等方面，搬迁后续产业引进、移民就业培训和安置需进一步拓展投资渠道，吸引更多社会资本投入，使搬迁安置的脱贫效果发挥长久效益。加强搬迁劳动力的就业技能优势，提高其生产适应性水平，最终确保获取预期的就业岗位和增收效益。各搬迁区域的易地扶贫搬迁领导小组未来应通过领导小组的协调作用，进一步明确各部门责任、监督其落实情况，同时，建立部门间的信息共享机制，保证搬迁的顺利实施和后续的群众就业安置。

第三，建立易地扶贫搬迁就业减贫效果的动态评价体系。自 2001 年以来，易地扶贫搬迁的相关政策实践在贫困治理领域的作用和价值不断增强，但目前尚未建立针对易地扶贫搬迁就业效应的科学评价机制。未来将易地扶贫搬迁的就业效果评价作为扶贫脱贫的一项重要工作，能够有效发挥易地扶贫搬迁相关就业政策体系的溢出效应。一是可以开展跟踪式定点观测案例研究。易地扶贫搬迁涉及22个省市自治区的贫困区域，就业安置更是覆盖数千万搬迁贫困人口，缺乏搬迁社区和搬迁人口的追踪式研究是易地扶贫搬迁就业政策评价效果的短板。应该基于不同就业安置模式，选取具有代表性的案例点进行长期跟踪观测，追踪其易地扶贫搬迁变化过程、评估其就业减贫效果，以微观视角对搬迁就业模式进行评价研究。二是建立动态可调的评价指标体系。现有研究内容中，贫困县的扶贫成效评估指标体系相对完善，但易地扶贫搬迁的相关减贫成效尚未形成完整的评价体系。随着脱贫攻坚的深入进行，易地扶贫搬迁的就业效应评价方法和指标体系均需要做出动态调整，以适应不同阶段的减贫发展形势。

（本文作者为张涛　张琦）

参考文献

[1] 檀学文，李静. 习近平精准扶贫思想的实践深化研究 [J]. 中国农村经济，2017（9）：2-16.

[2] 国家发展和改革委员会出台全国“十三五”易地扶贫搬迁规划 [J]. 中国产经，2016（10）：52-57.

[3] 刘学敏. 西北地区生态移民的效果与问题探讨 [J]. 中国农村经济，2002（4）：47-52.

[4] 李培林，王晓毅. 移民、扶贫与生态文明建设——宁夏生态移民调研报告 [J]. 宁夏社会科学，2013（3）：52-60.

[5] 王宏新，付甜，张文杰. 中国易地扶贫搬迁政策的演进特征——基于政策文本量化分析 [J]. 国家行政学院学报，2017（3）：48-53，129.

[6] 曾小溪，汪三贵. 易地扶贫搬迁情况分析与思考 [J]. 河海大学学报（哲学社会科学版），2017（2）：60-66，91.

[7] 何得桂，党国英. 西部山区易地扶贫搬迁政策执行偏差研究——基于陕南的实地调查 [J]. 国家行政学院学报，2015（6）：119-123.

[8] 国家发展和改革委. 全国“十三五”易地扶贫搬迁规划 [R]. 2016.

[9] 韦兴生. 易地扶贫搬迁的思考 [N]. 贵州日报，2018-02-06（12）.

[10] 李聪，柳玮，黄谦. 陕南移民搬迁背景下农户生计资本的现状与影响因素分析 [J]. 当代经济科学，2014（6）：106-112，126.

理解中国减贫的世界意义
讲好中国减贫经验和故事

消除贫困是人类共同的梦想，也是当今世界面临的严峻挑战和必须优先解决的重要使命。作为世界上最大的发展中国家，中国曾拥有世界上最多的贫困人口。新中国成立 70 年来，尤其是实施精准扶贫方略以来，经过不断探索和实践，贫困人口大幅减少，成为全球最早实现联合国千年发展目标中减贫目标的发展中国家。中国减贫奇迹不仅使全中国人民共享改革发展成果，还对推动世界减贫进程、完善全球减贫治理、促进国际人权进步和丰富国际反贫困理论有着重要意义。全面理解中国减贫探索和实践的世界意义，是对外讲好中国减贫经验和故事的重要前提和必要基础。

一、中国减贫探索和实践直接推动世界减贫的进程

在 70 年减贫探索和实践中，中国选择的道路、提供的方案、倡导的价值，不仅使自身的脱贫事业取得了举世瞩目的成就，也在国际减贫交流与合作中助力其他国家加快了减贫步伐，为世界减贫事业做出了卓越贡献。

（一）中国减贫奇迹助力全球减贫跑出加速度

中国减贫事业是世界减贫事业的重要组成部分，中国加快本国贫困人口的减少就是对世界减贫的最大贡献。新中国成立以来，中国取得了举世瞩目的减贫成就，极大缩小了世界贫困人口版图。按照世界银行 1.9 美元国际贫困线标准，1981 年到 2013 年，中国使 8.5 亿人摆脱了极端贫困。据世行统计，中国贫困发生率从 1981 年末的 88.3% 下降至 2013 年末的 1.85%，对全球减贫的贡献率超过 70%，成为世界上减贫人口最多的国家，也是世界上率先完成联合国千年发展目标中减贫目标的国家。2013 年实施精准扶贫以来，中国每年减少贫困人口一千万以上。截至 2019 年末，全国农村贫困人口从 2012

年末的 9899 万人减少至 551 万人，累计减少 9348 万人；贫困发生率从 2012 年的 10.2% 下降至 0.6%，累计下降 9.6 个百分点。照此速度，中国必将在 2020 年全面建成小康社会，千百年来困扰中华民族的绝对贫困问题即将划上历史性句号。正如世界银行中国局局长罗兰德所说，如果没有中国的扶贫成就，就没有联合国千年发展计划目标的实现。中国减贫有力促进了全球减贫进程，为其他发展中国家树立了标杆和榜样。

（二）中国的国际减贫交流与合作开启国家减贫合作新路

“仁义忠信，乐善不倦”，中华民族自古以来就有同舟共济、和合共生的基因。中国是制定和推动联合国 2030 年可持续发展目标、坚持减贫和共享发展、构建人类命运共同体的主要推动者和倡导者，在致力于消除自身贫困的同时，积极同联合国、世界银行以及广大发展中国家进行减贫交流与合作，为其他国家的贫困治理贡献中国力量。

第一，推动构建不同于援助机制的国际减贫合作新机制。中国以构建人类命运共同体的责任担当积极为世界减贫事业贡献中国方案，早在 2004 就成立了中国国际扶贫中心，旨在为世界消除贫困事业作出贡献。建立了“中非合作论坛”和“东盟社会发展与减贫论坛”等，2017 年又成立了中国国际发展知识中心等，还先后提出“设立南南合作援助基金和南南合作与发展学院”“建立以合作共赢为核心的新型国际减贫交流合作关系”“着力实现多元自主可持续发展”等一系列国际减贫合作新机制。

第二，积极投身国际减贫交流与合作的具体实践。中国参与全球贫困治理的手段逐渐从支持广泛的经济社会发展变为支持广泛经济社会发展与专项减贫交流合作相结合。一方面，中国努力推动更大范围、更高水平、更深层次的区域经济社会发展合作，提出共建“一带一路”，倡导建立亚洲基础设施投资银行和金砖国家新开发银行等等。一系列举措切实支持发展中国家开展基础设施互联互通建设，帮助其增强自身发展能力，更好融入全球供应链、产业链、价值链，为其减贫与发展营造良好外部环境。另一方面，中国重视分享减贫经验、加强减贫交流与合作。通过南南合作等形式，分享中国贫困治理中的成果，让世界人民有更多的经验和思路去摆脱贫困。从积极参与基础设施建设到推动建立扶贫示范项目，从支持健康、教育发展到提供知识、资金、技术和人才，中国将扶贫经验因地制宜加以转化，促进发展中国家减贫。目前，在双边和与粮农组织的南南合作项目中，中国已经协助 120 多个发展中国家实施了千年发展目标。

二、中国减贫探索和实践对世界产生正向溢出效应

中国减贫事业之所以能够取得历史性成就，源于不断的制度探索和实践经验。中国在长期探索和实践中形成的独特贫困治理智慧和减贫经验将产生巨大的溢出效应，帮助人类走向更好的未来。

（一）中国减贫奇迹开创了世界发展的新机遇

“世界好，中国才能好；中国好，世界才更好。”中国的减贫与发展正在持续助推世界发展的车轮滚滚向前，并不断证明着：中国的奋斗就是全人类的奋斗，中国的减贫与发展更是全世界的机遇。中国减贫在为本国经济发展及人民生活水平提高创造条件的同时，还为其他国家和地区提供了增长机遇、市场机遇和投资机遇，为全球经济发展注入了强大动力。“一带一路”倡议便是一幅中国与其他国家共同发展、合作共赢的生动图景。截至 2018 年底，中国企业对沿线国家直接投资超过 900 亿美元，新签对外承包合同额超过 6000 亿美元；中欧班列已联通亚欧大陆 16 个国家的 108 个城市，累计开行 1.3 万列。马尔代夫跨海大桥连通岛屿，黑山共和国高速公路穿越群山，白俄罗斯发展起了轿车制造业……中国既有真诚的态度，也有具体行动。中国减贫与发展提供的广阔机遇唤醒了那些正在沉睡的市场，串联起各国人民谋求发展的梦想。世界银行研究报告称，“一带一路”倡议将使相关国家 760 万人摆脱极端贫困，3200 万人摆脱中度贫困。

（二）中国减贫经验为世界提供可资借鉴的方案

中国的减贫经验既是中国的，又是世界的。中国减贫探索和实践取得的成果和经验不仅由本国人民共享，也欢迎各国人民搭乘中国减贫“快车”“便车”。从温饱不足到迈向全面小康，新中国 70 年的反贫困治理道路是立足国情、实事求是、因地制宜、勇于创新逐步形成的一条具有中国特色的减贫之路。中国特色减贫道路所蕴藏的价值指向、发展理念、减贫方略为全球减贫治理贡献了凝聚东方传统文化和哲学智慧的中国方案。习近平总书记把中国脱贫攻坚的成功经验精辟概括为：加强领导是根本，把握精准是要义，增加

投入是保障，各方参与是合力，群众参与是基础。中国经验符合中国国情，同时又把住了时代脉搏，包含着普遍性的真理和普适性的方法，不仅印证了自身选择的正确性，而且回应着世界性发展难题和普遍性发展困境，让世界看到“另一种方式是可能的”。无论是发展中国家还是发达国家，都不同程度地面临着贫困问题的困扰，借鉴中国反贫困经验制定符合本国国情的科学扶贫开发策略，是其他国家走出贫困的可选路径之一。

（三）中国减贫模式为世界提供可直接参考的样板

中国减贫在实践中创新的各种模式，为其他国家的减贫事业提供了生动的样板。中国各地涌现出各具特色的减贫方式和大量生动的减贫案例。产业扶贫注重发展特色产业、促进“三产融合”以及对于新型农业经营主体的培育，同时强调产业发展的益贫性。金融扶贫不仅为贫困农户量身定制扶贫小额信贷产品，而且为贫困地区涉农企业上市开通绿色通道。生态扶贫出现了特色生态产业扶贫、乡村生态旅游扶贫、生态补偿等多种模式。此外，技术手段发展也有效推动了脱贫攻坚的深入，包括大数据驱动下的反贫困治理、电商扶贫、光伏扶贫等在内的扶贫模式都取得了良好的成效。这些减贫模式和路径是被中国许多地区验证过的、有效的减贫方案，是中国减贫成功的重要保障，能够为其他国家减贫提供参考和借鉴。

三、中国减贫探索和实践创造了世界人权发展的新奇迹

（一）中国减贫探索和实践推进世界人权进步

中国一直是世界人权事业的忠实实践者和有力推动者。在 70 年扶贫实践中，中国以保障贫困人口的生存权和发展权为主旨，通过连续多年扶贫开发，贫困地区的基础设施条件和公共服务水平大幅提升，群众的生产生活条件明显改善，住房、教育、医疗水平大幅提高。尤其是精准扶贫以来，在实现公民基本生存权的基础上，政府通过产业扶贫、教育扶贫、健康扶贫和生态扶贫等方式，采取更精准的举措和超常规的力度帮助贫困人口实现发展的权利。同时，在扶贫过程注重维护弱势群体权利，将贫困妇女、儿童、老年人、残疾人、少数民族等作为重点对象予以保障。中国减贫使得群众的获得感和幸福感明显增强，全社会的平等和公平正义得以维护，是中国人权事业进步最

显著的标志，体现了中国对世界人权事业的务实贡献。

（二）精准扶贫开辟了人权保障的新途径

精准扶贫是对人权思想理论体系的创新和发展。精准扶贫强调从个体诉求的角度保障贫困人口的生存权和发展权，帮助每一位贫困人口根据自身现实状况探索脱贫之路。贫困人口个体的经济、社会和文化权利的实现，必须基于受助者的个体诉求，体现了人权思想中的人民至上原则、问题导向原则、自主性发展原则、协调性原则、持续性发展原则等鲜明特征，是对共同富裕理论原则的发展和延伸。在精准扶贫战略的指导下，中华民族在摆脱贫困道路上实现了亘古未有的历史性跨越。联合国秘书长古特雷斯指出："精准减贫方略是帮助最贫困人口实现《2030 年可持续发展议程》宏伟目标的唯一途径。中国已实现数亿人脱贫，中国的经验可以为其他发展中国家提供有益借鉴。"精准扶贫方略不仅推动了中国人权事业的进步，也为世界人权事业的发展贡献了有效路径。

四、中国减贫探索和实践推动了国际反贫困理论的丰富和发展

中国的减贫探索和实践在不断取得成效的同时，也为反贫困理论创新提供了契机，进一步推动了国际反贫困理论的丰富与发展。

西方主流的反贫困理论以"涓滴理论"为代表，认为贫困问题的解决主要依赖于社会经济发展水平的持续提高，即使没有社会政策的干预，经济发展的滴漏效应也会影响到社会的贫困阶层，从而使得社会贫困问题随着经济发展而自然得到解决。但这一理论使全球反贫困进入停滞不前的困境。中国在实践中创新的精准扶贫思想从多种层面认识和构建了反贫困理论，不仅对于中国减贫具有很强的针对性、政策性和实践性，而且有助于推动广大发展中国家加快摆脱贫困的进程。作为马克思主义反贫困理论与中国当代解决贫困问题相结合的产物，精准扶贫有力推动了国际反贫困理论的发展。

五、传播中国声音，向世界讲好中国减贫经验和故事

讲好中国减贫探索和实践的世界意义、讲好中国减贫经验和故事是时代赋予中国的重要使命。真实客观、生动系统地讲述中国减贫对世界有重要意

义，有助于在展示和提升中国负责任大国形象的同时，让世界更加全面和深刻地了解中国减贫实践，增强其他国家实现消除贫困和不平等、推进可持续发展目标的信心。中国减贫理念、中国减贫智慧、中国减贫故事，充分体现了中国对人类贫困问题的思考、对贫困治理的设计，能够更好地助力世界减贫与发展，为构建人类命运共同体贡献中国力量。

（一）明确当代中国的减贫理念

当代中国减贫理念，是在中国历史文化积淀基础上，在中国扶贫实践中逐步形成的，对当代世界的减贫与发展进步具有独特意义，是讲好中国减贫经验和故事的重要精神内核。

（二）联合和强化中国减贫对外宣传主体

讲好中国减贫经验和故事，要充分调动国家外交、外联、外宣等部门的协同合作，打造中国减贫对外宣传的联合平台，凝聚合力，形成联动效应，提升传播决策的系统性、科学性和有效性。同时，优化和完善相关工作的智库支持力量。

（三）积极构建融通中外的中国减贫话语体系

应立足中国、放眼世界，在国际舆论场上努力形成中国表达、中国语意，真实地传播减贫理念和智慧。

（四）不断创新中国减贫经验的表达方式

要线上线下共同发力，积极展开多渠道、多形式的对外传播，加强分层设计、定向直供，做好量体裁衣、精准推送，使中国减贫的声音传得更准、更快、更远、更响。

中国人民矢志不渝、接力奋斗的减贫实践交出了一份成功的答卷，为国际减贫事业做出了看得见、摸得着的贡献，对世界减贫与发展具有极为重要的意义。展望未来，全球贫困治理依然面临诸多挑战。作为减贫成效最显著、脱贫经验丰富的负责任大国，新时代的中国在治理本国相对贫困、促进共同富裕的同时，将继续讲好具有世界意义的中国故事，为世界经济发展开辟新空间，为国际减贫交流与合作搭建新平台，为增进各国民生福祉做出新贡献，共建一个没有贫困、共同发展的人类命运共同体。

（2020 年 5 月 《对外传播》 张琦 孔梅）

2019年中国扶贫理论综述（杂志）

十八大以来，党和国家坚持以人民为中心的发展思想，把脱贫攻坚工作摆上治国理政的突出位置，作出一系列重要部署，以前所未有的力度加以推进。截至2019年底，我国贫困人口已经从2012年年底的9899万人减少到551万人，贫困发生率降至0.6%，脱贫攻坚取得决定性成就，脱贫目标任务接近完成。但正如习总书记在决战决胜脱贫攻坚座谈会上所强调的："脱贫攻坚战不是轻轻松松一冲锋就能打赢的，从决定性成就到全面胜利，面临的困难和挑战依然艰巨，决不能松劲懈怠。"在这距打赢脱贫攻坚战尚不足一年时间的关键节点，梳理过去一年学术研究焦点，总结和提炼以往研究成果，为2020年打赢脱贫攻坚战，全面建成小康社会提供智力支持已变得尤为重要。从已发表的学术成果来看，2019年度的扶贫研究成果在质和量上均有了更进一步的提升。据不完全统计，2019年扶贫、脱贫研究领域发表学术论文约13500篇，博士和硕士论文中与扶贫、脱贫、减贫相关主题的学位论文约有1600篇，较之2018年均有了明显上涨，这也从侧面反映了学术界对扶贫脱贫的关注度有了更大的提升。

一、深入开展习近平扶贫开发战略思想研究

距离打赢脱贫攻坚战，全面建成小康社会仅剩一年左右时间，在此攻坚克难的关键时刻，习总书记关于脱贫攻坚的最新重要论述，丰富和发展了中国特色的扶贫开发道路，为决战决胜脱贫攻坚指明了方向，提供了根本遵循。因此，深入研究习近平扶贫开发战略思想内涵，探究理论意义，用于指导扶贫实践将是时代背景下科学推进中国减贫的重要内容。在内涵阐释方面，刘永富（2019）指出，习总书记关于扶贫工作的重要论述，是对全面建成小康社会、实现第一个百年奋斗目标的担当，是对近代以来无数先贤和革命先烈对理想社会幸福生活向往的回应，是对全人类解决贫困问题提供借鉴和中国方案的责任承接，彰显着"让老百姓过上好日子是我们一切工作的出发点和

落脚点”的价值追求。黄承伟（2019）认为习近平扶贫论述中，坚持党的领导是打赢脱贫攻坚战的根本保障，坚持精准方略是打赢脱贫攻坚战的核心要义，坚持加大投入、提高资金使用效果是打赢脱贫攻坚战的根本条件，坚持社会动员、凝聚合力是打赢脱贫攻坚战的强大动力，坚持从严要求确保质量是打赢脱贫攻坚战的底线要求，坚持群众主体，激发内生脱贫动力是打赢脱贫攻坚战的根本目标，坚持携手消除贫困、共建人类命运共同体是打赢脱贫攻坚战的价值诉求。朱方明、李敬（2019）认为“能力扶贫”和“机会扶贫”是贯穿习近平新时代反贫困思想的主线，也是习近平新时代反贫困思想的核心主题，有助于实现贫困人口短期较快增收和长期高质量脱贫。李萍、田世野（2019）认为习近平精准扶贫脱贫重要论述内在逻辑集中体现为三大要点：第一，精准扶贫脱贫的根本特征是“发展性减贫”；第二，基于致贫因素的异质性、多重性特征和扶贫脱贫政策的针对性、有效性要旨，提出全方位的精准要求，探索新时期的减贫规律；第三，以中国共产党为领导核心，通过政府与市场协同作用的机制来战胜贫困。姚树洁等（2019）认为习近平扶贫重要讲话、重要论述、重要指示形成了一个思想深邃、内涵丰富、逻辑严密的理论体系，具体特点包括以人为本的扶贫攻坚理念、精准化脱贫的扶贫理念、全面小康的扶贫目标、人类命运共同体的扶贫理念几个方面。白维军（2019）认为作为习近平对中国贫困治理认识的升华，精准扶贫既是中国古代民本主义思想的当代体现，又是新中国成立后我国历代领导人反贫困思想的延续与发展，也是马列主义贫困治理思想的中国化表现。在意义研究方面，刘永富（2019）指出，习近平扶贫重要论述明确了脱贫攻坚的目标任务，阐述了脱贫攻坚的基本方略，保证了脱贫攻坚的正确方向。黄承伟（2019）强调习近平总书记关于脱贫攻坚的最新重要论述，深刻指出了决战决胜脱贫攻坚面临的主要挑战，科学阐述了决战决胜脱贫攻坚的科学路径。贾希为（2019）认为习近平扶贫重要论述具有丰富的战略意义、人民性意义、方法论意义、世界意义，进一步发展了马克思主义消除贫困思想和中国特色扶贫理论。燕连福、马亚军（2019）认为习近平扶贫重要论述的时代价值主要体现在推动马克思主义反贫困理论发展、丰富中国特色社会主义扶贫理论，指导我国脱贫攻坚取得决定性进展、推动中国人民全面摆脱贫图，助力实现中华民族伟大复兴中国梦、为世界反贫困实践提供中国智慧和中国力量三方面。王朝明、张海浪（2019）认为精准扶贫、精准脱贫战略思想是习近平新时代中国特色社会主义经济思想的重要组成，反映了以习近平同志为核心的党中央对我国扶贫脱贫攻坚实践及其发展趋势的科学认识，体现了我们党审时度势和不畏险阻的改革精神，为决胜全面小康社会和实现社会主义现代化进程中的减贫战略指明了方向。

二、新中国成立70年扶贫开发总结研究

新中国成立以来，党和国家始终重视扶贫开发工作，取得了举世瞩目的成就，走出了一条中国特色的扶贫开发道路。对我国以往扶贫开发经验进行总结，有助于全面理解中国扶贫开发历程，向世界讲好中国扶贫故事，为全球减贫提供中国方案。黄承伟（2019）回顾和总结了新中国成立70年来中国农村扶贫开发的战略政策演进及其伟大成就，凝练分析了中国特色扶贫开发的基本经验、最新发展及未来发展趋向。李小云等（2019）提出，70年以来中国减贫实践经历了三个阶段，即从建国初期开始的社会主义建设的广义性减贫实践，到改革开放以来的发展性扶贫实践，再到2013年以来精准脱贫攻坚的扶贫新实践。三个阶段相互衔接，减贫机制各有不同，共同构成了完整的中国减贫故事。许汉泽（2019）提出，1949年之后中国的扶贫治理可以分为救济式扶贫阶段、发展式扶贫阶段、开发式扶贫阶段、综合式扶贫阶段以及脱贫攻坚阶段五个时期，阶段不同，国家所采取的扶贫治理措施与手段有着很大的差异。赵定东、方琼（2019）同样认为中国农村反贫困政策存在着层层演进的五个阶段，即社会救济阶段、制度改革推动扶贫阶段、扶贫规范化、专门化阶段、开发式扶贫阶段、精准扶贫和脱贫攻坚阶段。王曙光、王丹莉（2019）认为，70年来，中国扶贫模式经历了从直接救济到内生性扶贫，从注重基础设施建设到产业扶贫，从国家主导型扶贫到鼓励多元化民间力量和发挥市场力量扶贫，从单一扶贫政策框架到系统性扶贫的制度变迁。庄天慧、张海霞（2019）认为，新中国70年的贫困治理形成了开放包容的贫困治理体系，即发展是硬道理和发展成果由人民共享的治理理念，政府主导和多元参与的治理主体，改革开放和包容发展协同的治理方式，自身发展与促进世界减贫相统一的治理目标。程承坪、邹迪（2019）认为新中国70年来的贫困治理具有六个方面的重大世界意义：高度重视贫困问题，坚持共同富裕的社会主义价值观和政府主导扶贫，提高扶贫精准度，激发贫困人口内生脱贫的动力，注重教育脱贫，创新扶贫理念和方式方法等。唐超等（2019）提出，

在新中国70年扶贫政策演变过程中，扶贫开发逐步实现了从政府意识到国家意志转变，从政府主导向多元参与的内生导向转变，但扶贫政策在扶贫理念、政策创新和体系完善等方面仍有进一步改进空间。此外，部分学者从其他角度对新中国70年来的扶贫事业进行了梳理。檀学文（2019）研究了新中国70年移民扶贫史，提出移民扶贫的对象包括非自愿移民、自愿移民和准自愿移民，这3种情况都存在导致移民脱贫困难的特定原因，需要通过延展和加强后期扶持、扩展和强化社会支持、防范和化解债务风险等措施予以应对。王春辉（2019）从语言扶贫角度将中国70年扶贫事业划分为两个阶段：1949—2011年和2012—2019年。前一个阶段的特点是语言扶贫的效应是间接的，模式是分点发力；后一个阶段的特点是语言扶贫的效应是直接的，模式是系统推进。李先军、黄速建（2019）从企业参与扶贫视角将70年扶贫事业划分为五个阶段，即企业间接减贫功能发挥阶段（1949—1977年），乡镇企业为主参与下的“开发式扶贫”探索阶段（1978—1993年），企业的有效支持与参与下的开发式扶贫阶段（1994—2010年），政策激励下企业参与的大规模精准扶贫阶段（2011—2016年），新时代农村企业内生发展参与乡村振兴阶段（2017年至今）。尹云龙（2019）则从多源流模型的视角，对我国农村扶贫政策变迁进行梳理和分析，从多角度揭示新中国成立以来，我国农村扶贫政策的变迁规律以及内在原因。

三、以多维贫困为核心的贫困测度及影响机理研究

多维贫困的测度与影响机理始终是学者研究的焦点。贫困测度方面，罗玉辉、侯亚景（2019）利用2010、2012、2014年三期中国家庭追踪调查面板数据，对农村家庭多维贫困动态子群进行分解，分析多维贫困动态子群的分布特征，并考察多维贫困动态子群的脱贫质量。左停、贺莉（2019）以陕西省109个县为输出单元，采用FGT指数对陕西农村多维贫困状况进行测量，通过二维分布法呈现出全省县级层面的贫困轮廓图。王磊、李聪（2019）以联合国开发计划署开发的多维贫困指标为参考，构建起教育、技能、就业、健康、饮水、能源、住房和资产等8个维度的多维贫困测度体系，对陕西省易地扶贫搬迁安置区不同群体的多维贫困状况进行了测度和分解。刘伟等（2019）采用A-F多维贫困测量方法估计了连片特困地区农户在不同维度的多维贫困水平，并选择多元线性回归模型和Tobit模型实证分析了易地扶贫搬迁

对农户多维贫困的影响。马明义、李桦（2019）则以陕西省太白县农户调查数据为样本，利用A-F多维贫困测度模型，在收入、教育、健康和生活水平维度的基础上引入社会关系维度，对秦巴山区农户的多维贫困进行测度和分解。朱丽君（2019）基于A-F法选取生活水平、教育、健康、发展能力四个维度10个指标对中部地区某少数民族自治县的多维贫困进行测度，并分析多维贫困形成机理。王三秀、高翔（2019）则基于物质、能力及权利三方面对多维贫困的分层及耦合进行理论建构，依据“2013年中国社会状况综合调查”数据和多维贫困测算方法，对民族地区农村居民多维贫困状况进行实证研究。何思好等（2019）依据恩格尔理论和扩展线性支出系统模型建立多维贫困测度模型，对长江上游金沙江等6大流域库区移民的多维贫困指数进行测算与比较。此外，部分学者还就多维贫困发生率的影响因素及机理展开研究。郝晓薇等（2019）实证分析基本公共服务对农村多维贫困的减贫效应，结论表明基本公共服务对农村多维贫困存在减贫效益，而且不同基本公共服务的减贫效应不一致，在“赋能”机制上占主导地位的义务教育和医疗卫生的减贫效应更大。史恒通等（2019）以黄土高原退耕还林区为例，利用Probit和Tobit模型实证研究了社会资本对贫困地区农户多维贫困的影响。而车四方等（2019）则将社会资本与农村劳动力流动纳入同一分析框架，构建其影响农户多维贫困的作用机理，实证研究二者对农户多维贫困的影响。申云等（2019）以A-F双界线分析法构建了农户多维贫困综合指数，并采用倾向得分匹配与双重差分法比较评估了不同主体领办型农民合作社供应链金融信贷对农户多维贫困状况的影响。

四、聚焦扶贫脱贫机制及问题研究

（一）扶贫脱贫综合机制研究

王莺桦、孙兆霞（2019）认为，有效的机制构建是实现脱贫致富的基石，扶贫开发法制不断完善是扶贫开发各项工作依法持续推进、良好运行，并最终实现良性循环的关键。张琦、冯丹萌（2019）认为，针对脱贫目标以及乡村振兴发展，需要从绿色发展角度构建贫困地区绿色减贫机制，挖掘深度贫困地区的绿色资源，充分转化绿色资源的经济、文化和生态价值，提升贫困地区的内在动力，促进贫困地区快速脱贫。此外，张琦、孔梅（2019）提出了在2020年前的这段时期内，各贫困县应根据自身发展情况采取不同政策措施，未脱贫县要坚决保质保量地完成脱贫攻坚任务，已脱贫县要巩固提升脱贫的质量，防止返贫，促进减贫的可持续性。秦国伟、董玮（2019）认为，深度贫困地区实现生态保护和脱贫攻坚“一个战场、两场战役”的双赢必须构建一种新型的减贫机制和路径：以科学利用绿色资源的多重功能和价值为核心，落实两山理念，走绿色减贫之路，实现生态保护、精准脱贫与乡村振兴的衔接统一。张琦、张涛（2019）从生存伦理与互惠伦理角度对精准扶贫中出现的非贫困户“不公平感”问题的原因进行了探讨，提出在扶贫脱贫中，要注重内外结合、整体推进、激发内生动力、完善扶贫脱贫机制等，让精准扶贫政策能够发挥更大效益。张琦、薛亚硕（2019）对精准扶贫战略实施以来所取得的成就进行总结，认为我国的脱贫攻坚增强了贫困地区的可持续发展能力，促进了贫困治理体系和治理能力现代化，推动了中国特色扶贫理论与实践不断发展。叶敬忠、贺聪志（2019）对“巢状市场小农扶贫”项目进行经验总结后指出，这种模式成功地将生计资源和社会资本转化为贫困人口的收入，实现了精准、稳定和可持续脱贫，为探讨如何化解当前的扶贫困境提供了一种思路。于乐荣、李小云（2019）认为，中国经济增长与减贫相互促进的模式呈现了益贫经济增长的内在机制，益贫性经济增长是中国经济增长和减贫的核心。刘建、吴理财（2019）认为，贫困识别过程中村民争当贫困户、非均衡的项目实施及“任务式”扶贫产业开发，导致了农村精准扶贫的制度逆变及村民“气”的不断累积。在当前农村精准扶贫的政策实践过程中，需要建构“均衡性治理”的制度体系，推进贫困治理体系与治理能力的现代化。李小云等（2019）基于以往的扶贫开发实践，从贫困治理机制、扶贫领导机制和扶贫方式创新等不同方面对精准扶贫工作进行了比较性解释和说明。夏一璞（2019）认为，新时代中国社会的脱贫攻坚必须在“四个全面”战略布局统领下推进精准扶贫，在新技术时代浪潮中推进精准扶贫，在构建人类命运共同体的社会发展大势中推进精准扶贫。左停等（2019）指出，中国扶贫工作的重点将逐步从解决绝对贫困转向解决或减缓相对贫困。因此，从理论和实践层面来理解处于转型期的贫困相对性，对东部已开展相对贫困治理的省份的实践进行总结、提升并尝试融入全国反贫困的政策体系中，将有助于实现相对贫困群体的包容性与可持续发展。金江峰（2019）认为，精准扶贫实施过程中，因责任推卸、僵化服从和模糊治理等科层制体制惰性导致了政策“变通”、政策“悬浮”和“边缘人”谋利等问题，自下而上倒逼着地方政府进行扶贫体制机制的改革。何阳、娄成武（2019）提出，驻村“第一书记”存在权责匹配冲突现象，需要推动集权式管理向分权式管理转变，由“尖”型组织结构向“扁平”型组织结构转变，创新驻村“第一书记”扶贫机制，重厘“第一书记”扶贫责任与追责规则。刘成良（2019）提出，精准治理本质是复杂、高成本治理模式，依靠政治动员推动阶段性任务的治理模式很难精细化运行，其绩效也难以达到预期，同时还容易掩盖被治理者政策回应能力不足的短板。李小云等（2019）认为，精准脱贫攻坚战是中国治国理政的新实践，在扶贫场域通过“五级书记挂帅”的机制先行探索了党的集中统一权威的运行模式，强化了在新的政治、经济社会条件下“政府主导”经济社会发展的机制。

（二）脱贫攻坚的基层实践探索

唐丽萍、章魁华（2019）认为，在扶贫政策执行过程中，科层制的组织结构和自上而下的压力型体制往往使基层政府嵌入三种关系之中：压力型体制与科层制的关系，目标责任与资源匮乏的关系，参与式扶贫与政府主导型扶贫的关系。其使基层政府在压力型体制、科层制和参与式扶贫的胶结状态下寻求政策执行的策略，并塑造着基层政府精准扶贫政策执行的样态。孙宗锋、孙悦（2019）则提出精准扶贫深陷“表海”的原因在于，基层组织自身的工具理性及技术治理模式、上下级间的压力型体制带来的负向激励与强力问责、基层行政组织外部场域的特征导致基层的精准扶贫政策执行呈现出技术、避责、场域三重逻辑。刘磊、吴理财（2019）认为，精准扶贫进程中，动员式治理已成为地方政府扶贫工作的政策工具和治理策略。但在面对上级政府的政治意志时以及与各利益主体的博弈中，地方政府的过度化动员会带来地方治理困境，需要综合运用回应性与情感式治理来消解过度动员治理的限度。解决精准扶贫工作中的形式主义问题，需要从基层贫困治理角度系统反思。胡联等（2019）研究发现，富人治村不利于农村减贫，富人治村会导致建档立卡和扶贫项目的精英俘获，进而影响农村减贫。但若村级治理完善，富人治村可发挥其正面作用，有利于农村减贫。陈辉、陈晓军（2019）认为，脱贫攻坚中的形式主义与基层治理逻辑有较大关联。一方面，以数字管理和痕迹管理为代表的精细治理目标与农民生活逻辑和乡村社会半正式治理、简约治理逻辑的契合度不够；另一方面，村干部专职化促使基层治理重心下沉，导致村级治理科层化，增加了村级治理中的形式主义工作负担。而邢成举（2019）则主张痕迹主义的出现不仅与其内在缺陷相关，同时还与悬浮的工作督查考核方式、基层干部在工作中的自我保护密切相关。痕迹管理在扶贫攻坚工作中的滥用导致了地方政府脱贫攻坚目标的转移，从原来的以精准贫困治理为中心转变为精心准备痕迹管理材料，精心迎接各级扶贫检查与督查。此外，邢成举（2019）对"百富带百贫"形式的党建扶贫实践进行研究后指出，党建扶贫关键在于以党组织建设为抓手，对接合理有效的扶贫行动与资源，形成扶贫的社会合力。

（三）提升扶贫成效机制研究

刘永富（2019）指出，我国的脱贫攻坚仍存在深度贫困问题突出、剩余贫困人口脱贫难度较大、基础设施和公共服务发展滞后等问题。为确保如期打赢脱贫攻坚战，要继续聚焦深度贫困地区攻坚，提高精准扶贫的精准度有效性，补齐贫困地区基础设施和公共服务短板，同时谋划好 2020 年后的扶贫工作。黄承伟（2019）梳理了脱贫攻坚的伟大成就、指导思想、目标标准、基本方略，并对攻克深度贫困、完善大扶贫格局、激发内生动力、实现稳定脱贫、总结脱贫攻坚的理论实践、谋划 2020 年后扶贫战略等方面进行归纳。张琦（2019）分别从贫困户层面、村级层面、区域层面、工作层面就未脱贫地区如何脱贫、已脱贫地区如何防止返贫问题提出对策建议。此外，冯丹萌、张琦（2019）认为，绿色发展从理论支撑到机制设计，再到实践结合，都为贫困地区振兴提供了一条可行的发展思路，可以推进贫困地区稳步脱贫、顺利衔接乡村振兴、助力可持续发展。曾小溪、汪三贵（2019）认为，脱贫攻坚战进入深水区后，预期维度、经济维度、时间维度、标准维度的挑战与难度日益增加，应通过做好贫困地区和贫困群体的期望引导等举措予以应对。张琦、张涛（2019）认为，提升脱贫质量和水平的重点主要包含五个方面，即提升产业扶贫质量；提升精准扶贫精准脱贫质量；加大社会保障支持力度，促进乡村公共服务均等化；提高乡村智力水平，促进贫困乡村振兴；积极探索新机制，增强扶贫脱贫可持续性功能。文丰安（2019）认为，精准扶贫实践困境主要表现在识别偏离、帮扶错位、管理缺位和考核不完善等方面，需要通过采取重点聚焦深度性贫困问题，完善精准管理机制等措施确保全面脱贫目标的实现。刘震等（2019）构建脱贫攻坚进展模型对我国脱贫攻坚进行预测后指出，无论以全国还是各贫困地区为研究对象，在2016年扶贫强度下均无法实现2020年全面脱贫的目标，为此提出政策建议。吴晓燕（2019）强调当前精准扶贫实践存在着扶贫对象怀疑或抵触产业扶贫、抵触脱贫摘帽或利用精准扶贫政策压力投机等问题，急需在政策理念和具体执行上予以修正。左停（2019）则认为可以通过加强全价值链的风险意识建立、风险分析和风险管理，培育和发展贫困地区的相对优势产业等举措巩固和拓展脱贫成果。

（四）扶贫脱贫区域及人群差异化研究

党的十八大以来，全面脱贫攻坚战打响，脱贫攻坚取得决定性进展，谱写了人类反贫困历史新篇章。目前，脱贫攻坚任务仍然艰巨繁重，剩下的都是贫中之贫、困中之困，都是难啃的“硬骨头”，亟需针对不同贫困地区和贫困人口致贫原因和脱贫需求，制定合理的减贫措施，实现扶贫资源的有效利用，提升反贫困政策的整体合力。

五、聚焦扶贫脱贫差异性研究

（一）扶贫脱贫区域差异性研究

深度贫困地区扶贫开发研究方面，左停（2019）提出，对于深度贫困地区而言，不利的自然环境和物质条件限制了其自我发展能力，部分传统习俗和文化因素影响其内在动力发挥和内生能力培育，“近邻效应”影响其发展动力和能力，缺少能力建设视角的扶贫项目会弱化其脱贫动力，而动力不足也容易造成能力培育失败，因此，需要激发内生发展动力、培育自我发展能力。张琦等（2019）提出，对于全国来说，打好深度贫困歼灭战是确保脱贫攻坚任务如期全面完成的重要保障，而已脱贫地区要继续巩固扶贫脱贫成果，提高脱贫质量和水平，同时还要积极建立精准的防止返贫预警监测和帮扶机制，防止脱贫人口返贫。丁建军等（2019）则以习总书记关于深度贫困问题的重要论述为出发点，结合讲话中解决深度贫困问题的实践部署和理论阐释，从“人业地”互构耦合的视角阐释深度贫困的生成过程及贫困陷阱的跨越路径。邢成举等（2019）提出转型贫困的概念，即因经济社会转型困境引发的贫困，其本质是深度贫困村的经济社会转型无法与现代性的市场伦理与商业伦理进行有效衔接。李春根等（2019）从自然环境、社会环境、个体因素层面解析深度贫困地区致贫机理，提出秉承多中心治理主体加多维治理工具的深度贫困治理格局，加强基本公共服务体系建设、分类施策提高贫困治理精准度、培育农村市场机制等政策建议。连片特困地区扶贫开发研究方面，丁建军等（2019）基于武陵山片区农户调查数据，构建生计响应“四维度－三强度”测度框架和要素体系，定量测度农户的城镇化生计响应，识别和阐释农户城镇化生计响应的影响因素、作用机制与路径。孙久文等（2019）对集中连片贫困地区 2015、2018 年贫困发生率、2013—2018 年人均 GDP、2015—2018 年农村居民人均可支配收入的变化及 2017 年交通等基础设施与公共服务情况进行统计分析，提出相对贫困现象将成为需要瞄准的课题。民族地区扶贫开发研究方面，邢成举、李小云（2019）认为，民族地区贫困带有深厚的结构烙印，体现在生态、经济、金融、人力、社会等方面结构性资本的不足。因此，民族地区的精准扶贫工作应注重进行非均衡结构的调整。张丽君等（2019）认为，民族地区扶贫面临要素和资源变现能力、扶贫资金使用效率和基层扶贫队伍服务能力的限制，且对基本公共服务关注不够。而深度贫困民族地区高标准扶贫可能会产生“福利陷阱”，容易导致“农户脱贫内生动力不足”。齐义军、巩蓉蓉（2019）则对内蒙古少数民族聚居区贫困现状进行考察，分析其存在的问题及原因，对构建内蒙古少数民族聚居区稳定脱贫长效机制提出政策建议。此外，孙晗霖等（2019）利用生计资本和代际可持续性两个关键属性构建生计可持续性框架，通过 BP 神经网筛选出可持续生计 24 项评价指标及其权重，对甘肃、四川等 8 个省份贫困地区的可持续生计指数进行测算。上官子恒等（2019）用洛伦兹曲线得出的 FGT 指数测算了湖北省 2005—2016 年的绝对贫困和相对贫困状况，并通过回归方程得出影响湖北省农村脱贫的主要因素。王富珍等（2019）以湖南省山区贫困县安化县为案例地，构建脱贫稳定性评价指标体系，运用模糊计算方法划分农户脱贫稳定性等级，揭示脱贫稳定性的空间分布特征、影响因素及作用机理。

（二）扶贫脱贫人群差异性研究

妇女、老人、小孩等弱势群体由于自身发展条件不足更容易陷入贫困，是脱贫攻坚过程中应当给予重点关注的群体。李小云等（2019）基于其在西南少数民族地区进行的一项社会项目，探讨了在特定社会文化背景中，妇女直接参与经济创收对贫困、自身地位以及村庄性别平等关系产生的影响。何瑾、向德平（2019）从贫困特征及成因、扶贫机制、扶贫经验和挑战方面梳理并归纳了现有国内文献，分析新时期少数民族地区女性贫困特征，并对今后女性减贫格局做出展望。黄森慰等（2019）采用 MPI 指数的 A-F 方法，利用 2015 年福建省妇联“巾帼扶贫”五年攻坚计划专项调研数据，从 11 个维度对贫困妇女进行多维贫困测量。李实（2019）提出，虽然中国农村减贫取得巨大成功，但老年人贫困日显突出，同时老龄化在加速，且农村老龄化速度超过了城市。需要通过进一步提高农村养老金待遇等举措缓解农村老年贫困问题。邢成举（2019）认为，针对农村留守儿童多维贫困问题，需要通过鼓励并支持社会公益组织参与，做好全方位的政策干预，加大社会工作人才培养等措施予以解决。朱冬亮（2019）则指出，贫困“边缘户”的发展境地和纳入精准扶贫的贫困户相差不大，但却不能享受精准扶贫政策红利，由此引发的心理不平衡和相对剥夺感，会影响精准扶贫政策的执行力和公信力，必须加以重视和应对。

六、聚焦实现如期脱贫的扶贫路径创新研究

（一）产业扶贫研究

产业扶贫是中国扶贫工作的核心，是脱贫攻坚的有力保障。不同的学者就扶贫产业的选择、减贫效果提升、特定区域扶贫产业发展展开研究。扶贫产业选择研究方面，汪三贵（2019）认为，我国的产业扶贫主要有生产带动、就业带动、资产收益带动、混合带动四种模式，贫困地区应根据自身资源条件和贫困户特征和能力，合理使用这四种产业扶贫模式。杨艳琳、袁安（2019）通过分析精准扶贫和扶贫产业精准选择的联系，详细阐述了扶贫产业的精准选择机制与利益共享机制，并提出利益分享方案。陈忠言（2019）对“本地龙头 + 合作社”“外地龙头 + 合作社”“龙头 + 政府推广”“国企 + 合作社”、能人带动等五种典型产业扶贫模式进行案例分析后提出，基层政府要根据自身比较优势、产业基础、人力资本等客观情况选择优势互补的组合模式。姜长云（2019）指出，科学选择扶贫产业及其可持续发展机制，要注意走出片面强调资源优势、片面追求规模扩张、片面模仿复制先进经验的误区，将资源开发与市场开发有机结合起来，更加重视小众型产业和特色竞争优势

的培育，注重培育扶贫产业创新发展能力。减贫效果提升方面，梁栋、吴惠芳（2019）提出，政治绩效的挑战、市场联结的缺位、分散的扶贫部门体制、双轨治理的激励缺失及治理悖论等造成了产业扶贫实施的困境，须在扶贫观念、长远规划、村庄治理、特惠与普惠政策的双向设置等方面作出进一步改善。向德平（2019）认为，社会工作者在帮助实施精准扶贫、激发内生动力、提升发展能力等方面可以发挥有效作用，应积极参与产业扶贫，推动扶贫项目预期效果实现。庞庆明、周方（2019）认为，可以从法律法规制定、要素定向配置和扶贫组织建设等方面为产业扶贫提供保障，使产业扶贫所依赖的高级要素同时发生聚集效应和益贫效应，实现产业发展效益与收益分配公平相统一的高质量脱贫预期。王伟（2019）认为，产业发展要有耐心、分阶段推进，通过因地制宜选择最有效的经营主体、经营模式、经营规模，使业态、主体、产品等多元化，为贫困村脱贫致富提供持续有效动力，降低返贫风险。王维、向德平（2019）在风险社会理论基础上分析产业扶贫中存在的风险问题，结合具体的实践案例从多元主体的角度提出产业风险防控策略，构建产业扶贫风险防控体系。杨龙等（2019）建立“精准识别—农户参与—影响效果”的多维贫困瞄准分析框架，通过多维贫困农户分组，使用内生转换回归模型评估了农业产业扶贫对不同组农户的影响效果差异。施海波（2019）对皖川两省光伏、特色农业和旅游扶贫产业资金的来源、投入方式、使用过程、资产收益等方面进行分析，提出厘清资金来源、明晰资产产权、提升管理质量、优化收益分配等建议。宁静（2019）基于乌蒙山和六盘山片区开展产业扶贫试点项目的 8 个县的研究数据，采用 DID 分析了产业扶贫项目对贫困农户收入的影响。特定区域扶贫产业发展研究方面，张琦等（2019）从产业发展供给侧，即基于土地、资源、基础设施、公共服务等要素入手，构建政府、企业、农村合作社、农户、贫困户等多主体参与机制，提出民族地区产业精准扶贫的实现路径。许汉泽、李小云（2019）运用阿玛蒂亚·森“可行能力”理论对深度贫困地区实施产业扶贫面临的实践困境进行解释分析后，提出进行农户赋权与产业创新、分类治理与叠加支持突破贫困陷阱以及市场规制和进行扶贫制度层面改革等政策建议。

（二）就业扶贫研究

党的十九大报告指出，就业是最大的民生，要促进农民工多渠道就业创业，拓宽居民劳动收入渠道；同时强调，扶贫同扶志、扶智相结合，提高贫困人群的自我发展能力。部分学者对影响农村劳动力就业选择的因素以及劳动力就业类型对农户贫困的影响展开研究。关爱萍、刘可欣（2019）探究农村劳动力个人人力资本与家庭禀赋在影响其就业选择的过程中是否存在替代或互补关系后，进一步探究了人力资本、家庭禀赋和就业选择三者对农户贫困的交互影响。唐丽霞、张一珂（2019）强调，以工代赈和公益性岗位作为就业推动机制在扶贫领域发挥了重要作用，其本质与工作福利理念一致。谢玉梅、丁凤霞（2019）认为，扶贫政策应注重政策靶向目标的修正，将目标集中于未来贫困农户，进一步落实产业配套政策，推动就业扶贫，促进农村地区劳动力市场发展。此外，虽然外出务工更能减缓未来贫因，但在实践中既要考虑收入维度的益贫效率，也应关注支出型贫因问题。

（三）易地扶贫研究

针对易地扶贫搬迁政策实施过程中仍存在的问题，翟绍果等（2019）提出，各主体可以通过形成共同价值选择、推进多元协同行动、实现体系优化来推动政策创新。曾小溪、汪三贵（2019）认为，打赢易地扶贫搬迁脱贫攻坚战应该从找准搬迁对象、严控住房面积、合理选择安置方式、做好新老政策衔接、动员搬迁群众参与、适当放宽搬迁用地政策、降低搬迁税费负担、研究制定有针对性的后续发展路径等几个方面入手。搬迁户意愿影响因素方面，时鹏、余劲（2019）对影响易地扶贫搬迁农户意愿的因素进行分析后指出，农户的行为态度、主观规范对行为意愿有显著的正影响；农户易地扶贫搬迁的决策理性尚处在“生存理性”向“价值理性”的过渡阶段，经济理性是促使农户搬迁的主要动机；家人意见、已搬迁户意见、邻里和村干部意见对农户易地扶贫搬迁决策具有显著的正影响。吕建兴等（2019）则利用Probit模型对搬迁户返迁意愿进行实证分析，发现政府提供就业机会的扶持政策和搬迁户自我身份认同、邻里互助的社会融入能显著降低返迁意愿；而政府提供产业发展支持、金融贷款支持、社会保障支持的扶持政策和参加当地村（居）委会选举投票的社会融入对降低搬迁户返迁意愿的作用不明显。易地搬迁空间再造方面，渠鲲飞、左停（2019）认为，协同治理下的空间再造在推进易地扶贫搬迁过程中是一种可行的途径，其具体表现在政府和移民社区的协同、移民社区间的协同与移民社区内部的协同三方面。郑娜娜、许佳君

（2019）从国家顶层空间规划设计、移民上楼到移民空间适应三个层面分析移民社会空间的生产机制，从居住空间的压缩与集聚、经济空间的萎缩与繁育、心理文化空间的消解与重塑三个维度考察“移民上楼”后的空间再造样态。搬迁农户贫困脆弱性研究方面，刘明月等（2019）基于 VEP 的脆弱性测度方法，对易地扶贫搬迁农户的贫困脆弱性进行了测度。李聪等（2019）使用 VEP 方法，按照家庭消费的水平和波动对不同类型家庭的贫困脆弱性进行分解，从而深入研究了易地扶贫搬迁影响农户贫困脆弱性的性别差异。此外，黎红梅、田松鹤（2019）对易地搬迁贫困户承包地处置问题进行了探讨。向德平（2019）对社会工作参与易地扶贫搬迁需要进行的重点工作进行了探讨。张琦、张诗怡（2019）对 11 个省份易地搬迁后扶贫措施进行比较分析后，提出整合迁入迁出两地资源、丰富后续帮扶供给的可持续减贫机制，协调推动搬迁后续产业发展与生态建设、农业现代化、新型城镇化相结合等政策建议。

（四）网络扶贫研究

网络扶贫不但为施测者提供了互联网思维指导扶贫脱贫工作，还将电子商务运用到扶贫的具体领域中。梁俊山、方严英（2019）认为，目前互联网扶贫面临信息基础设施不健全、贫困主体文化水平低、互联网扶贫秩序混乱等困境，可通过完善基础设施建设、强化信息化建设、引导贫困主体思维转变等策略促进网络扶贫的健康发展。杜永红（2019）深入分析了当前网络扶贫的主要阻碍要素，对如何推进贫困地区电子商务进农村，有效促进贫困地区农业与农村电子商务快速发展提出对策建议。胡伦、陆迁（2019）讨论互联网信息技术使用对农户总收入、人均纯收入、非农总收入和农业总收入的影响，并深入分析不同教育背景、年龄下互联网信息技术使用对农户不同收入结构增长群组的差异性，进而分析互联网信息技术使用的作用机制。张永丽、徐腊梅（2019）对互联网对贫困地区农村居民消费水平以及消费结构、贫困家庭和非贫困家庭消费的影响进行分析，并提出了对策建议。陆刚、孙芸莉（2019）对通榆模式、武功模式、陇南模式、沙集模式 4 种电商扶贫模式进行总结分析，就发挥政府主体责任、完善服务体系、降低物流成本、培养农村电商人才等提出了对策建议。彭芬、刘璐琳（2019）则结合当前农村的贫困特点，根据电子商务的模式特征，从剖析电商扶贫体系构成要素入手，探讨了电商扶贫体系构建问题。

（五）旅游扶贫研究

旅游精准扶贫研究方面，王庆生等（2019）运用共生理论研究乡村旅游利益主体之间的共生模式，力图化解各方利益冲突，发挥各利益主体自身优势，解决乡村旅游扶贫困境，助推贫困人口和地方财政脱贫致富。而廖军华、黄艳（2019）对相关文献进行梳理后指出，旅游精准扶贫研究成果总量偏少，以定性研究为主，效应评估及社区参与旅游精准扶贫等方面研究缺乏，地理学、管理学及经济学等相关学科理论借鉴不够。未来需进一步丰富研究内容、拓展研究方法、增加研究深度，不断完善旅游精准扶贫理论以指导旅游扶贫实践。秦杨（2019）提出，发挥乡村生态旅游在精准扶贫中的作用需要构建乡村生态旅游多元主体协调机制，精准设计多产业融合并举机制，精准识别乡村旅游扶贫人群，精准打造地域特色文化旅游产品。斯丽娟等（2019）构建起包含脆弱性背景、生计资本、生计策略、结构和过程转变、生计结果5方面的农户可持续生计水平评价指标体系对研究区进行旅游精准扶贫绩效评价。民族地区旅游扶贫研究方面，金松兰等（2019）认为，目前民族地区旅游扶贫发展仍存在发展思路不明确、引导能力不够、宣传力度缺乏、责任分工不详等问题，应从开发战略、参与机制、管理制度、配套设施、专业人才引进等多个层面制定合理的旅游扶贫开发建设政策。何星（2019）对阿坝州旅游、扶贫、生态环境之间的相互作用进行分析后，提出转变旅游发展理念，建立农村旅游合作社，建立当地居民旅游资源入股企业的新模式，促进产业融合，发展"旅游+"培养新兴业态等建议。韩磊等（2019）以恩施州22个旅游扶贫村为研究区，运用PCI分析居民旅游影响感知的内部差异，并以具有较大内部差异的维度为变量对居民进行分类，以深化对旅游扶贫村居民旅游影响感知的理解，为旅游扶贫村的旅游发展决策提供了参考依据。

（六）教育扶贫研究

职业教育扶贫研究方面，马建富、吕莉敏（2019）认为，职业教育扶贫目前面临着培训对象难以精准甄别、职业教育吸引力弱、贫困群体培训参与动力差、职业教育扶贫协同不力等问题，需要通过赋权提能、重视乡村精英培育等举措予以解决。杨小敏（2019）就经济社会和扶贫开发新的发展形势要求，对职业教育在精准扶贫中的新定位、新挑战进行了阐述，并提出改革意见与建议。季飞、吴水叶（2019）则通过对贵州省职业教育发展政策工具的使用情况以及在促进扶贫过程中存在的问题进行研究，提出完善职业教育发展政策。现代技术与教育扶贫相结合方面，谢治菊（2019）以贵州省长顺县“志智双扶”智慧教育扶贫项目为例，探讨了大数据提升教育精准扶贫对象——老师和学生能力的逻辑机理、运行机制与可行路径。左明章等（2019）从能力贫困的角度解析教育精准扶贫“扶志、扶智、扶学”的新内涵，提出教育信息化助推教育精准扶贫的作用机理，构建教育信息化促进教育精准扶贫“三位一体”模式和行动框架，并探讨模式应用的保障机制。张欣欣等（2019）提出了信息技术手段在增强教育基本公共服务供给能力、扩大优质教育资源覆盖面等方面展现了独特优势，理应肩负弥补贫困地区扶贫短板、突破教育扶贫瓶颈制约的历史使命。此外，张翔、刘晶晶（2019）基于政府行为视角，对教育扶贫瞄准偏差进行审视，分析政府的行为方式何以影响教育扶贫瞄准精度，并提出教育扶贫瞄准偏差的治理路径。唐智彬等（2019）以联合国教科文组织、经合组织、世界银行以及国际劳工组织的教育扶贫理念、政策以及具体实践为研究中心，考察了教育扶贫的国际经验。史志乐（2019）在对社会分层与代际传递的作用机理以及教育在扶贫开发中发挥的作用及效果进行分析后，就如何充分发挥教育在阻断贫困代际传递中的作用提出支持举措。王林雪、殷雪（2019）从扶贫对象的识别、资源投入、教育扶贫的产出及成效 4 个方面建立起评价指标体系对教育扶贫进行绩效评估。邢慧斌、刘冉冉（2019）采用层次分析法和德尔菲技术系统构建了集中连片特困区的教育精准扶贫绩效评估的指标体系，并以燕山—太行山区 8 个连片特困县为案例对教育精准扶贫进行了实证分析。

（七）金融扶贫研究

金融扶贫机制研究方面，温涛、刘达（2019）对农村金融扶贫在顶层设计、供给主体金融需求、实践模式、制度保障、监督机制层面上存在的问题进行了分析，并从法律体系、创新驱动、供求双方的协同发展、完善配套措施方面提出机制创新途径。杜晓山、孙同全（2019）在分析了中国公益性小额信贷的起源与发展历程后，对其制度环境与组织制度的变迁、经营管理成败的经验与教训以及继续发展的必要性和机遇进行了深入分析。申云等（2019）以合作社社员农户是否具有脱贫能力为视角，分析了自主发展模式与委托发展模式下农业供应链金融信贷的减贫机制。徐玮、谢玉梅（2019）从理论和实证两方面分析了“贫富捆绑”和“银保互动”两种模式对贫困户贷款可得性的影响。武丽娟、李定（2019）考察了农户自有资本与信贷资本在农户增收中发挥的作用，分析了不同收入层次农户的金融资本回报率以及区域差异。刘明月等（2019）对5省10家企业进行调查分析，阐述产业扶贫基金的运行机制，总结凝练不同带动方式及其效果，在此基础上探讨了产业扶贫基金的优势及其制约因素。普惠金融减贫方面，王瑜等（2019）认为，扶贫互助资金破除了农村金融供给的两难困境与二元逻辑，除非找到比互助资金更好的农村普惠金融供给替代方案，否则不应放弃。应让扶贫互助资金成为贫困地区发展生产，促进稳定脱贫、助力乡村振兴的造血式举措。郑秀峰、朱一鸣（2019）分析了经济机会对普惠金融减贫增收作用的调节效应和中介效应后指出，经济机会是普惠金融影响贫困群体收入水平提高的重要机制，一方面个体就业机会对普惠金融的减贫增收作用存在显著的调节效应，另一方面对于贫困县中的低收入组的农民，普惠金融的减贫增收作用完全是通过宏观经济机会的中介效应。刘金全、毕振豫（2019）在经济增长与贫困减缓的双重视角下考察了普惠金融对城乡收入差距的直接和间接影响。李建军、韩珣（2019）从县域和省际层面，分别利用OLS分样本回归和DID对普惠金融、收入分配与贫困减缓间的关系进行了实证检验及机制分析，并就如何促进收入分配公平和减缓贫困提出对策建议。杨艳琳、付晨玉（2019）从收入、健康、教育、保险、就业5个维度识别农村劳动力多维贫困状况，以微观角度检验普惠金融发展能否改善其多维贫困状况，并分析这种改善效应和改善机制的异质性。黄敦平等（2019）利用2010—2016年省级面板数据实证检验了我国普惠金融对农村贫困人口减贫效应的非线性关系，并进一步探讨了东部和中西部地区存在的空间异质性。特定地区金融扶贫方面，史源渊（2019）分析了少数民族地区农民家庭经济模式、贫困的生发机制以及信贷扶贫政策对接农民家庭经济中产生的错位和偏差，阐释了新的贫困危机的成因，提出少数民族地区反贫困工作的新思路。吴梓境、张波（2019）则通过分析当前少数民族地区金融扶贫中的问题，提出设立少数民族地区扶贫引导基金的优化对策建议。王汉杰等（2019）对金融扶贫政策对连片特困地区的减贫效果进行分析后指出，政府主导的农村正规信贷资源注入及其所带动的农村非正规信贷，不仅无法有效减缓贫困，还扩大了农户内部的收入差距；而农户人力资本、物质资本及社会资本的培育则具有积极减贫作用。

（八）内生动力研究

授人以鱼不如授人以渔，激发贫困人口脱贫内生动力是巩固提升脱贫成果关键所在。理论研究方面，黄承伟（2019）系统阐释了习总书记关于激发内生动力扶贫论述的科学内涵和践行要求后，对各地激发内生脱贫动力的典型案例进行了总结分析，并提出了激发内生脱贫动力的对策建议。左停、田甜（2019）以列斐伏尔的空间理论为基础来理解发展空间，探索贫困和内生动力不足的结构性原因。柳礼泉、杨葵（2019）则主张在把握和遵循贫困地区人的成长成才规律、经济社会发展规律、精神文明建设规律的基础上，构建文化教育、人文关怀和环境浸润的"三位一体"实践格局，重塑贫困群众脱贫的主体性。袁小平（2019）从符号互动理论出发，通过分析贫困群体能力建设中文化的作用，深度讨论了文化功能的达成与符号、互动之间的关联，为贫困户赋能提供了相关理论支撑。实证分析方面，郑瑞强（2019）实证分析了兴安盟贫困群众脱贫内生动力激发与发展能力增强的工作实践与潜在提升空间，并探寻了未来扶贫开发过程中通过建立社会关联提升贫困群众脱贫内生动力激发效果的实现途径。左停等（2019）总结了少数民族贫困人口内生动力不足的类型与表现，并从文化视角探讨了提升少数民族贫困人口内生动力的可能，以及文化基础上民族地区贫困人口实现可持续减贫与发展的可行路径。汪三贵等（2019）则提出，针对民族地区部分贫困群众缺乏脱贫志气问题，需找准原因，因地制宜，培育内生动力；针对民族地区贫困人口能力不足的问题，则需要从教育扶贫等方面采取针对性的措施，阻断贫困代际传递。而林闽钢（2019）则对国外激活贫困者内生动力的相关路径和成功政策措施进行了总结。

七、社会保障与扶贫开发相结合的减贫理论研究

建档立卡户中的残疾人、因病致贫者、丧失劳动能力者较少有能力从事经济活动，无法在开发式扶贫工作中脱贫，只能通过保障性的扶贫维持其生存、生活及其子女的教育。孙久文、张静（2019）认为，探索开发与保障并重的扶贫模式，应针对因病、因残、因老等原因不能参与或只能少量参与经济活动的人群构建生活、居住、健康、养老、教育保障和就业保障体系。张

璟、许竹青（2019）认为，基于国际经验和中国当前在扶贫与社会保障制度衔接领域出现的法律缺失、措施不足、效率不高等问题，应加强政策创新，增强社会保障制度的覆盖广度和深度，鼓励多方参与的扶贫与社会保障制度相结合。胡鑫（2019）提出，合理利用社会保障制度需要完善制度设计，鼓励社会力量参与，探索多元化的精准扶贫项目，确立严格监管机制，实现基层社会保障的协同化治理。左停、徐卫周（2019）认为目前剩余贫困人口的脱贫任务十分艰巨，需要针对贫困人口的实际需求和当前脱贫攻坚的阶段进展进一步加大保障性扶贫的政策和制度供给。兰剑、慈勤英（2019）认为，面对后脱贫攻坚时代农村反贫困的新形势、农村社会救助政策亟需强化兜底脱贫保障和政策衔接，更加关注相对贫困和多维贫困，规避救助依赖，建立贫困风险预警机制，注重贫困者长远发展。此外，左停（2019）还就株洲市在保障性扶贫方面采取的具体措施进行分析，总结出适合在全国推广的实践经验。

八、社会扶贫下大扶贫格局理论探索研究

新时代背景下，构建政府、市场、社会三主体范式大扶贫格局是发挥我们的政治优势和制度优势、打赢脱贫攻坚战的重要保障。随着地区扶贫协作的推进，企业与社会各界参与扶贫的深入，社会扶贫已经成为推进脱贫攻坚不可或缺的一部分。地区扶贫协作方面，崔建刚、孙宁华（2019）运用投入产出分析，对苏陕、浙川、沪滇三个协作帮扶对象之间的溢出效应和反馈效应以及对帮扶协作地区的交互关系进行了实证分析。社会主体参与扶贫方面，张静、朱玉春（2019）运用秦巴山区连片贫困区208家科技特派员企业的观察样本，运用似不相关回归模型实证分析了企业社会资本对科技特派员企业精准扶贫的影响。刘蕾、周翔宇（2019）对现有政府与社会组织合作的相关理论进行梳理，分宏观、中观与微观3个层次明确了当前社会组织与政府合作已有理论框架，然后基于扎根理论从大病医保巴东模式中得出扶贫类社会组织与政府合作策略的机制框架。此外，腾芸、向德平（2019）提出发展性社会工作在减贫实践中通过扶“质”、扶“智”及扶“技”三位一体的扶志策略，能够实现扶贫扶志的目标，通过济困、增收、强能、赋权来发挥发展性社会工作参与扶贫扶志的作用。向德平、程玲（2019）提出，在发展性社会工作指导下，我国反贫困领域的社会工作应以整合社会发展与经济发展为目

标，以社区为基本介入单元，以多重社会工作干预联动为方法，以能力提升和可持续生计为策略。

九、扶贫政策绩效评价研究

我国脱贫攻坚已取得决定性成就，脱贫攻坚战即将取得胜利。此时对扶贫政策进行绩效评估，总结提升在扶贫脱贫中已取得的经验和教训，可以为全面消除绝对贫困后我国的下一步扶贫计划提供支撑。目前，学者对扶贫绩效的评价主要集中在精准扶贫战略对特定地区的减贫效应与具体扶贫举措的减贫效果两方面。

（一）精准扶贫战略减贫效应研究

孟佶贤（2019）基于随机占优条件的统计检验，选用精准扶贫以来甘肃省农村居民在教育文娱和医疗保健两个项目上的支出进行分析，对精准扶贫的绩效进行评估。聂君、束锡红（2019）构建了村级精准扶贫绩效评价指标体系对青海藏区某贫困村扶贫绩效进行评价，同时深入探究了该村庄精准扶贫绩效的影响因素，提出进一步优化精准扶贫路径建议。刘丹等（2019）利用改进的粗糙集和层次分析法的组合赋权测算了兴安盟科右前旗的精准扶贫绩效。王振振、王立剑（2019）将“可持续生计”作为精准扶贫实施效果评估的标准，运用 TOPSIS 对陕西省 70 个县（区）贫困户的可持续生计进行量化，并从贫困户整体和类型出发，运用方差分析探讨了精准扶贫的实施效果。黄强等（2019）构建起涵盖 5 个一级指标和 15 个二级指标的评价指标体系对江西省精准扶贫绩效进行评价，发现江西省精准扶贫绩效逐年提高，但在精准识别、精准帮扶等方面仍待改进。方迎风（2019）选用 2008—2014 年县级面板数据分析了中国扶贫重点县战略的短期和长期经济增长效应：长期而言，扶贫重点县的设立对新世纪中国区域经济增长有显著的推动作用；短期来说，贫困县的经济增长却比非重点县偏低。

（二）扶贫脱贫举措减贫效果研究

保险减贫效果方面，朱蕊、江生忠（2019）利用 2010—2016 年各省的面板数据对农业保险的减贫效果进行门限模型分析。结果显示：农业保险和农险财政补贴扶贫效果均存在门限特征，说明农业保险扶贫效果受制于经济发展水平。郑军、杜佳欣（2019）以 2015 年各省农业保险相关数据作为研究样本，运用 DEA 与 SFA 相结合的三阶段模型，对中国农业保险精准扶贫的效率进行了测度和分析。黄薇（2019）研究发现，以适当财政补贴个人缴费、降低起付线、放宽封顶线、提升报销比例为核心的“倾斜性保险扶贫政策”，能够显著激发贫困户医疗保险的需求，对其收入和支出等福利具有显著正向影响，起到积极的减贫效果。金融扶贫效果方面，杜兴洋等（2019）以湖南省 9 个市（州）为样本，采用 DEA 模型对金融扶贫绩效进行衡量，利用 Tobit 模型分析影响金融扶贫绩效水平及其差异的因素，提出优化金融扶贫效率的政策建议。陈钦、林秋斌（2019）选取资本、技术、劳动三种投入要素的代表性变量，利用 2010—2015 年我国 26 个省份的面板数据，对农村金融支持与农民增收、农村减贫关系进行研究检验。土地整治与流转减贫效果方面，贺胜年等（2019）在“可行能力”理论和多维贫困模型基础上，构建起土地整治减贫的多维贫困指数，分析了农户在土地整治前后的多维贫困变动以及影响因素。蔡洁、夏显力（2019）利用六盘山集中连片特困区调研数据，从收入增长和收入分配视角探讨了农地流转和兼业程度对减贫的影响机理，实证分析了农地流转和兼业程度的增收效应、收入分配效应，探讨了农地流转、兼业程度与农户家庭减贫的关系。绿色减贫方面，张琦等（2019）测算了 14 个连片特困地区的减贫成效指数、绿色发展指数和绿色减贫成效指数，并提出政策建议。谢贤君等（2019）对中国绿色扶贫性增长进行测度后发现：各地区绿色扶贫性增长水平、纯技术进步以及效率改进存在明显差异，东部地区绿色扶贫性增长水平和效率改进水平最高，中部地区纯技术效率水平最高，而西部地区三个方面指标都最低。此外，卢洪友、杜亦譞（2019）基于 CFPS2012 调查数据和投入产出表，构建起居民收入核算账户，运用标准财政归宿法，测算出中国居民的财政净受益。同时，采用“匿名”与“非匿名”评价指标，综合测度了“一揽子”财政工具的再分配和减贫效应。马文武、刘虔（2019）研究了人力资本作用农村非农收入和涉农收入下的异质性减贫效应。王刚等（2019）以重庆市石柱土家族自治县调研数据为依据，运用 DEA 模型测度了精准扶贫视角下不同属性农户类别的耕地利用效率，并以 Tobit 模型回归分析了影响农户耕地利用效率的关键因素。

十、脱贫攻坚与乡村振兴战略有效衔接与协同发展研究

现阶段，我国正处于乡村振兴与脱贫攻坚叠加推进与历史交汇的时期，深入研究脱贫攻坚与乡村振兴有效衔接，推动两者协同发展已成为当前学术界研究重点。有效衔接方面，张琦（2019）认为，脱贫攻坚与乡村振兴衔接应遵循三个基本原则，即要始终坚持精准扶贫思想，坚持分阶段有序推进，坚持分地区逐步推进。此外，张琦、冯丹萌（2019）提出了对于贫困地区和刚刚脱贫地区而言，村集体经济是保障其稳定可持续性脱贫的重要基础，是激发贫困地区内生活力的重要因素，是贫困地区衔接乡村振兴战略的重要保障。汪三贵、冯紫曦（2019）提出，实现脱贫攻坚与乡村振兴有机衔接，要充分借鉴和利用脱贫攻坚积累的成功经验，为乡村振兴战略的起步做好准备。衔接的重点内容主要体现在产业发展、生态环境、体制机制与基层治理、公共服务与生活质量等方面。左停等（2019）认为，做好两个战略的有效衔接，既要抓好梯度跟进、又要抓好优化升级，继续推广脱贫攻坚形成的经验、推进产业扶贫的优化升级、提供高质量的金融供给服务、提高农村治理能力和水平、加强对弱势群体的社会保障力度。豆书龙、叶敬忠（2019）认为，虽然两战略在衔接方面取得了积极进展，但仍存在体制机制衔接不畅、产业发展升级困难和内生动力难以激发等问题。应着力在体制机制统筹落实、产业发展多元化、积极培育主体意识等方面精准发力，推动有机衔接。章文光（2019）认为，推动两战略的有效衔接，需加强乡村振兴顶层设计与精准扶贫微观政策的有效对接，推进乡村振兴主体与精准扶贫主体的有效衔接，实现精准扶贫与乡村振兴在技术层面的相互补充。高强（2019）认为，促进脱贫攻坚与乡村振兴有机衔接，需要明确两大战略的政策着力点，分析二者间的内在逻辑，从政府与市场两个层面着眼，从微观政策转移接续入手，做好规划统筹、政策统筹、监管统筹、工作统筹。朱启铭（2019）认为，在未来两年，脱贫攻坚进入“冲刺”阶段，针对各项工作，执行是关键。乡村振兴处于“起跑”阶段，科学规划、打牢基础是重点。李博、左停（2019）提出，乡土知识的惠益分享是实现乡村振兴与精准扶贫有效衔接的重要举措。乡土知识的发展需要追求和谐、包容、独立的发展理念，培养乡土知识的继承人，在公平贸易基础上加大对于乡土知识的开发和利用并加强对原住民权利与利益的保障。胡钰等（2019）则系统分析了生态扶贫与生态振兴衔接过

程中存在的问题，并在此基础上提出了二者有机衔接的路径。协同推进发展方面，文丰安（2019）认为，需从健全管理体制和强化技术支撑、将乡村振兴战略融入精准扶贫方略、依托乡村振兴战略巩固脱贫成果等三方面，促使脱贫攻坚与乡村振兴相互支撑、相互促进，协同发展。廖彩荣等（2019）提出，协同推进脱贫攻坚与乡村振兴战略需要在思想协同、产业协同、人才协同、文化协同、生态协同、组织协同和社会协同等七方面有所作为。边慧敏等（2019）则认为，连片特困地区脱贫与振兴协同发展路径在于政策措施协同、产业发展协同、易地扶贫协同、人才振兴协同、组织工作协同五个方面。此外，陈小燕（2019）将耦合理论引入乡村振兴语境下的扶贫开发研究，提出乡村振兴下的脱贫攻坚耦合系统是一个包含人才、产业、治理、环境、脱贫等在内的多元耦合系统。陈桂生、张跃嫔（2019）认为，从精准扶贫攻坚战到乡村振兴战略的政策重心转移是调和不同区域间发展矛盾的重要途径，既要达成当前区域治理目标，也要在时间维度上实现跨区域协作的互补，为国家全局工作有序统筹、均衡发展探索中国特色的行动方案。

十一、2020年后中国反贫困道路探索

2020年我国必将打赢脱贫攻坚战，全面建成小康社会。但这并不意味着农村贫困的彻底终结，届时农村贫困将进入一个新的历史发展阶段，新问题、新挑战将不断涌现，我国减贫战略的重点思路、政策以及扶贫减贫的治理体系也必将随之转变。张琦、孔梅（2019）认为，2020年后，贫困将依然是中国必须关注和着力解决的关键问题之一。但跨越绝对贫困门槛后，扶贫工作将面临新的目标、新的要求、新的对象等一系列新问题，更多复杂性也叠加进来，逐渐走向质量提升和现代化发展的新时代。同时，张琦、孔梅（2019）还提出，打赢脱贫攻坚战后需要通过设置一个巩固期以实现脱贫成果的常态化和持续化，将巩固拓展脱贫成果作为“十四五”时期的减贫新目标，牢牢把握巩固拓展脱贫成果的战略重点，为开启治理相对贫困奠定良好的基础。孙久文、李星（2019）认为，2020年后扶贫开发的战略方向要放在推进基础设施建设，筑牢脱贫基础，注重精神扶贫，加强社会参与，实现生态扶贫与绿色发展相协调，将绿色发展的理念整体注入到精准扶贫过程中，让生态环境优势通过科学的产业开发转化为生态农业、生态工业和生态旅游等具有生态经济价值的发展成果，进而带来经济的发展。雷明（2019）认为，面对即

将到来的2020后扶贫时代，需要构建集共生、共建、共享为一体的反贫困命运共同体，以确保实现可持续减贫。邢成举、李小云（2019）认为，2020年后中国的扶贫将转向以相对贫困为核心的贫困治理。而相对贫困具有的相对性、转型性、发展性、多维性、结构性和特殊群体性等特征，意味着要在统筹考虑相对贫困内涵的基础上建立普遍性与特殊性相结合的新型贫困治理机制。叶兴庆、殷浩栋（2019）认为，2020年后相对贫困群体将取代绝对贫困群体成为贫困群体的主体，应按中位收入比例法制定相对贫困线，统一城乡扶贫目标与治理机制，以包容性增长和多维度改善促进长期减贫。孙久文、夏添（2019）认为，2020年之后的相对贫困线设定应采取两区域、两阶段方法——非沿海地区实施绝对贫困线相对化、沿海地区实施基于居民可支配收入的相对贫困线，并每5年上调一次。高强等（2019）认为2020年后，我国推动扶贫政策转型要具体从产业发展、乡村建设、搬迁户社会融入、“三保障”以及兜底保障等领域入手，推动特惠性政策向普惠性政策转变。白永秀、刘盼（2019）认为2020年后，我国反贫困的战略重点应集中在新贫困标准的制定、反贫困产业的可持续发展、城乡一体化反贫困体系的建立、农民工市民化配套设施的完善四个方面，以巩固脱贫攻坚成果，实现共同富裕。凌经球（2019）认为2020年后中国的贫困治理将从解决绝对贫困问题向解决相对贫困问题转变。为适应这一形势发展需要，贫困治理迫切需要实现以可持续脱贫为导向的贫困治理战略转型，强化贫困治理新理念，完善贫困治理政策、创新贫困治理模式、健全贫困治理机制。王春光（2019）认为脱贫攻坚在实践上依然存在着理想与现实、行动与需求的两个张力，这在一定程度上意味着农村治理并没有因为精准扶贫干预行动而得到有效改进，不论对乡村振兴还是2020年后的新贫困治理，农村治理依然还有完善和创新空间。王志章、杨志红（2019）则选取恩施州作为研究区对民族地区在脱贫攻坚中存在的问题进行了分析，提出民族地区在2020年后应通过强化顶层控制，实现减贫战略科学化；科学化政策落实路径，实现减贫能力内生化；政策更加精准化，实现减贫治理全覆盖等措施推动民族地区持续减贫。

（本文作者为张琦　薛亚硕）

参考文献

[1] 白维军. 论精准扶贫的理论来源、实践基础与创新发展 [J]. 内蒙古社会科学（汉文版），2019，40（1）：13—18，2.

[2] 白永秀，刘盼. 全面建成小康社会后我国城乡反贫困的特点、难点与重点 [J]. 改革，2019（5）：29—37.

[3] 边慧敏，张玮，徐雷. 连片特困地区脱贫攻坚与乡村振兴协同发展研究 [J]. 农村经济，2019（4）：40—46.

[4] 边俊杰，赵天宇. 精准扶贫政策对农村贫困居民家庭消费的影响——基于赣南苏区的入户调查数据分析 [J]. 江西财经大学学报，2019（1）：63—73.

[5] 蔡洁，夏显力. 农地流转、兼业程度与农户减贫效应研究 [J]. 经济经纬，2019，36（1）：41—48.

[6] 曾小溪，汪三贵. 打赢易地扶贫搬迁脱贫攻坚战的若干思考 [J]. 西北师大学报（社会科学版），2019，56（1）：123—131.

[7] 曾小溪，汪三贵. 论决胜脱贫攻坚的难点和对策 [J]. 河海大学学报（哲学社会科学版），2019，21（6）：10—17，109.

[8] 车四方，谢家智，姚领. 社会资本、农村劳动力流动与农户家庭多维贫困 [J]. 西南大学学报（社会科学版），2019，45（2）：61—73，196.

[9] 陈桂生，张跃嫔. 精准扶贫跨域协同研究：城镇化与乡村振兴的融合 [J]. 中国行政管理，2019（4）：79—85.

[10] 陈辉，陈晓军. 内容形式化与形式内容化：精准扶贫工作形式主义的生成机制与深层根源 [J]. 中国农村观察，2019（3）：52—63.

[11] 陈钦，林秋斌. 农村金融扶贫效果分析——基于我国26个省级面板数据的实证研究 [J]. 税务与经济，2019（2）：37—43.

[12] 陈小燕. 多元耦合：乡村振兴语境下的精准扶贫路径 [J]. 贵州社会科学，2019（3）：155—159.

[13] 陈志钢，毕洁颖，吴国宝，何晓军，王子妹一. 中国扶贫现状与演进以及2020年后的扶贫愿景和战略重点 [J]. 中国农村经济，2019（1）：2—16.

[14] 陈忠言. 产业扶贫典型模式的比较研究——基于云南深度贫困地区产业扶贫的实践 [J]. 兰州学刊，2019（5）：161—175.

[15] 程承坪，邹迪. 新中国70年扶贫历程、特色、意义与挑战 [J]. 当代经济管理，2019，41（9）：1—9.

[16] 崔建刚，孙宁华. 产业关联、结对扶贫与区域协调发展——对江浙沪及其帮扶地区的投入—产出分析 [J]. 经济问题，2019（3）：87—94，103.

[17] 丁建军，金宁波，贾武，易肖肖，王永明. 武陵山片区城镇化的农户生计响应及影响因素研究——基于3个典型乡镇355户农户调查数据的分析 [J]. 地理研究，2019，

38（8）：2027—2043.
［18］丁建军，金宁波，王璋.深度贫困生成逻辑与贫困陷阱跨越路径——习近平关于深度贫困问题重要论述的启示［J］.吉首大学学报（社会科学版），2019，40（3）：114—121.
［19］豆书龙，叶敬忠.乡村振兴与脱贫攻坚的有机衔接及其机制构建［J］.改革，2019（1）：19—29.
［20］杜晓山，孙同全.中国公益性小额信贷政策法规与组织制度发展研究［J］.农村金融研究，2019（12）：3—12.
［21］杜兴洋，杨起城，邵泓璐.金融精准扶贫的绩效研究——基于湖南省9个城市农村贫困减缓的实证分析［J］.农业技术经济，2019（4）：84—94.
［22］杜永红.乡村振兴战略背景下网络扶贫与电子商务进农村研究［J］.求实，2019（3）：97—108，112.
［23］方迎风.国家级贫困县的经济增长与减贫效应——基于中国县级面板数据的实证分析［J］.社会科学研究，2019（1）：15—25.
［24］冯丹萌，张琦.我国贫困地区绿色减贫振兴之路的探索［J］.环境保护，2019，47（19）：36—39.
［25］高强，刘同山，沈贵银.2020年后中国的减贫战略思路与政策转型［J］.中州学刊，2019（5）：31—36.
［26］高强.脱贫攻坚与乡村振兴有机衔接的逻辑关系及政策安排［J］.南京农业大学学报（社会科学版），2019，19（5）：15—23，154—155.
［27］关爱萍、刘可欣.人力资本、家庭禀赋、就业选择与农户贫困——基于甘肃省贫困村的实证分析［J］.西部论坛，2019，29（1）：55—63.
［28］韩磊，乔花芳，谢双玉，张祥，王安琦.恩施州旅游扶贫村居民的旅游影响感知差异［J］.资源科学，2019，41（2）：381—393.
［29］郝晓薇，黄念兵，庄颖.乡村振兴视角下公共服务对农村多维贫困减贫效应研究［J］.中国软科学，2019（1）：72—81.
［30］何瑾，向德平.当前少数民族女性贫困研究的进路与拓展［J］.中南民族大学学报（人文社会科学版），2019，39（5）：72—77.
［31］何思妤，曾维忠，庄天慧.长江上游大型库区移民多维贫困的空间分布特征及影响因素［J］.四川师范大学学报（社会科学版），2019，46（3）：63—71.
［32］何星.乡村振兴背景下民族地区旅游扶贫中的生态化建设——以阿坝州为例［J］.云南民族大学学报（哲学社会科学版），2019，36（2）：73—79.
［33］何阳，娄成武.精准扶贫中驻村“第一书记”的权责匹配冲突及耦合［J］.西南民族大学学报（人文社科版），2019，40（4）：200—207.
［34］贺胜年，史志乐，王升.多维贫困视角下土地整治的减贫成效评价［J］.农村经济，2019（4）：47—55.

[35] 胡联，卢杨，沈鹏程，汪三贵.富人治村有利于农村减贫吗?[J].山东财经大学学报，2019，31（5）：46—54.
[36] 胡伦，陆迁.贫困地区农户互联网信息技术使用的增收效应[J].改革，2019（2）：74—86.
[37] 胡鑫.精准扶贫中社会保障制度的合理利用[J].人民论坛，2019（3）：60—61.
[38] 胡钰，付饶，金书秦.脱贫攻坚与乡村振兴有机衔接中的生态环境关切[J].改革，2019（10）：141—148.
[39] 黄承伟.激发内生脱贫动力的理论与实践[J].广西民族大学学报（哲学社会科学版），2019，41（1）：44—50.
[40] 黄承伟.决胜脱贫攻坚的若干前沿问题[J].甘肃社会科学，2019（6）：1—8.
[41] 黄承伟.论中国新时代扶贫理论实践研究[J].华中农业大学学报（社会科学版），2019（1）：1—7，162.
[42] 黄承伟.深刻理解习近平关于脱贫攻坚最新重要论述的丰富内涵[J].老区建设，2019（5）：22—25.
[43] 黄承伟.新中国扶贫70年：战略演变、伟大成就与基本经验[J].南京农业大学学报（社会科学版），2019，19（6）：1—8，156.
[44] 黄敦平，徐馨荷，方建.中国普惠金融对农村贫困人口的减贫效应研究[J].人口学刊，2019，41（3）：52—62.
[45] 黄强，刘滨，刘顺伯.江西省精准扶贫绩效评价体系构建及实证研究——基于AHP法[J].调研世界，2019（4）：45—50.
[46] 黄森慰，姜畅，郑逸芳.妇女多维贫困测量、分解与精准扶贫——基于福建省“巾帼扶贫”五年攻坚计划调研数据[J].中国农业大学学报，2019，24（4）：211—218.
[47] 黄薇.保险政策与中国式减贫：经验、困局与路径优化[J].管理世界，2019，35（1）：135—150.
[48] 季飞，吴水叶.大扶贫背景下西部地区职业教育发展的政策工具选择——基于贵州省21份文件的文本量化分析[J].贵州社会科学，2019（1）：92—100.
[49] 贾希为.习近平扶贫重要论述的丰富意蕴[J].前线，2019（2）：9—12.
[50] 姜长云.推进产业扶贫要走出三大误区[J].中国国情国力，2019（5）：11—13.
[51] 金江峰.倒逼与反倒逼：精准扶贫中的国家与社会关系[J].西北农林科技大学学报（社会科学版），2019，19（1）：7—14.
[52] 金松兰，黄金丽，林泽.民族地区旅游扶贫开发实现路径思考[J].延边大学学报（社会科学版），2019，52（01）：93-101+144.
[53] 兰剑，慈勤英.后脱贫攻坚时代农村社会救助反贫困的困境及政策调适[J].西北农林科技大学学报（社会科学版），2019，19（3）：63—68.
[54] 雷明，潘昊天，姚昕言.中国贫困治理实践（1978—2019）——基于瞄准机制演变的分析[J].南宁师范大学学报（哲学社会科学版），2019，40（6）：76—94.

［55］雷明，邹培．共享发展理念下扶贫生态系统构建［J］．南京农业大学学报（社会科学版），2019，19（6）：9—19，156.
［56］雷明．从多元治理走向全元治理——兼论反贫困命运共同体构建［J］．石河子大学学报（哲学社会科学版），2019，33（4）：23—31.
［57］黎红梅，田松鹤．易地扶贫搬迁农户承包地处置方式选择及其影响因素——基于湖南省搬迁农户调查［J］．吉首大学学报（社会科学版），2019，40（1）：39—48.
［58］李博，左停．乡村振兴中乡土知识的惠益分享机制与减贫作用探析［J］．华中农业大学学报（社会科学版），2019（4）：136—143，176.
［59］李春根，陈文美，邹亚东．深度贫困地区的深度贫困：致贫机理与治理路径［J］．山东社会科学，2019（4）：69—73，98.
［60］李建军，韩珣．普惠金融、收入分配和贫困减缓——推进效率和公平的政策框架选择［J］．金融研究，2019（3）：129—148.
［61］李萍，田世野．习近平精准扶贫脱贫重要论述的内在逻辑与实现机制［J］．教学与研究，2019（2）：5—14.
［62］李实．中国农村老年贫困：挑战与机遇［J］．社会治理，2019（6）：17—20.
［63］李先军，黄速建．新中国70年企业扶贫历程回顾及其启示［J］．改革，2019（7）：16—26.
［64］李小云，陈邦炼，宋海燕，董强．“妇女贫困”路径的减贫溢出与赋权异化——一个少数民族妇女扶贫实践的发展学观察［J］．妇女研究论丛，2019（2）：5—16.
［65］李小云，陈邦炼，唐丽霞．精准扶贫：中国扶贫的新实践［J］．中共中央党校（国家行政学院）学报，2019，23（5）：80—91.
［66］李小云，吴一凡，武晋．精准脱贫：中国治国理政的新实践［J］．华中农业大学学报（社会科学版），2019（5）：12—20，164.
［67］李小云，于乐荣，唐丽霞．新中国成立后70年的反贫困历程及减贫机制［J］．中国农村经济，2019（10）：218.
［68］李卓，金菁，左停．精准扶贫的现实困境与优化路径——基于豫西L县的实地调查［J］．长白学刊，2019（6）：111—117.
［69］梁栋，吴惠芳．农业产业扶贫的实践困境、内在机理与可行路径——基于江西林镇及所辖李村的调查［J］．南京农业大学学报（社会科学版），2019，19（1）：49—57，164—165.
［70］梁俊山，方严英．我国互联网精准扶贫的现状、困境及出路——以龙驹镇农村淘宝为例［J］．电子政务，2019（1）：76—85.
［71］廖彩荣，郭如良，尹琴，胡春晓．协同推进脱贫攻坚与乡村振兴：保障措施与实施路径［J］．农林经济管理学报，2019，18（2）：273—282.
［72］廖军华，黄艳．我国旅游精准扶贫研究进展及对新时代旅游精准扶贫研究的启示［J］．重庆社会科学，2019（5）：80—88.

[73] 林闽钢.激活贫困者内生动力：理论视角和政策选择 [J].社会保障评论，2019，3（1）：119—130.
[74] 凌经球.乡村振兴战略背景下中国贫困治理战略转型探析 [J].中央民族大学学报（哲学社会科学版），2019，46（3）：5—14.
[75] 刘成良.欠发达地区政府治理精准转向的实践机制研究——基于贫困户精准识别政策 [J].学习与实践，2019（3）：105—114.
[76] 刘丹，郑喜喜，杨悦.精准扶贫绩效评价模型及应用 [J].统计与决策，2019，35（9）：28—32.
[77] 刘建，吴理财.制度逆变、策略性妥协与非均衡治理——基于L村精准扶贫实践的案例分析 [J].华中农业大学学报（社会科学版），2019（2）：127—134，169.
[78] 刘金全，毕振豫.普惠金融发展及其收入分配效应——基于经济增长与贫困减缓双重视角的研究 [J].经济与管理研究，2019，40（4）：37—46.
[79] 刘磊，吴理财.精准扶贫进程中地方政府的动员式治理及其改进——鄂西H县政府扶贫行为分析 [J].南京农业大学学报（社会科学版），2019，19（1）：40—48，164.
[80] 刘蕾，周翔宇.精准扶贫中的多元主体合作策略——基于大病医保巴东模式的扎根研究 [J].河海大学学报（哲学社会科学版），2019，21（2）：87—94，108.
[81] 刘明月，陈菲菲，汪三贵，仇焕广.产业扶贫基金的运行机制与效果 [J].中国软科学，2019（7）：25—34.
[82] 刘明月，冯晓龙，汪三贵.易地扶贫搬迁农户的贫困脆弱性研究 [J].农村经济，2019（3）：64—72.
[83] 刘伟，徐洁，黎洁.连片特困地区易地扶贫搬迁对农户多维贫困的影响研究 [J].干旱区资源与环境，2019，33（3）：13—20.
[84] 刘永富.以人民为中心发展思想的生动展现 [N].光明日报，2019—10—17（011）.
[85] 刘永富.全面理解习近平总书记关于扶贫工作的重要论述 [J].机关党建研究，2019（5）：24—27.
[86] 刘永富.以习近平总书记扶贫重要论述为指导坚决打赢脱贫攻坚战 [J].行政管理改革，2019（5）：4—11.
[87] 刘永富.有效应对脱贫攻坚面临的困难和挑战 [J].政策，2019（3）：39—40.
[88] 刘震，谢玉梅，党耀国.基于改进GM（1，1）模型的中国脱贫攻坚进展分析 [J].系统工程理论与实践，2019，39（10）：2476—2486.
[89] 柳礼泉，杨葵.精神贫困：贫困群众内生动力的缺失与重塑 [J].湖湘论坛，2019，32（1）：106—113.
[90] 卢洪友，杜亦譞.中国财政再分配与减贫效应的数量测度 [J].经济研究，2019，54（2）：4—20.
[91] 陆刚，孙芸莉.电商扶贫助力乡村振兴：基于河北省实践的再思考 [J].当代经济管理，2019，41（8）：27—33.

[92] 罗玉辉，侯亚景. 中国农村多维贫困动态子群分解、分布与脱贫质量评价——基于CFPS面板数据的研究[J]. 贵州社会科学，2019（1）：141—148.
[93] 吕建兴，曾小溪，汪三贵. 扶持政策、社会融入与易地扶贫搬迁户的返迁意愿——基于5省10县530户易地扶贫搬迁的证据[J]. 南京农业大学学报（社会科学版），2019，19（3）：29—40，156.
[94] 马建富，吕莉敏. 乡村振兴背景下贫困治理的职业教育价值和策略[J]. 苏州大学学报（教育科学版），2019，7（1）：70—77.
[95] 马明义，李桦. 秦巴山区农户多维贫困测度及精准扶贫对策研究[J]. 干旱区资源与环境，2019，33（1）：30—37.
[96] 马文武，刘虔. 异质性收入视角下人力资本对农民减贫的作用效应研究[J]. 中国人口·资源与环境，2019，29（3）：137—147.
[97] 孟佶贤. 精准扶贫战略实施及其成效分析[J]. 甘肃社会科学，2019（2）：214—221.
[98] 聂君，束锡红. 青海藏区精准扶贫绩效评价及影响因素实证研究[J]. 北方民族大学学报（哲学社会科学版），2019（1）：31—39.
[99] 宁静，殷浩栋，汪三贵，刘明月. 产业扶贫对农户收入的影响机制及效果——基于乌蒙山和六盘山片区产业扶贫试点项目的准实验研究[J]. 中南财经政法大学学报，2019（4）：58—66，88，159—160.
[100] 庞庆明，周方. 产业扶贫时代意义、内在矛盾及其保障体系构建[J]. 贵州社会科学，2019（1）：149—153.
[101] 彭芬，刘璐琳. 农村电子商务扶贫体系构建研究[J]. 北京交通大学学报（社会科学版），2019，18（1）：75—81.
[102] 齐义军，巩蓉蓉. 内蒙古少数民族聚居区稳定脱贫长效机制研究[J]. 中央民族大学学报（哲学社会科学版），2019，46（1）：108—119.
[103] 秦杨. 发展乡村生态旅游 促进精准扶贫[J]. 人民论坛，2019（3）：64—65.
[104] 渠鲲飞，左停. 协同治理下的空间再造[J]. 中国农村观察，2019（2）：134—144.
[105] 上官子恒，施国庆，黄健元，王晗. 湖北省农村贫困状况及脱贫影响因素分析[J]. 统计与决策，2019，35（3）：100—105.
[106] 申云，李京蓉，杨晶. 乡村振兴背景下农业供应链金融信贷减贫机制研究——基于社员农户脱贫能力的视角[J]. 西南大学学报（社会科学版），2019，45（2）：50—60，196.
[107] 申云，李庆海，杨晶. 农业供应链金融信贷的减贫效应研究——基于不同主体领办合作社的实证比较[J]. 经济评论，2019（4）：94—107.
[108] 施海波，李芸，张姝，吕开宇. 精准扶贫背景下产业扶贫资产管理与收益分配优化研究[J]. 农业经济问题，2019（3）：92—99.
[109] 时鹏，余劲. 易地扶贫搬迁农户意愿及影响因素研究——一个基于计划行为理论的解释架构[J]. 干旱区资源与环境，2019，33（1）：38—43.

[110] 史恒通，赵伊凡，吴海霞.社会资本对多维贫困的影响研究——来自陕西省延安市513个退耕农户的微观调查数据 [J]. 农业技术经济，2019（1）：86—99.
[111] 史源渊.新贫困陷阱：少数民族地区信贷扶贫政策反思 [J]. 华南农业大学学报（社会科学版），2019，18（2）：27—34.
[112] 史志乐.教育扶贫与社会分层：兼论阻断贫困代际传递的可能性 [J]. 教育理论与实践，2019，39（4）：16—19.
[113] 斯丽娟，夏瑀，陶杰，刘宇浩.旅游精准扶贫绩效影响因子研究——基于可持续生计理论 [J]. 西北农林科技大学学报（社会科学版），2019，19（1）：29—38.
[114] 孙晗霖，刘新智，张鹏瑶.贫困地区精准脱贫户生计可持续及其动态风险研究 [J]. 中国人口·资源与环境，2019，29（2）：145—155.
[115] 孙久文，李星.攻坚深度贫困与2020年后扶贫战略研究 [J]. 中州学刊，2019（9）：67—73.
[116] 孙久文，夏添.中国扶贫战略与2020年后相对贫困线划定——基于理论、政策和数据的分析 [J]. 中国农村经济，2019（10）：98—113.
[117] 孙久文，张静，李承璋，卢怡贤.我国集中连片特困地区的战略判断与发展建议 [J]. 管理世界，2019，35（10）：150—159，185.
[118] 孙久文，张静.论从开发式转向开发与保障并重的新扶贫模式 [J]. 西北师大学报（社会科学版），2019，56（1）：116—122.
[119] 孙宗锋，孙悦.组织分析视角下基层政策执行多重逻辑探析——以精准扶贫中的“表海”现象为例 [J]. 公共管理学报，2019，16（3）：16—26，168—169.
[120] 檀学文.中国移民扶贫70年变迁研究 [J]. 中国农村经济，2019（8）：2—19.
[121] 唐超，罗明忠，张苇锟.70年来中国扶贫政策演变及其优化路径 [J]. 农林经济管理学报，2019，18（3）：283—292.
[122] 唐丽萍，章魁华.压力型科层制下基层政府精准扶贫政策的执行样态 [J]. 上海行政学院学报，2019，20（1）：49—55.
[123] 唐丽霞，张一珂.从以工代赈到公益性岗位——中国工作福利实践的演进 [J]. 贵州社会科学，2019（12）：147—153.
[124] 唐智彬，胡媚，谭素美.比较视野中教育扶贫的国际经验与中国路径选择——基于主要国际组织和机构理念与行动的分析 [J]. 比较教育研究，2019，41（4）：37—44.
[125] 腾芸，向德平.发展性社会工作参与扶贫扶志的空间与路径 [J]. 社会工作，2019（6）：39—47，109.
[126] 汪三贵，冯紫曦.脱贫攻坚与乡村振兴有机衔接：逻辑关系、内涵与重点内容 [J]. 南京农业大学学报（社会科学版），2019，19（5）：8—14，154.
[127] 汪三贵，胡骏，徐伍达.民族地区脱贫攻坚“志智双扶”问题研究 [J]. 华南师范大学学报（社会科学版），2019（6）：5—11，191.

[128] 汪三贵. 创新产业扶贫模式确保稳定脱贫 [J]. 中国国情国力，2019（5）：1.
[129] 王朝明，张海浪. 精准扶贫、精准脱贫战略思想的理论价值 [J]. 理论与改革，2019（1）：28—34.
[130] 王春光. 农村贫困治理的实践张力和可持续研究 [J]. 江苏行政学院学报，2019（1）：60—68.
[131] 王春辉. 中华人民共和国语言扶贫事业七十年 [J]. 云南师范大学学报（哲学社会科学版），2019，51（4）：33—39.
[132] 王富珍，周国华，唐承丽，彭鹏，贺艳华，谭雪兰. 基于可持续生计分析框架的山区县域脱贫稳定性评价 [J]. 农业工程学报，2019，35（2）：270—277.
[133] 王刚，廖和平，李涛，张亚飞，冉启智. 精准扶贫背景下贫困农户识别对耕地利用效率的影响——以重庆市石柱土家族自治县为例 [J]. 西南大学学报（自然科学版），2019，41（1）：1—9.
[134] 王汉杰，温涛，韩佳丽. 贫困地区政府主导的农贷资源注入能够有效减贫吗？——基于连片特困地区微观农户调查 [J]. 经济科学，2019（1）：108—119.
[135] 王磊，李聪. 陕西易地扶贫搬迁安置区多维贫困测度与致贫因素分析 [J]. 统计与信息论坛，2019，34（3）：119—128.
[136] 王林雪，殷雪. 精准扶贫视角下教育扶贫绩效评价体系构建 [J]. 统计与决策，2019，35（3）：65—68.
[137] 王庆生，张行发，郭静. 基于共生理论的乡村旅游精准扶贫模式和路径优化研究——以山东省沂南县竹泉村为例 [J]. 地域研究与开发，2019，38（3）：108—112.
[138] 王三秀，高翔. 民族地区农村居民多维贫困的分层逻辑、耦合机理及精准脱贫——基于2013年中国社会状况综合调查的分析 [J]. 中央民族大学学报（哲学社会科学版），2019，46（1）：19—30.
[139] 王曙光，王丹莉. 中国扶贫开发政策框架的历史演进与制度创新（1949—2019）[J]. 社会科学战线，2019（5）：24—31.
[140] 王维，向德平. 风险社会视域下产业扶贫的风险防控研究 [J]. 陕西师范大学学报（哲学社会科学版），2019，48（5）：50—61.
[141] 王伟. 乡村振兴视角下农村精准扶贫的产业路径创新 [J]. 重庆社会科学，2019（1）：27—34.
[142] 王小林. 新中国成立70年减贫经验及其对2020年后缓解相对贫困的价值 [J]. 劳动经济研究，2019，7（6）：3—10.
[143] 王莺桦，孙兆霞. 我国扶贫开发法制建设探析——基于《贵州省扶贫开发条例》文本的反思 [J]. 岭南学刊，2019（2）：101—108.
[144] 王瑜，殷浩栋，汪三贵. 破解农村金融两难困境与二元逻辑——扶贫互助资金“正规金融村社化”机制分析 [J]. 贵州社会科学，2019（8）：108—115.

[145] 王振振，王立剑. 精准扶贫可以提升农村贫困户可持续生计吗？——基于陕西省 70 个县（区）的调查 [J]. 农业经济问题，2019（4）：71—87.
[146] 王志章，杨志红.2020 年后民族地区持续性减贫路在何方？——基于湖北省恩施州精准脱贫的现状分析 [J]. 湖北民族学院学报（哲学社会科学版），2019，37（3）：111—120.
[147] 温涛，刘达. 农村金融扶贫：逻辑、实践与机制创新 [J]. 社会科学战线，2019（2）：65—71，281，2.
[148] 文丰安. 新时代精准扶贫的实践困境及治理路径 [J]. 西北农林科技大学学报（社会科学版），2019，19（1）：23—28.
[149] 文丰安. 新时代乡村振兴与精准扶贫战略协同推进的思考 [J]. 新视野，2019（3）：17—22.
[150] 吴国宝. 株洲打出精准扶贫组合拳 [J]. 人民论坛，2019（4）：99—100.
[151] 吴晓燕. 精准扶贫政策实施中存在的问题、原因及其完善——以公共政策的运行为分析视角 [J]. 湖北民族学院学报（哲学社会科学版），2019，37（2）：56—64.
[152] 吴梓境，张波. 少数民族地区扶贫引导基金的模式探索 [J]. 云南民族大学学报（哲学社会科学版），2019，36（1）：104—109.
[153] 武丽娟，李定. 精准扶贫背景下金融资本对农户增收的影响研究——基于内部收入分层与区域差异的视角 [J]. 农业技术经济，2019（2）：61—72.
[154] 夏一璞. 试论精准扶贫的创新价值与实现路径 [J]. 马克思主义研究，2019（1）：80—88，168.
[155] 向德平，程玲. 发展性社会工作的脉络、特点及其在反贫困中的运用 [J]. 西北师大学报（社会科学版），2019，56（2）：47—52.
[156] 向德平. 充分发挥社会工作在产业扶贫中的作用 [J]. 中国社会工作，2019（16）：1.
[157] 向德平. 社会工作助力开启易地扶贫搬迁群众的新生活 [J]. 中国社会工作，2019（22）：1.
[158] 谢贤君，孙博文，雷明，张娜. 中国绿色扶贫性增长测度及分析——兼论可持续性减贫 [J]. 统计与信息论坛，2019，34（6）：107—114.
[159] 谢玉梅，丁凤霞. 基于贫困脆弱性视角下的就业扶贫影响效应研究 [J]. 上海财经大学学报，2019，21（3）：18—32.
[160] 谢治菊. 大数据驱动下的教育精准扶贫——以长顺县智慧教育扶贫项目为例 [J]. 湖南师范大学教育科学学报，2019，18（1）：43—52，75.
[161] 邢成举，李小云，张世勇. 转型贫困视角下的深度贫困问题研究——以少数民族深度贫困村为例 [J]. 民族研究，2019（2）：52—63，140—141.
[162] 邢成举，李小云. 结构性贫困视角下的民族地区精准扶贫研究 [J]. 中央民族大学学报（哲学社会科学版），2019，46（6）：99—112.
[163] 邢成举，李小云. 相对贫困与新时代贫困治理机制的构建 [J]. 改革，2019（12）：

16—25.
[164] 邢成举. 痕迹管理异化与脱贫攻坚中的目标转移 [J]. 贵州社会科学，2019（6）：134—140.
[165] 邢成举. 农村留守儿童的多维贫困及其干预 [J]. 团结，2019（2）：55—57.
[166] 邢成举. 嵌入村庄的党建精准扶贫研究——基于宁夏华村“百富带百贫”工作的调查 [J]. 中共福建省委党校学报，2019（1）：102—108.
[167] 邢慧斌，刘冉冉. 集中连片特困区教育精准扶贫绩效的空间差异研究——以燕山－太行山区 8 个连片特困县为例 [J]. 教育与经济，2019（1）：7—15.
[168] 徐玮，谢玉梅. 扶贫小额贷款模式与贫困户贷款可得性：理论分析与实证检验 [J]. 农业经济问题，2019（2）：108—116.
[169] 许汉泽，李小云. 深度贫困地区产业扶贫的实践困境及其对策——基于可行能力理论的分析 [J]. 甘肃社会科学，2019（3）：130—136.
[170] 许汉泽. 新中国成立 70 年来反贫困的历史、经验与启示 [J]. 中国农业大学学报（社会科学版），2019，36（5）：45—52.
[171] 燕连福，马亚军. 习近平扶贫重要论述的理论渊源、精神实质及时代意义 [J]. 马克思主义与现实，2019（1）：92—98.
[172] 杨帆，庄天慧，王卓. 城市流动人口贫困识别与精准帮扶管理机制研究 [J]. 内蒙古社会科学（汉文版），2019，40（3）：51—57.
[173] 杨龙，李宝仪，赵阳，汪三贵. 农业产业扶贫的多维贫困瞄准研究 [J]. 中国人口·资源与环境，2019，29（2）：134—144.
[174] 杨小敏. 精准扶贫：职业教育改革新思考 [J]. 教育研究，2019，40（3）：126—135.
[175] 杨艳琳，付晨玉. 中国农村普惠金融发展对农村劳动年龄人口多维贫困的改善效应分析 [J]. 中国农村经济，2019（3）：19—35.
[176] 杨艳琳，袁安. 精准扶贫中的产业精准选择机制 [J]. 华南农业大学学报（社会科学版），2019，18（2）：1—14.
[177] 姚树洁，王洁菲，汪锋. 新时代习近平关于扶贫工作重要论述的学理机制及文献分析 [J]. 当代经济科学，2019，41（1）：7—19.
[178] 叶敬忠，贺聪志. 基于小农户生产的扶贫实践与理论探索——以“巢状市场小农扶贫试验”为例 [J]. 中国社会科学，2019（2）：137—158，207.
[179] 叶兴庆，殷浩栋. 从消除绝对贫困到缓解相对贫困：中国减贫历程与 2020 年后的减贫战略 [J]. 改革，2019（12）：5—15.
[180] 尹云龙. 基于多源流理论视角的我国扶贫政策变迁动力模式研究 [J]. 学术交流，2019（1）：126—136.
[181] 于乐荣，李小云. 中国益贫经济增长的时期特征及减贫机制 [J]. 贵州社会科学，2019（8）：100—107.

[182] 袁小平. 贫困群体能力建设中的文化共鸣及其反贫效应——基于符号互动的视角 [J]. 探索，2019（1）：127—138.
[183] 翟绍果，张星，周清旭. 易地扶贫搬迁的政策演进与创新路径 [J]. 西北农林科技大学学报（社会科学版），2019，19（1）：15—22.
[184] 张璟，许竹青. 扶贫与社会保障制度结合的减贫国际经验启示 [J]. 世界农业，2019（2）：9—14，106.
[185] 张丽君，罗玲，吴本健. 民族地区深度贫困治理：内涵、特征与策略 [J]. 北方民族大学学报（哲学社会科学版），2019（1）：18—23.
[186] 张娜，雷明，张想想. 政府奖惩机制下社会组织参与精准脱贫的演化博弈分析 [J]. 苏州大学学报（哲学社会科学版），2019，40（3）：110—121.
[187] 张琦，薛亚硕. 扶贫成就展现大国担当 [N]. 中国社会科学报，2019—12—06（004）.
[188] 张琦. 防止返贫，巩固脱贫成果是关键 [N]. 社会科学报，2019—04—11（001）.
[189] 张琦，孔梅. 跨越绝对贫困后的多维反贫困新目标 [N]. 社会科学报，2019—01—31（001）.
[190] 张琦，万君，史志军. 凝心聚力打好脱贫攻坚战 [N]. 中国经济时报，2019—12—25（005）.
[191] 张琦，孔梅. 脱贫攻坚收官阶段需把握三个重点 [N]. 中国经济时报，2019—10—15（004）.
[192] 张琦，冯丹萌. 关于壮大贫困地区村集体经济的思考与建议 [J]. 国家治理，2019（27）：14—19.
[193] 张琦，冯丹萌. 构建我国绿色减贫机制的理论及对策 [J]. 甘肃社会科学，2019（6）：9—15.
[194] 张琦，孔梅. “十四五”时期我国的减贫目标及战略重点 [J]. 改革，2019（11）：117—125.
[195] 张琦，石新颜，顾忠锐. 中国绿色减贫成效评价指数构建及测度 [J]. 南京农业大学学报（社会科学版），2019，19（6）：20—28，156—157.
[196] 张琦，张诗怡. 贫困地区易地扶贫搬迁后续扶持机制研究——基于全国11个省份易地扶贫搬迁实践分析 [J]. 开发研究，2019（6）：7—15.
[197] 张琦，张涛，贺胜年. 供给侧改革视角下民族地区产业精准扶贫的路径探索 [J]. 西南民族大学学报（人文社科版），2019，40（1）：97—104.
[198] 张琦，张涛. 精准扶贫政策的公平效应——基于生存伦理与互惠伦理视角 [J]. 中南民族大学学报（人文社会科学版），2019，39（3）：152—157.
[199] 张琦，张涛. 论提升扶贫脱贫质量的路径和重点 [J]. 中国教育发展与减贫研究，2018（2）：99—104.
[200] 张琦. 稳步推进脱贫攻坚与乡村振兴有效衔接 [J]. 人民论坛，2019（S1）：84—86.
[201] 张翔，刘晶晶. 教育扶贫瞄准偏差与治理路径探究——基于政府行为视角分析 [J].

现代教育管理，2019（3）：51—55.
［202］张晓颖，王小林.参与全球贫困治理：中国的路径［J］.国际问题研究，2019（3）：125—136.
［203］张欣欣，史志乐，张琦.信息技术助力教育精准扶贫的创新实践探索——以“AI老师智慧教育”项目为例［J］.中国信息技术教育，2019（21）：85—88.
［204］张永丽，徐腊梅.互联网使用对西部贫困地区农户家庭生活消费的影响——基于甘肃省1735个农户的调查［J］.中国农村经济，2019（2）：42—59.
［205］章文光.精准扶贫与乡村振兴战略如何有效衔接［J］.人民论坛，2019（4）：106—107.
［206］赵定东，方琼.新中国成立以来农村反贫困政策的层次结构与历史变迁［J］.华中农业大学学报（社会科学版），2019（3）：1—10，158.
［207］郑军，杜佳欣.农业保险的精准扶贫效率：基于三阶段DEA模型［J］.贵州财经大学学报，2019（1）：93—102.
［208］郑娜娜，许佳君.易地搬迁移民社区的空间再造与社会融入——基于陕西省西乡县的田野考察［J］.南京农业大学学报（社会科学版），2019，19（1）：58—68，165.
［209］郑瑞强.贫困群众脱贫内生动力激发：行动框架拓展与实证——以内蒙古兴安盟为例［J］.贵州社会科学，2019（1）：154—161.
［210］郑秀峰，朱一鸣.普惠金融、经济机会与减贫增收［J］.世界经济文汇，2019（1）：101—120.
［211］朱冬亮.贫困“边缘户”的相对贫困处境与施治［J］.人民论坛，2019（7）：58—60.
［212］朱方明，李敬.习近平新时代反贫困思想的核心主题——“能力扶贫”和“机会扶贫”［J］.上海经济研究，2019（3）：5—16.
［213］朱丽君.多维贫困与精准脱贫——以中部地区少数民族自治县Y县为例［J］.社会保障研究，2019（1）：75—85.
［214］朱启铭.脱贫攻坚与乡村振兴：连续性、继起性的县域实践［J］.江西财经大学学报，2019（3）：95—104.
［215］朱蕊，江生忠.我国政策性农业保险的扶贫效果分析［J］.保险研究，2019（2）：51—62.
［216］庄天慧，骆希.小农生产主要特征、困境及与现代农业有机衔接路径研究——基于四川省的实证研究［J］.农村经济，2019（11）：8—18.
［217］庄天慧，张海霞.开放包容：新中国70年贫困治理的经验和逻辑［J］.西南民族大学学报（人文社科版），2019，40（11）：144—152.
［218］左明章，向磊，马运朋，杨登峰.扶志、扶智、扶学：信息化促进教育精准扶贫“三位一体”模式建构［J］.电化教育研究，2019，40（3）：13—19，33.
［219］左停，贺莉，刘文婧.相对贫困治理理论与中国地方实践经验［J］.河海大学学报

（哲学社会科学版），2019，21（6）：1—9，109.

［220］左停，贺莉. 基于FGT指数的县级贫困程度多维表达与分类扶贫策略研究——以陕西省为例［J］. 经济问题探索，2019（7）：173—180.

［221］左停，李卓，赵梦媛. 少数民族地区贫困人口减贫与发展的内生动力研究——基于文化视角的分析［J］. 贵州财经大学学报，2019（6）：85—91.

［222］左停，刘文婧，李博. 梯度推进与优化升级：脱贫攻坚与乡村振兴有效衔接研究［J］. 华中农业大学学报（社会科学版），2019（5）：21—28，165.

［223］左停，田甜. 脱贫动力与发展空间：空间理论视角下的贫困人口内生动力研究——以中国西南一个深度贫困村为例［J］. 贵州社会科学，2019（3）：140—148.

［224］左停，徐卫周. 综合保障性扶贫：中国脱贫攻坚的新旨向与新探索［J］. 内蒙古社会科学（汉文版），2019，40（3）：36—44，213.

［225］左停. 如何更好激发深度贫困地区发展动能［J］. 人民论坛·学术前沿，2019（12）：70—76.

［226］左停. 升级扶贫产业价值链是高质量减贫的关键［J］. 人民论坛·学术前沿，2019（23）：33—39.

［227］左停. 综合保障性扶贫：株洲的实践和启示［J］. 人民论坛，2019（4）：102—103.

2019 年中国扶贫理论综述（专著）

2019 年，是打赢脱贫攻坚战决战三年行动的第二年，是攻坚克难之年，也是提高扶贫质量创新脱贫长效机制的一年。一方面，按照既定脱贫计划有序推进脱贫进程，截至 2019 年底，我国贫困人口减少到 551 万人，贫困发生率降至 0.6%，脱贫攻坚取得决定性成就，脱贫目标任务接近完成；另一方面，针对脱贫攻坚战中存在的突出问题和出现的新情况，特别是“两不愁三保障”目标实现存在的一些薄弱环节，以及针对脱贫难度比较大的深度贫困地区，稳定脱贫长效机制还需要进一步探索建立。在攻坚拔寨的关键时期，梳理过去一年学术研究焦点，总结和提炼以往研究成果，为 2020 年打赢脱贫攻坚战，全面建成小康社会提供智力支持已变得尤为重要。从已发表的学术成果来看，2019 年度的扶贫研究成果在质和量上均有了更进一步的提升。据不完全统计，2019 年出版扶贫脱贫研究专著 299 部，与 2018 年相比增加了 100 余部，这也从侧面反映了学术界对扶贫脱贫的关注度有了更大的提升。

一、深入开展习近平扶贫开发战略思想研究

习近平总书记关于扶贫开发的一系列重要论述，深刻阐释了扶贫开发重大理论问题和实践问题，形成了扶贫开发战略思想，思想内涵丰富，内容博大精深，为打赢脱贫攻坚战提供了基本遵循和行动指南。

在内涵阐释方面，黄承伟的著作《一诺千金——新时代中国脱贫攻坚的理论思考》系统阐述了习近平扶贫思想提出的国内国际减贫背景、形成过程及其思想体系，深刻分析了习近平关于扶贫开发重要论述的精神实质，以习近平扶贫思想为指导，全面论述了减贫顶层设计的战略、机制、政策体系。万广华、史清华的著作《中国扶贫理论研究》从三个视角展示了中国扶贫历程、经验和成就。战略上，把中国扶贫过程从理论到实践的演绎做一总体交待；技术上，对中国扶贫的具体细节做一分项交待；理论上，把中国扶贫问

题从局部视角引向全局，从传统思维引向现代，阐释了贫困的本意是什么、它是如何发展的、扶贫的本质应是什么，以及如何推动更加有效这几个重大问题。孙大伟的著作《中国特色扶贫开发的政策与实践》从自己作为驻村书记掌握的一手资料出发，结合国家法律法规政策，对精准扶贫的三个方面进行了论述，并结合具体问题，提出了整改措施。

在政策和理论研究方面，黄守宏主编的《2019 中国经济社会发展形势与对策——对标全面建成小康社会任务 扎实推进精准扶贫精准脱贫》一书由 2018 年国务院研究室就精准扶贫精准脱贫所做的专题调研系列报告组成，报告以习近平新时代中国特色社会主义思想为指导，观点正确，针对性、前瞻性、可行性强，对研究实施精准脱贫以及不返贫具有重要现实意义、指导意义。中国政策研究网围绕高质量发展、乡村振兴、精准扶贫、防范化解重大风险、美丽中国、健康中国、自由贸易区建设、“一带一路”建设、长江经济带建设等九个专题，精选出与这些专题有关的重要政策、政策解读、地方创新和靠前经验，汇编出版了《精准扶贫：政策解读与经验集萃》，成为党政干部推进相关工作的重要参考和工具书。张琦所著的《中国减贫政策与实践：热点评论（2017—2018）》针对每月国内外减贫政策制度改革和减贫模式等最新热点进行评论和分析，一方面记录了我国脱贫攻坚的推进轨迹和改革创新的历史，另一方面及时进行政策评论，为减贫政策和实践提供指导和参考。洪名勇所著的《扶贫开发战略、政策演变及实施研究》通过对我国扶贫战略和政策演化历程进行回顾和总结，在了解扶贫战略政策演进的历史脉络基础上，运用制度变迁相关理论进一步剖析改革开放以来我国扶贫战略和扶贫政策变迁的内在逻辑和变迁的趋势。

在实践应用研究方面，汪三贵所著的《当代中国扶贫》从中国的贫困概况出发，梳理了中国扶贫开发的历程，阐述了“政府、社会参与、自力更生、开发扶贫、全面发展”的符合中国国情的扶贫开发模式，全面总结分析了中国大规模减贫的巨大成就、重要经验以及对世界减贫进程的重大贡献，概述了新时代精准扶贫的理论和实践，为中国打赢脱贫攻坚战和世界其他发展中国家的扶贫事业提供了借鉴。崔华泰所著的《中国特色减贫之路：打好精准脱贫攻坚战》以习近平新时代中国特色社会主义思想为指引，紧扣《乡村振兴战略规划（2018—2022 年）》，根据《关于打赢脱贫攻坚战三年行动的指导意见》的要求，以精准扶贫理论的形成和实践及如何减贫为出发点，对脱贫攻坚中“扶持谁”“谁来扶”“怎么扶”“如何退”等重点问题进行了详细解析和论证，提出了聚焦深度贫困地区集中发力，激发贫困人口内生动力，开发式扶贫和保障性扶贫相统筹、加强组织领导和责任落实等一系列具体措施及实践参考。兰传海所著的《“扶贫攻坚”实践与地方经验》从贫困地区基本公共服务、人口合理流动与贫困地区脱贫、开发式扶贫存在的问题及面对的新形势、产业发展支持扶贫开发、易地扶贫搬迁安置几个方面系统梳理了“十二五”以来我国实行的一系列扶贫政策、措施以及存在的问题。深入贵州、四川、环京津贫困带、山东省临沂市调研，了解当地贫困工作思路、落实情况，借鉴当地扶贫的经验，并以报告的形式较为鲜活地展现了十年来我国扶贫工作的摸索与成效。

在意义研究方面，王灵桂、侯波所著的《中国共产党贫困治理的实践探索与世界意义》系统回顾了我国扶贫减贫事业的发展历程，总结了中国特色扶贫开发道路的宝贵经验，对于在新的历史起点上推动我国经济社会高质量发展，实现联合国《2030年可持续发展议程》确定的减贫目标贡献中国智慧具有重要现实意义。

二、贫困的标准测度及反贫困政策评估研究

如何实现农村贫困人口全部脱贫，关键在于如何准确识别贫困家庭、了解贫困家庭的经济行为特征，并在此基础上进行精准扶贫。如何准确识别贫困家庭、了解贫困家庭的经济行为特征，关键在于探寻科学、合理的农村贫困测度方法。

在贫困测度及致贫因素研究方面，韩君所著的《基于生活质量视角的农村贫困测度方法及应用研究》不同于以往仅使用居民人均收入来衡量和判断贫困人口的模式，而是根据全面建设小康社会的内涵，基于生活质量的视角提出不同的贫困标准，并结合贫困人口的行为特征使用人工神经网络对贫困人口进行识别，及时反映县及县以下农村贫困分布的动态变化情况。廖文梅、胡春晓、彭泰中所著的《区域农村贫困现状、脱贫路径及其绩效研究》从宏观区域与微观农户视角，以江西省与赣南原中央苏区为研究对象，分析了江西省赣南原中央苏区的贫困现状和致贫因素；再从宏观层面分析了基础设施投资、资源型产业和农村电商等对江西省赣南原中央苏区区域经济振兴和农户减贫效应；而后从微观层面进一步深入分析了劳动力转移、农户健康水平

等对赣南原中央苏区农户减贫影响路径；最后根据可持续性发展的生计资本框架测算了农户贫困脆弱性，分析农户返贫的可能性，从而提出进一步完善农村区域经济振兴和农户脱贫致富的对策和建议。

在以多维贫困为核心减贫效果评估方面，刘艳华所著的《中国农村多维度贫困的地理识别及扶贫模式可持续减贫效果评估》在梳理和总结国内外贫困研究文献及相关研究成果的基础上，选择国际上应用比较广泛的脆弱性——可持续生计分析框架作为多维度贫困研究的分析基础，通过引入地理学方法和技术手段，首先将县级尺度上的自然地理要素与经济社会要素相结合，提出中国农村多维贫困的地理识别方法，进而利用该方法对全国进行贫困区识别及类型区划分，并与国家划定的扶贫开发重点县进行效果对比与评价；其次，在发展的多维贫困地理识别方法基础上，构建扶贫模式可持续减贫效果评估框架，对我国发展的扶贫开发模式改善贫困农户可持续生计状况的作用机理进行探析；最后，以行政村为单元，对宁夏固原市开展农村多维度发展水平度量。庄天慧所著的《四省藏区多维贫困及其治理对策研究》采用多维贫困理论，定义贫困维度，选择贫困衡量指标，利用公开统计资料、课题开展的村庄和农（牧）户典型抽样调查资料，对区域整体贫困和农牧民的经济贫困、能力贫困、社会排斥、生态贫困等状况进行分析评价。利用描述性统计、回归分析法等方法，从区域自身文化、社会、环境等因素和贫困农牧民个体的角度，找出影响贫困治理效果的因素，为藏区多维贫困治理政策制定提供更加科学的依据。立足四省藏区实际，因地制宜，总结提炼多维贫困治理的路径与模式。

三、聚焦精准扶贫的扶贫脱贫机制研究

精准扶贫是在科学有效的标准和程序下，因时、因地对贫困地区、贫困村和贫困户进行精确识别，按照当地的实际情况开展帮扶和分类管理，并根据动态的准入和退出机制做出精准考核的过程。在对精准扶贫的综合机制和成效提升等方面，专家学者进行了深入研究。

在扶贫脱贫综合机制研究方面，雷明、姚昕言所著的《贫困与贫困治理——来自中国的实践（1978—2018年）》围绕贫困与贫困治理这一主题，基于中国反贫困实践（1978—2018年），提出了许多内涵丰富、谋划深远的理念和观点，深刻地阐述了贫困与贫困治理内涵外延、贫困与贫困治理思想

基础，提出了贫困与贫困治理理论架构，分析了贫困与贫困治理模式选择、实现路径、机制设计、制度安排以及组织保障等诸多重大理论和实践问题。刘俊英所著的《项目制贫困治理：理论与实践》综合运用管理学、经济学、社会学以及政治学等多学科理论和方法，围绕项目制贫困治理问题，对中国项目制扶贫的运作逻辑、参与主体、政策执行碎片化、目标异化、治理困境及其实现路径等一系列问题进行深层次的理论分析和实证考量，为中国项目制扶贫政策的高效实施提供了较具操作性的指导性意见和建议。刘小鹏所著的《发展地理学视角下区域贫困的地方化》结合国家2020年、2035年、2050年目标，借鉴发展地理学空间分异、空间扩散和空间整合分析框架，梳理贫困地理研究进展与趋势，紧扣可持续发展地方化趋势，构建适用于区域贫困研究的地理贫困分析框架，系统研究区域贫困地方化机制，进一步探讨了贫困治理和可持续减贫的原则、战略、行动计划、模式和路径选择等。谭贤楚所著的《武陵山农村贫困的形成机理与治理研究——以恩施州为例》坚持"守正出新"原则，对武陵山农村贫困的形成机理进行了探讨，提出了一种新型的贫困治理机制，认为"输血与造血"协同互动的扶贫模式是未来农村扶贫模式的基本方向"，并构建了与主体相互适应的"贫困人口 + 政府 + 社会"的动态扶贫演进模型，提出了相应的政策性建议。

在提升扶贫成效机制研究方面，国务院扶贫办政策法规司立足脱贫攻坚新阶段，选择了15个具有很强的前沿性的选题，以15篇研究成果编写形成了《脱贫攻坚前沿问题研究》，或以新的视角审视中国减贫历史进程与脱贫攻坚整体布局，或系统阐释脱贫攻坚战重要的理论实践创新，或是面向未来扶贫战略的转型与探索。这些研究报告或论文较为深入地回答了脱贫攻坚的重大意义，系统阐述了破解脱贫攻坚实践难题的路径，深入分析了未来中国减贫战略如何转型等重要问题。傅蕴英所著的《中国特色反贫困理论与实践研究》通过中国经济转型的视角来组织研究内容，得出贫困线的确定及贫困测度应该结合经济发展阶段和各地区发展实际，对现有微观住户调查数据的深入加工处理可以完善现有研究，中国经济转型期的金融发展无论从金融深化维度的金融市场化还是从金融宽度维度的金融排除都扩大了城乡居民的收入差距，交通基础设施建设发展的减贫效应需要"量"和"质"的共同增加和提升，统筹城乡政策的实施确实有利于减少贫困等多个重要结论，对于当前的扶贫开发工作具有一定的理论价值和明确的现实指导意义。阿拉坦格日乐所著的《精准扶贫进程中内蒙古贫困牧户可持续生计研究》具体从生计可持续的视角审视精准扶贫工作，并结合内蒙古牧区这一集民族地区、边疆地区、生态屏障地区等多种特点于一体的研究对象，实证分析和评价了内蒙古牧户的贫困状况和贫困的原因，并进一步探讨了影响牧区牧户获得五大生计资本的要素，提出了消除牧户获得可持续生计资本的各种影响和制约要素方面的建议。刘宇翔所著的《欠发达地区农民合作扶贫模式研究》构建了以农民合作社为载体的扶贫模式即农民合作扶贫模式，推进欠发达地区的扶贫工作进程，为贫困地区农民脱贫构建了一个可持续发展的扶贫经济组织体系，为政府扶贫工作提供了新的思路和模式，通过农民合作社扶贫体系实现政府主导，扶贫主体多元化、扶贫资源内外整合联动的协调发展路径，将农民合作社发展资源、扶贫资源、农民资源、农村集体经济资源、政府扶贫资源、社会慈善资源有效的整合，进一步提高政府扶贫资金的使用效率和乘数作用，鼓励并带动社会多主体参与扶贫事业，激发贫困人口自我扶贫的能动性，从输血式扶贫转为造血式扶贫，提高贫困人口的组织化程度，降低返贫发生率。

四、聚焦实现如期脱贫的扶贫路径创新研究

不同类型的贫困人口致贫原因不尽相同，不同地区的贫困程度差异也很大，因此需要因地制宜、因人施策，确定具体的扶贫脱贫路径，实现精准扶贫脱贫。专家学者们针对扶贫脱贫的不同路径及其选择进行了研究和比较分析。

五、产业扶贫研究

产业扶贫作为“五个一批”的重要环节，既是提高贫困地区自我发展能力的根本举措，又是贫困地区建立长效机制的重要内容。李秀芬所著的《区域发展诊断视阈下民族地区产业扶贫精准性研究》以区域属性为切入点针对民族地区产业扶贫精准性问题进行研究，主要依托社会学、民族学、产业经济学、发展经济学、区域经济学、新制度经济学等理论，阐释区域发展二重目标——区域功能永续性与人的全面发展，构建区域发展诊断框架，将产业扶贫精准性诊断归纳为六个步骤、三类要素，进而以“一种经济学，多种药方”的思维方式探讨民族地区生态保护与产业扶贫之间的协同关系，为中国在新时代扶贫战略发生重大转变背景下探索出一套好的体制机制提供理论借

鉴。熊正贤、吴黎围所著的《特色文化产业扶贫问题研究——以武陵山连片特困地区为例》聚焦武陵山区特色文化产业扶贫问题，以产业扶贫理论为基础，以特色文化产业扶贫成效为落脚点，系统阐述了特色文化产业的概念、特征、类型与发展模式，深入分析了武陵山区致贫因素、扶贫现状和成效，对武陵山区文化旅游产业、特色演艺产业、特色工艺产业三种类型进行绩效评价，进而从制度设计、需求侧和供给侧方面提出对策建议。陈治松所著的《助力脱贫攻坚校园携手田园：贵州“校农结合”扶贫模式研究》从贵州“校农结合”的诞生、发展、升级、推广、效果等方面，对黔南民族师范学院开创定点采购、产业培扶、基地建设、示范“校农结合”助推毛南族贫困群众率先脱贫精准扶贫模式的过程进行讲述、分析，对乡村振兴、产业发展、民族融合、高校人才培养等均提供了丰富的实践经验和创新思路。耿宝建所著的《产业扶贫法律服务实务与风险防范》内容涵盖招商引资、采购招标、合同模式设计、土地供应、项目公司管理运作、产业扶贫项目资金管理、扶贫项目现场法律服务实务等，并附上了扶贫项目刑事法律风险防范途径和产业扶贫常用法律文书范例，是律师参与精准扶贫法律服务实务的一本较为全面、专业的书籍，可为产业扶贫研究提供法律方面的支撑。

六、易地扶贫搬迁研究

易地扶贫搬迁作为精准脱贫的重要组成部分，旨在通过“挪穷窝”“换穷业”“拔穷根”方式，有效解决“一方水土养不起一方人”的贫困地区脱贫问题，打破贫困的代际传递和恶性循环。经过多年建设与发展，我国易地扶贫搬迁项目取得巨大成绩，但也暴露出很多问题，对通过易地扶贫搬迁项目持续解决脱贫产出较大影响。侯军岐所著的《易地扶贫搬迁项目管理前沿问题理论与实践》针对我国易地扶贫搬迁前沿理论与实践问题进行研究，对易地扶贫搬迁有序推进提出了针对性的建议。何玲玲、区小兰所著的《易地扶贫搬迁与新型城镇化协调发展：基于广西深度贫困地区的实践研究》以广西深度贫困地区为范例，研究该地区易地扶贫搬迁政策执行和新型城镇化建设过程中遇到的阻力与困难，并富有创新性地提出将易地扶贫搬迁与新型城镇化有机衔接，实现两者协调发展。在扶贫方面，以易地搬迁的形式扶贫，以搬迁人口市民化的方式加速城镇化；在城镇化方面，在提高城镇化率和城镇化水平的同时创新了易地扶贫搬迁的形式，促进广西深度贫困地区易地扶贫搬迁与新型城镇化协调发展是促进搬迁人口市民化以及提高该地区经济发展水平的有效路径。陈胜东、孔凡斌所著的《农户生计改善视域下区域易地扶贫搬迁政策评价研究：以赣南原中央苏区为例》以赣南原中央苏区13个县为研究对象，从农户家庭生计资本角度，通过比较移民农户在实施移民搬迁前后家庭生计资本的变化情况，来反映区域易地扶贫搬迁政策实施所取得的实际效果，并根据移民农户对现阶段移民政策实施的满意度调查情况，寻找易地扶贫搬迁政策在实施过程中存在的不足之处，结合移民农户对易地扶贫搬迁政策的不同需求，提出进一步完善易地扶贫搬迁政策的具体措施。

七、财政扶贫研究

财政扶贫是中国农村扶贫政策体系的重要组成部分，中国的扶贫最早是从财政扶贫开始的，30多年来的财政扶贫为贫困地区基础设施建设、公共服务、社会保障、环境保护和产业发展等多方面扶贫开发工作提供了资金保障。专家学者们通过研究探讨财政农村扶贫政策的优化路径，以期实现提升政府扶持效率的目标。朱良华所著的《财政扶贫的收入分配效应研究》以财政扶贫的收入分配效应为论题，首先，系统阐释了财政支持扶贫的理论依据，并进一步解构了财政扶贫调节收入分配的作用机理；其次，对我国贫困地区农村收入分配现状进行剖析，重点考察了财政扶贫的实践情况，再次，以调研获得的广西54个贫困县数据为例，对财政扶贫的收入分配效应进行实证分析，定量评价了财政扶贫调节收入分配的效率，并深入剖析了相关影响因素，最后，结合实证分析结论，提出了进一步改善财政扶贫调节收入分配效率的相关建议，供扶贫决策和执行部门参考。曹润林所著的《中国农村反贫困财政政策研究》从能力、动力、地理三个维度剖析了农村贫困的成因，重点阐述了农村反贫困作用机制，进而设计了财政政策农村反贫困的路径，包括财政政策对农村能力贫困、动力贫困、地理贫困三个方向，剖析了其中的内在逻辑机理，为政策建议出台厘清了脉络思路。李丹所著的《财政转移支付对贫困地区财政收支行为影响研究：基于国定扶贫县的实证分析》通过实证分析证明，随着财政转移支付的增加，无论是地方政府财政收入的相对规模，还是财政收入的绝对规模，均存在下降的情况，这将导致国定扶贫县越来越依赖财政转移支付，这直接损害了转移支付的“效率”。此外，随着转移支付的增加，地方政府降低财政努力度的行为非常明显，人均净转移支付显著降低了地方政府的财政努力度，从分地区的考察中，“老、少、边、穷”均存在这种情况。

八、教育扶贫研究

教育扶贫既是手段也是目标，通过扶志、扶智，转变贫困人口的文化观念，可以提升其文化素质和技能，增加收入，巩固脱贫效果。李兴洲、白晓、张琦所著的《中国教育发展与减贫研究》从消费扶贫、家长教育、台湾偏乡学校教育视角分别论述了如何脱贫攻坚、教育扶贫、提升偏乡教育质量问题，并以农村小规模学校、薄弱学校、教育评价指挥棒问题为切入点，探讨教育质量优化路径和职业教育发展对精准扶贫的促进作用。史志乐所著的《走进贫困的教育：如何阻断贫困代际传递》综合发展经济学、教育经济学、计量经济学等相关理论和方法，通过规范研究和实证研究、定性分析与定量分析相结合，在统一的逻辑框架中，从贫困家庭教育的视角，比较系统地分析了我国教育脱贫的机理与策略，为如何阻断贫困代际传递提供了理论和政策参考。许峰、张岩松所著的《高职院校专业群建设研究：兼论职业教育精准扶贫》从人才培养模式、校企合作机制、课程体系与实践教学体系构建、教学团队建设等方面对专业群人才培养创新工作进行了深入探讨，兼论职业教育精准扶贫，重点阐述了职业教育精准扶贫的内涵、意义、理论基础以及存在的突出问题，并在此基础上提出了职业教育精准扶贫的战略定位、基本原则和有效策略。张艾力所著的《民族教育扶贫理论及其内蒙古实践》认为民族教育是社会主义教育事业的重要组成部分，民族教育政策的价值取向决定了民族教育扶贫功效的必然性，有利于推动社会主义民族关系的进一步深入，建构民族教育扶贫政策体系，加速民族教育扶贫能力现代化，有利于增强高校为贫困地区服务的能力，并以内蒙古为例，对民族教育扶贫政策体系构建、能力现代化提升等方面的问题提出了针对性的对策。

九、金融扶贫研究

金融扶贫既是金融机构积极为国家扶贫战略服务的充分表现，也是现阶段我国金融发展的重要体现。张爱玲所编著的《金融支持精准扶贫研究》分别从扶贫思想及做法、扶贫资金管理、金融扶贫政策体系及工具、金融扶贫资金渠道和融资模式角度全方位介绍了我国金融支持扶贫的理论与实践体系，为下一步我国金融机构如何进一步加大参与精准扶贫的力度提供参考。喻新安、杨保成所著的《深度贫困地区金融扶贫创新研究》从实践层面总结了深度贫困地区金融扶贫主要形成的地方政府主导型、金融机构主导型和其他组织主导型三种金融扶贫模式，并以在破解金融扶贫小额信贷政策落地难的世界性难题方面形成典型经验的“卢氏模式”为例，对深度贫困地区金融扶贫创新绩效进行了实证评估。祁晓慧、乔光华著作的《金融扶贫的实践与成效：以内蒙古农村牧区扶贫小额信贷为例》梳理了内蒙古金融扶贫发展历程与概况和五种典型的金融扶贫模式，并对贫困户贷款需求、减贫效果、还贷信用展开实证分析，提出内蒙古自治区农村牧区在贫困户金融服务中存在的主要问题，并具有针对性地给出政策建议。在金融扶贫的实践创新中，保险作为规避风险的金融产物，随着其规模与影响力的不断扩大，在服务“三农”以及补充社会保障体系等方面的作用得到不断深化。江生忠、薄滂沱著作的《保险助推脱贫攻坚理论与实践》探究了保险业在支持农村扶贫工作的有关内容，主要从保险扶贫的必要性、优势、发展现状及发展建议等方面展开研究，明确保险的基本职能是损失赔偿和经济给付，派生职能包括防灾减损和资金融通，保险所具有的职能正好契合着精准扶贫的理念，可见保险在扶贫工作中可以大有作为。

十、生态扶贫研究

精准扶贫的目标不仅在于贫困地区精准脱贫，更在于贫困地区的可持续发展。在我国扶贫攻坚和全面建成小康社会的决胜期，应把绿色发展理念“注入”精准扶贫的实践中，从而推动贫困地区实现精准脱贫，引领贫困地区走向绿色可持续发展。甘肃省位于西北内陆，生态脆弱是其优选的自然特点，贫困落后是其优选的社会问题。如何正确处理和化解经济发展与环境保护的矛盾，实现生态建设和扶贫开发齐头并进，是亟待解决的问题。杨文静所著的《绿色发展理念下精准脱贫可持续性研究——以甘肃省为例》则以甘肃贫困地区精准脱贫研究为切入口，深入研究甘肃省贫困地区精准脱贫可持续问题，为甘肃省贫困地区实现可持续发展提供思路与方向。李虹所著的《贵州省生态资本与反贫困研究》立足于贵州省经济转型时期的背景，研究了生态贫困的生成机制，通过对贵州省生态资本的载体——贵州省的自然资源与生态环境的情况进行研究，来论证发展贵州省生态资本对贵州省经济发展与反贫困的意义。结合CAS理论与博弈论，对贵州生态资本进行了主体分析，并结合贵州省循环产业新技术应用与环境污染责任保险市场研究了不同博弈主体，总结了运用生态资本反贫困的经典案例，从理论与实践层面为正在进行的贵州省精准式反贫困提供切入思路。曾维忠、杨帆所著的《森林碳汇扶贫理论、实证与政策》阐明了森林碳汇扶贫的基本内涵和本质特征，剖析了森林碳汇项目开发对区域和个体减贫的影响机理，搭建了森林碳汇扶贫理论分析框架，深入分析了西南民族地区森林碳汇扶贫现状与挑战。在此基础上，从项目实施区域及其社区农户微观尺度，实证研究了在西南民族贫困地区实施的森林碳汇项目社区农户持续参与意愿、行为选择与参与障碍、农户扶贫效应感知及其关键影响因素，创建了森林碳汇扶贫绩效评价指标体系，定量测评和验证了典型项目开发的阶段性综合扶贫绩效，并提出了以关注贫困人口受益和发展机会创造为核心理念的森林碳汇扶贫发展思路、政策框架及建议。

十一、旅游扶贫研究

乡村旅游扶贫是旅游产业发展与扶贫活动的结合，它将贫困居民的生计能力的提升嵌入到乡村旅游产业的发展中，将贫困村的生态环境和文化转换为可增值的旅游资本，从而提升贫困居民的人均资本量，带动脱贫增收。梁留科所著的《乡村旅游扶贫理论与实践》着重围绕乡村旅游扶贫的理论、扶贫对象的认知、乡村旅游扶贫项目的建设和运行、乡村旅游扶贫中居民的参与和收益分配等几个方面展开研究和探讨，指导乡村旅游扶贫的实践和研究的开展。《重庆渝东南民族地区旅游精准扶贫研究》将精准扶贫理论拓展至民族地区旅游扶贫研究领域，系统构建民族地区旅游精准扶贫的理论框架，讨论了新时期重庆民族地区旅游扶贫的环境变化及其影响，新时期重庆民族地区旅游扶贫的实践探索与现实困境，重庆民族地区居民感知旅游扶贫价值，精准扶贫视角下重庆民族地区旅游扶贫模式创新，新时期推进重庆民族地区旅游精准扶贫的路径和案例研究，并针对性提出指导渝东南民族地区科学实施旅游精准扶贫的对策建议，具有较高的学术价值和实践意义。新时期，在乡村振兴背景下，乡村旅游是农民就业的重要渠道之一，更成为有效吸纳贫困人口就业的重要途径，因此就乡村振兴战略背景下乡村旅游扶贫现状及优化措施进行深度研讨十分有必要，曾蓉所著的《基于乡村振兴背景下乡村旅游扶贫研究》指出，在助力乡村振兴过程中，乡村旅游规划必须要紧扣“产业兴旺、生态宜居、乡风文明、治理有效、生活富裕”的总要求，明确发展的问题及瓶颈，确定遵循乡村旅游规划的重点，始终遵循“居游共享”的理念，在乡村公共设施规划中，同时满足游客和居民的需求，并注重与乡村整体环境协调。以此提出更为有效的策略，使乡村旅游扶贫效益辐射到更大范围的乡村贫困群体，确保农业和农村经济顺利健康发展、人民安居乐业。

十二、电商扶贫研究

互联网时代，电商扶贫作为精准扶贫的重要创新模式，为贫困地区赋能，为扶贫开发开辟了新路径，是我国贫困地区实现弯道超车的有效途径。其间的成就与困难同在，是一个值得期待的新事物，也是一个亟待研究的课题。姚庆荣所著的《电商扶贫理论与实践》一方面在理论阐释了电商扶贫是什么、为什么、怎么做的基础上，对“互联网+”时代我国电商扶贫的发展历程、典型模式和未来趋势进行了全面考察和审视，为探索建立一套由政府、农户、电商平台、电商协会等相关主体共同参与、共担风险、齐心合作的电商扶贫创新模式奠定了基础；另一方面，从实践的角度对甘肃省贫困面大、贫困程度深、贫困发生率高的18个省定深度贫困县电商扶贫现状、主要做法、基本经验、存在的问题以及解决机制作了详细阐述，起到了典型带路和示范引领作用。关洪军所著的《电子商务精准扶贫研究》综合运用个案研究、规范研究、比较分析等方法，分析电子商务扶贫发展的现状，分析电子商务精准扶贫的作用机理，概括电子商务精准扶贫的模式路径，探讨电子商务精准扶贫的运行机制，并对工作机制、帮扶机制、资金管理机制、评价考核机制、金融服务机制和社会参与机制进行具体细化。赵丽所著的《少数民族县域跨越式发展与电商扶贫开发》围绕贫困县发展电子商务的政策方针、发展路径、存在的问题及规避措施四个问题，详细介绍了少数民族贫困县发展电子商务的策略，多方位构建少数民族县域电子商务发展体系，从智力渗透、方向指引、网商培育、应用驱动等几个方面落实政策，并针对贫困恶性循环、双边市场不对等、后发优势陷阱、知识经济陷阱等问题，提出县域电商发展应该控制好发展节奏，扩大社会资本，做好土地流转，培育基础产业等建议。

十三、其他扶贫路径研究

健康扶贫研究方面，李华所编著的《国际社会保障动态：健康贫困治理行动与效果》在界定了“健康贫困”及其治理的基础上，系统梳理了健康贫困治理理论，进而建立了以政府为主的多元主体共同治理体系，即医疗保险、医疗救助和慈善、医疗服务为主的健康贫困治理理论分析框架，并分析了中国医疗卫生保障改革行动——大病保险、商业医疗保险和分级诊疗治理健康贫困的效果，剖析了我国欠发达地区和发达地区各自治理健康贫困的典型案例。就业扶贫研究方面，人力资源和社会保障部就业促进司将各省就业扶贫典型案例汇编成《就业扶贫在路上》，综合反映了就业扶贫工作的进展和成效，包括整体情况介绍、富有地方特色的政策措施、机制建设、具体办法、取得成效等，突出了各省区为政策落实、精准识别和精准服务、省内劳务协作、省际间劳务协作、就地就近就业、创业带动、或省内自行确定的创新做法。语言扶贫研究方面，在“脱贫攻坚战”的大背景下，语言学界也积极参与其中，通过语言扶贫、语言减贫实践以及语言与贫困的相关研究为国家大战略服务。李宇明所编著的《语言扶贫问题研究》是这一领域已刊发论文的论文集，围绕“语言扶贫的理论与实践、语言能力与人力资本、儿童语言教育与贫困代际阻断”这三个主题，选取了20余篇有代表性的文章。该著作是聚焦语言扶贫、语言与贫困问题的首本文集，具有较大的理论价值和实践指导价值。

十四、社会参与下的大扶贫格局理论探索

全社会力量参与扶贫开发，是中国特色扶贫开发道路的重要特征，也是我国扶贫开发事业的成功经验。吴大华、刘杜若、黄景贤所著的《东西部扶贫协作问题研究——以贵州省为例》以东西部扶贫协作过程中存在的问题为研究对象，侧重分析探讨了扶贫协作城市之间的产业与资源优势互补匹配，从承接产业转移、园区共建、开展长远产业合作、开展产销对接和建立互利共赢合作机制等角度提出了对策建议，为国家和地方政府提升东西部扶贫协作精准性、强化实效性提供有关决策参考。中共贵州省委政策研究室、贵州大学所著的《中国反贫困的贵州样本——以恒大集团帮扶大方县为例》系统梳理了恒大集团结对帮扶贵州省大方县两年来取得的阶段性成果、经验总结

和成功模式，包括通过实地调研形成的报告和理论研究，产业扶贫、教育扶贫、易地扶贫搬迁、金融扶贫等典型模式具体案例，各级媒体报道以及党对恒大帮扶大方县的重要批示和实地考察大事记，形成中国反贫困的贵州样本、“政企合作扶贫”的全新模式，为探索我国脱贫攻坚、全面小康提供了重要的理论参考和实践借鉴。钟玲、陈莉所著的《扶贫社会组织多维公信力研究》以我国扶贫领域的多个社会组织为研究对象，考察分析了扶贫类社会组织公信力建设的四个维度，包括管理公信力、财务公信力、专业公信力和社会公信力方面的发展状况、存在问题及机制措施等。《扶贫社会组织多维公信力研究》旨在通过对扶贫类社会组织公信力现状的分析和讨论，透视其他类别社会组织的公信力现状，从而影响并推动我国社会组织整体公信力的建设，使社会组织在社会治理中充分发挥作用，促进整个社会的良性和谐发展。武汉大学、全国扶贫宣传教育中心主编的《中国反贫困发展报告（2018）——公益慈善扶贫专题》以治理理论为理论基础，对治理理论的内涵，治理与贫困治理的关系以及贫困治理的社会性进行了分析，为公益慈善扶贫及贫困治理研究提供了一个新的研究思路。公益慈善扶贫是社会扶贫的一种方式，对公益慈善扶贫的研究可以丰富社会扶贫的相关理论研究。

十五、特殊区域扶贫脱贫研究

进入攻坚拔寨关键期，脱贫攻坚剩下的都是贫中之贫、困中之困，都是难啃的“硬骨头”，亟需针对不同贫困地区和贫困人口致贫原因和脱贫需求，制定合理的减贫措施，从而亟需采取差异性、多样化的扶贫策略，提高扶贫效率。

连片特困地区扶贫开发研究方面，潘明明所著的《连片特困区产业精准扶贫模式研究：以新疆三地州为例》以新疆三地州为对象，以产业扶贫为切入点，依托精准扶贫理念，对连片特困区产业精准扶贫模式展开研究，对在连片特困地区最大限度发挥产业扶贫模式扶贫的带动能力，尽快、尽早消除贫困人口的贫困问题具有重要现实意义。

民族地区扶贫研究方面，李俊杰所著的《民族地区特殊类型贫困与反贫困研究》围绕“特殊类型贫困与反贫困”这一主题，构建了民族地区特殊类型贫困问题研究的总体框架，同时将涵盖有民族地区的 11 个集中连片特殊困难地区分成生态脆弱区、省际交界区、特殊地缘区、特殊文化区四类，并提出了反贫困分类研究设想。通过选取干旱牧区、武陵山区、滇桂黔石漠化区、滇桂边境地区、高寒藏区作为重点研究区域，从各区域特殊类型贫困的现状特征、致贫机理、减贫成效、反贫困制度创新四个方面展开深入研究。方堃所著的《民族地区精准扶贫难点问题研究》从产业扶贫、旅游扶贫、电商扶贫、易地扶贫搬迁、教育扶贫、健康扶贫、社会扶贫、基础设施扶贫等多维实践中总结和凝练出民族地区如何破解制约脱贫的关键瓶颈和突出困难，并以问题为导向，将其纳入系统性、整体性、协同性的思维框架中探寻解决之策，同时，基于公共治理的视角，打破传统碎片化、分散化的扶贫格局，着力构建趋于整体性治理的反贫困机制。

边境地区扶贫研究方面，黄世芳所著的《益贫式边境贸易探究：基于广西中越边境贸易的实践思考》探讨边境贸易的制度因素，提出“益贫式边境贸易”制度的理念，其核心在于使边境贸易制度更加有利于贫困人口。作者认为“益贫式边境贸易”的关键在于让边境贫困人口有更多的机会和更强的能力参与边境贸易，同时推动边境贸易转型升级，更好地把边境贸易的红利留在边境本地经济循环系统之中，这样才能让边境地区摆脱“贫困陷阱”。

革命老区扶贫研究方面，中国社会科学院人口与劳动经济研究所百县调研组所著的《红色革命老区脱贫之路的启示：红安篇》总结了红安改革开放40年来实现脱贫致富的道路，提出三条可借鉴经验：一是充分发扬红色革命传统，积极开发红色资源。主要是将红安精神融入各行各业发展之中，突出优势资源，做好资源普查，坚持多维开发；二是秉承绿色发展理念，积极探索绿色发展新路子，包括坚持“生态立县”战略，科学制定县域经济发展规划，坚持“绿色可持续”原则招商引资；三是勇于开拓创新，提出“4321”健康扶贫模式，开拓了解决看病难题的新思路。

十六、案例研究与脱贫纪实

党的十八大以来，各级政府和社会各界积极参与脱贫攻坚创新实践，取得了积极进展。汇编和研究扶贫脱贫典型案例，记录脱贫扶贫实况，有利于提炼扶贫先进典型，总结推广好的经验做法，形成可复制、可借鉴、可推广的操作模式，同时也对弘扬脱贫攻坚精神具有重要意义。

（一）典型案例汇编与模式总结研究

国务院扶贫开发领导小组办公室、脱贫攻坚先锋系列图书编辑委员会主编的《脱贫攻坚先锋》将2018年全国脱贫攻坚奖获奖先进单位的事迹，以出版物形式记载下来，并通过这种形式讲好中国扶贫故事，宣传中国扶贫成就，展现新时代中国特色社会主义道路、理论、制度、文化自信，展现中国减贫模式和成效，不仅是对中国而且对世界减贫事业及全人类发展均具有重要意义。周宗敏主编的《中国扶贫故事》一书，用100个真实、生动的案例和样本，记叙了过去5年多来中国扶贫领域的深刻变化，讲述了中国反贫困是怎样一个壮举，中国人究竟“发明”了哪些创举使得贫困的发生率降低，当年贫困之地、贫困之人，如今生存境遇得到了怎样的改善，以及扶贫不仅仅是中国自己的事，它还托举着全人类共同的进步事业。中共中央组织部组织二局编纂的《抓党建促脱贫攻坚案例选：战斗堡垒》中收录近50个案例，由河北、山西、内蒙古、辽宁等28个省（自治区、直辖市）党委组织部推荐，重点是党员在带头致富、带领致富、扶贫助困、移风易俗等方面发挥先锋模范作用的做法、成效、体会。这些案例具有典型性、代表性，真实、可学、管用。通过这些案例，可以为各地抓党建促脱贫攻坚提供启迪和借鉴。《扶贫领域腐败和作风问题案例剖析》一书通过对扶贫领域腐败和作风问题典型案例进行分析点评，剖析违纪问题的构成和性质，比照中央要求和文件规定，深入揭露问题的严重性和危害性，并通过具体法条链接的对应使违纪事实与定性处理能够有效衔接，不仅为纪检监察干部查处此类问题提供参考和指引，同时也对广大党员干部起到警示教育作用。张丽君、吴本健、张春敏、和萍主编的《中国少数民族地区精准扶贫案例集（2018）》在教育扶贫、大数据扶贫、旅游扶贫、公益扶贫、资产收益扶贫、交通扶贫、林业扶贫、农垦特色产业扶贫等领域结合实地调研的相关资料，从该领域扶贫的背景及现状、扶贫模式的机制和做法、存在的问题和风险以及该领域扶贫相关案例的启示和推广价值等方面做出介绍，旨在为少数民族地区扶贫工作提供案例样本。农业农村部信息中心将2018年全国各地基层电商扶贫工作实战案例汇编成《2018农村电子商务案例选》，主要收集包括河北省、山西省、内蒙古自治区、广西壮族自治区、重庆市、贵州省、甘肃省等20个省份的电商资料，并对这些实践工作进行了经验总结，对当前开展农村的电商扶贫工作有很强的借鉴性和指导性。

（二）区域案例研究与脱贫纪实

省级案例研究与脱贫纪实方面，贵州省社会科学院、魏后凯、檀学文编著的《扶贫攻坚示范区建设的贵州实践》介绍了贵州省的贫困状况和扶贫开发过程，提出了六个方面的重点任务；对未来的总体路线图、差别化战略、片区扶贫开发战略等分别进行了探讨，提出了“两个融合”“三个统筹”“三个完善”、强化组织引导等针对性政策建议。李秀芸、杨雪英所著的《江苏省农村精准扶贫脱贫致富实践研究》立足精准扶贫语境，在整体贫困研究的基础上，分析江苏省不同区域的精准扶贫、脱贫致富实践，针对不同区域贫困差异及致贫因素进行了比较分析和探讨，进而提出缓解相对贫困对策的建议，尝试提供反贫困的参考价值。杨盛菁所著的《乡村振兴视域下甘肃省扶贫脱贫效果的调查案例研究》采用问卷调查和个案研究相结合的方法，对选取的贫困村、扶贫车间、专业合作社等研究对象进行实地调查，从农户特征及致贫原因、政策知晓及参与情况、实施效果及满意度、乡村振兴及未来发展等方面进行深入研究，在此基础上剖析扶贫脱贫政策实施过程中存在的问题及成因，并有针对性地提出了有效推进甘肃省脱贫攻坚的对策建议。

县级案例研究与脱贫纪实方面，国务院扶贫办全国扶贫宣传教育中心、中央党校党章党规研究中心和民生智库编撰的《守护神圣国土　建设幸福家园——中国新时代脱贫攻坚的曲水实践》全面总结了曲水县实施精准扶贫精准脱贫方略的许多做法，特别是在抓党建促脱贫、产业扶贫、教育扶贫、易地扶贫搬迁、社会保障扶贫等方面的成功经验，曲水县脱贫攻坚的成功实践对于解决西藏其他贫困地区，乃至全国其他少数民族地区、贫困地区的贫困问题具有重要借鉴意义。刘善庆、刘超、田延光所著的《赣南产业扶贫与乡村振兴：赣州市信丰县、兴国县、安远县的实践》依据赣南十八县（市、区）各自经济社会发展情况，将其划分成上、中、下三个等次，选择了信丰县、兴国县、安远县三个典型县及其乡（镇）进行解剖，深度观察三地从本地实际出发，积极进行产业扶贫与乡村振兴的实践，提出赣南乡村振兴的重要途径是通过产业扶贫助力贫困人口脱贫，并在此过程中不断积累产业发展的动能，加速一二三产业融合，努力壮大农业产业，最终实现赣南乡村振兴。

村级案例研究与脱贫纪实方面，中国社会科学院社会学研究所国情调研特大项目“精准扶贫精准脱贫百村调研”对全国范围内兼具代表性和典型性的100个贫困村开展村庄国情调研，并陆续出版了紫霞村卷、太邑村卷、龙凤村卷等系列图书，分别阐述了各个村庄基本状况、贫困状况及其演变、贫困的成因、减贫历程和成效、脱贫和发展思路和建议等，以及在调研过程中结合村庄特点的专题性研究。廖永松所著的《党建下的苗村脱贫之路》以识村情为起点，阐述了交汪村的贫困特征、原因及脱贫攻坚的主要方向。通过田野调查，定量分析了2015—2017年这一阶段建档立卡贫困户识别、帮扶措施、考核评估及退出等贫困治理过程中所取得的成绩、经验和存在的问题。从长远来看，全面提升村民文化素质，统筹城乡发展，以县城建设为带动的乡村振兴是实现村民进城稳定就业和全面脱贫的根本途径。

（三）脱贫攻坚与乡村振兴战略有效衔接与协同发展研究

现阶段，我国正处于乡村振兴与脱贫攻坚叠加推进、历史交汇的时期，深入研究脱贫攻坚与乡村振兴有效衔接，推动两者协同发展已成为当前学术界研究重点。魏后凯、吴大华主编的《精准脱贫与乡村振兴的理论和实践》是由中国社会科学院农村发展研究所、贵州省社会科学院主办的“乡村振兴战略与精准脱贫研讨会暨第十四届全国社科农经协作网络大会”的重要成果，主要探讨了实现乡村振兴和精准脱贫面临的现状、难题和挑战及对策。郑长德主编的《减贫与发展（2019）：2020年后的乡村振兴与贫困治理》以相对贫困与乡村振兴战略为主题，对新时期贫困地区脱贫攻坚问题、乡村振兴战略理论与实证研究以及脱贫攻坚与乡村振兴的民族地区实践进行探讨，并对2020年后的乡村振兴与贫困治理提出了有益的政策建议。周少来所著的《党政统合与乡村治理——从精准扶贫到乡村振兴的南江经验》指出南江县推动绿色发展和乡村治理的主要经验集中体现在：确立先脱贫攻坚再乡村振兴的目标逻辑；坚持下好改善基础设施“先手棋”；大力发展绿色生态产业；加快推进城乡要素双向均衡流动；不断提升乡村治理体系和治理能力现代化。这些经验不仅对同属秦巴山区的80个县域具有重大的启发示范意义，对全国广大山区县域推进乡村振兴、实现有效治理也有重要参考价值。鲁可荣、杨亮承所著的《从精准扶贫迈向乡村振兴》总结了云南省扶贫办与乐施会（香港）开展靠前扶贫合作项目历程、实践成效及经验启示，立足新时代乡村振兴和精准扶贫战略需要，深入分析近年来“留住乡村”项目的创新实践，探索通过活化乡村价值重构村落共同体，促进精准扶贫与乡村振兴衔接的机制和路径。

十七、其他方面研究

扶贫历程梳理研究方面，吴国宝所著的《（1978—2018）中国减贫与发展》全面回顾和分析了中国改革开放40年来的减贫历程和取得的成就，系统研究中国减贫的政策和治理体系及其变化，深入分析中国扶贫的主要做法和经验，中国减贫的主要经验突出表现在实行综合的减贫方式，发挥政府、市场和社会组织在减贫中的作用和注重扶贫创新，不断改进扶贫方式三个方面。王爱云所著的《中国农村扶贫开发研究》以农村扶贫（开发）为研究对象，重点研究新中国成立70年来农村扶贫（开发）的历程和经验。从新中国成立到改革开放前的近30年间，经过农业合作化、人民公社化的发展，农村扶贫工作呈现出重点扶持集体、通过集体经济的壮大改变贫困农民面貌的时代特征。在新中国农村扶贫工作实践基础上，改革开放初期确定了农村扶贫开发方针，此后经过40年的实践，中国农村扶贫开发取得了重大成就，积累了丰富的中国特色减贫经验，为2020年实现整体消除绝对贫困、全面建成小康社会奠定了坚实的实践和理论基础。

在2020年后中国反贫困道路探索研究方面，陈志钢、吴国宝、毕洁颖所著的《从乡村到城乡统筹：2020年后中国扶贫愿景和战略重点》分析了中国减贫工作面临的国际国内形势与新问题，并提出了2020年后中国减贫新愿景，即到2035年建立城乡融合的贫困治理体系，以城乡基本公共服务均等化为减贫战略方向。同时提出了2020年后的减贫战略需聚焦的五个重点问题：未来经济社会发展条件的研判，新贫困标准的制定，城乡统筹的贫困治理体系的建立，基于权利的社会保障体系的建设，保障扶贫投入的财政金融改革，以期为新的减贫战略制定提供决策参考。

老年人贫困研究方面，于长永所著的《农村老龄人口贫困化研究》阐释了农村老龄人口贫困化的现状、特点、成因，并把农村老龄人置于“理性经济人”理论框架之内，分析他们贫困化的生成机制，探讨农村老龄人口贫困发生率的决定因素和农村老龄人口贫困持续期的决定因素，站在“统筹城乡”的视角提出了化解农村老龄人口贫困化问题的对策建议。章晓英所著的《中国西部地区农村老年贫困问题研究》通过对我国西部12个省市区农村老年人的抽样调查和典型调查，估计西部农村老年人的贫困线和贫困率，分析了贫困现状和特征以及贫困的影响因素，提出了一系列全面、针对性强、操作性强的解决西部农村老年贫困的对策，为政府制定西部农村老年扶贫政策提供了参考。

城市贫困研究方面，陈云所著的《城市贫困精准治理体系的建构》介绍了城市贫困的发展趋势、新贫困问题的特点及成因，提出现有城市贫困社会保障机制的贡献与不足，并从精准治贫的角度探讨了城市贫困精准治理主体框架、城市新贫困的目标认定、城市扶贫资源的配置以及监督评估等问题。吴玲所著的《中国城市女性贫困问题研究》运用社会性别研究方法，对我国城市贫困女性进行研究，将社会性别范畴和社会性别分析方法纳入贫困问题的研究，消除社会性别的政策盲视，为制定缓解我国城市女性贫困的经济政策和社会政策提供了新的思路和建议。

城镇化研究方面，杨培峰、薛颖、龙香所著的《贫困地区城镇化的特征及对策研究——以重庆市集中连片特困地区为例》从集中连片特困地区城镇化和城乡空间出发，针对其贫困人口时空分布格局、贫困地区城镇化发展内涵及价值转变进行了深入剖析，分析研究了重庆市集中连片特困地区的贫困现状、困境与发展转型，提出引入益贫式城镇化理论，强调以“人”的实际受益为核心的城镇化发展价值导向，就城镇化发展路径和空间规划模式进行了探索和实证研究，并从城乡规划的角度提出了相关建设对策。

（本文作者为张琦　张欣欣）

附：近年来出版的扶贫研究相关专著

序号	名称	作者	出版社	出版时间
1	空间视角下的城市贫困：格局、耦合与感知	薛东前	科学出版社	2017年6月
2	党建下的苗村脱贫之路	廖永松	社会科学文献出版社	2018年12月
3	精准扶贫与中国特色发展经济学研究	施红	经济日报出版社	2019年2月
4	贫穷的终结：智能时代、避免技术性失业与重塑世界	[美]安妮·罗瑞	中信出版社	2019年1月
5	精准扶贫精准脱贫百村调研·东胜村卷	王昌海	社会科学文献出版社	2019年1月
6	决战赤水：中国首批脱贫出列县	刘子富	新华出版社	2018年11月

续表

序号	名称	作者	出版社	出版时间
7	贫民中的友善探访：慈善工作者手册	[美]玛丽埃伦·里士满	华东理工大学出版社	2019年1月
8	打赢脱贫攻坚战——帮扶脱贫攻坚案例选	本书编写组	安徽师范大学出版社	2019年1月
9	中国特色扶贫战略研究：以甘肃省东乡县为例	王海霞 王国斌	人民日报出版社	2019年1月
10	转型与发展：当代中国农村贫困问题研究	潘泽泉	中国社会科学出版	2019年1月
11	精准扶贫精准脱贫百村调研·紫霞村卷	李群 刘涛	社会科学文献出版社	2018年12月
12	精准扶贫精准脱贫百村调研·太邑村卷	张小溪 张平	社会科学文献出版社	2018年12月
13	精准扶贫精准脱贫百村调研·龙凤村卷	赵学军	社会科学文献出版社	2018年12月
14	精准扶贫精准脱贫百村调研·何畈村卷	叶秀敏 周红	社会科学文献出版社	2018年12月
15	精准扶贫精准脱贫百村调研·三山井村卷	刘同山 汪武静	社会科学文献出版社	2018年12月
16	精准扶贫精准脱贫百村调研·长乐村卷	李平 刘建武 张友国	社会科学文献出版社	2018年12月
17	精准扶贫精准脱贫百村调研·崔家沟村卷	梁春梅 胡冰川 李越	社会科学文献出版社	2018年12月
18	精准扶贫精准脱贫百村调研·顺安村卷	廖永松 张宗帅 韦鹏	社会科学文献出版社	2018年12月
19	精准扶贫精准脱贫百村调研·庆阳农场卷	孙壮志 王爱丽 田雨 马睿泽	社会科学文献出版社	2018年12月
20	精准扶贫精准脱贫百村调研·白石口村卷	王谋	社会科学文献出版社	2018年12月
21	陕西精准脱贫研究报告(2019)	白宽犁 罗丞 于宁锴	社会科学文献出版社	2019年1月
22	脱贫攻坚涉农系列合同示范文本	毕健	法律出版社	2019年1月
23	精准扶贫精准脱贫百村调研·初化村卷	崔红志 刘亚辉 黄乃鑫	社会科学文献出版社	2018年12月
24	精准扶贫精准脱贫百村调研·追高来村卷	刘小珉	社会科学文献出版社	2018年12月
25	精准扶贫精准脱贫百村调研·沙壕村卷	曾俊霞 郜亮亮	社会科学文献出版社	2018年12月
26	精准扶贫精准脱贫百村调研·百豪村卷	侯慧丽 黄婉婷	社会科学文献出版社	2018年12月
27	精准扶贫精准脱贫百村调研·打安村卷	潘劲 张德生	社会科学文献出版社	2018年12月
28	精准扶贫精准脱贫百村调研·青龙寺卷	侯一蕾	社会科学文献出版社	2018年12月
29	(1978—2018)中国减贫与发展	吴国宝	社会科学文献出版社	2019年1月

续表

序号	名称	作者	出版社	出版时间
30	乡村振兴战略下中国农村贫困人口社会保障研究	李立清 胡扬名 江维国	中国社会科学出版社	2019年1月
31	中国扶贫故事	周宗敏	新华出版社	2019年2月
32	农业精准扶贫引论	张子睿 谭军华	中国商务出版社	2019年1月
33	过剩之地：美式富足与贫困悖论	[美]莫妮卡·普拉萨德	上海人民出版社	2019年1月
34	义务教育阶段贫困生就学资助制度研究	金东海 安雪慧 万明钢 王爱兰	人民教育出版社	2011年8月
35	扶危济困：感天动地的扶贫故事	《故事会》编辑部编	上海文艺出版社	2019年2月
36	打赢脱贫攻坚战基层干部群众读本	何得桂 徐榕 高建梅	知识产权出版社	2019年4月
37	扶贫攻坚示范区建设的贵州实践	贵州省社会科学院 魏后凯 檀学文	社会科学文献出版社	2019年2月
38	精准扶贫精准脱贫百村调研·灯塔村）	张瑞娟 任晓娜 李培林	社会科学文献出版社	2018年12月
39	扶贫开发战略、政策演变及实施研究	洪名勇	中国社会科学出版社	2019年2月
40	中国精准扶贫发展报告（2018）	陆汉文 黄承伟 刘晓山 蔡志海 刘飞 郭之天	社会科学文献出版社	2018年12月
41	中国教育发展与减贫研究(2018年第2期)	李兴洲 白晓 王小林	社会科学文献出版社	2019年2月
42	中国脱贫在行动(西)	文炜	外文出版社	2019年2月
43	乡村公共服务与反贫困联动：来自武陵山重庆片区的实践与研究	刘安全	经济科学出版社	2019年1月
44	读懂中国脱贫攻坚(英文版)	胡富国	外文出版社	2019年2月
45	脱贫攻坚的可持续性探索：贵州的实践与经验	王春光 孙兆霞	社会科学文献出版社	2019年2月
46	扶贫：虞城县精准扶贫影像志	杨健	中国摄影出版社	2019年2月
47	贫困的哲学	[法]蒲鲁东	商务印书馆	2019年2月
48	扶贫社会组织多维公信力研究	钟玲 陈莉	中国社会科学出版社	2019年2月
49	探路：产业扶贫十八洞村思考	谭云明 艾华	中国经济出版社	2018年10月

续表

序号	名称	作者	出版社	出版时间
50	“中国脱贫攻坚之路”专题资料汇编	财政部干部教育中心	财政部干部教育中心	2019 年 2 月
51	女性贫困	[日]NHK 电视台特别报道组	上海译文出版社	2017 年 9 月
52	中国少数民族地区精准扶贫案例集 (2018)	张丽君 吴本健 张春敏 和萍	中国经济出版社	2019 年 3 月
53	扶贫札记	唐成	长江文艺出版社	2019 年 3 月
54	精准扶贫的“宁德模式”	叶兴建	厦门大学出版社	2019 年 3 月
55	精准扶贫进程中内蒙古贫困牧户可持续生计研究	阿拉坦格日乐	中国经济出版社	2019 年 3 月
56	中国企业精准扶贫案例 50 佳 (2018)	曲天军 钟宏武 王大洋 汪杰	经济管理出版社	2019 年 3 月
57	电商扶贫 理论与实践	姚庆荣	中国经济出版社	2019 年 3 月
58	温暖记忆：林西县精准扶贫工作纪实	陈秀民	内蒙古科学技术出版社	2019 年 3 月
59	2018 农村电子商务案例选	农业农村部信息中心	中国农业出版社	2019 年 3 月
60	助力脱贫攻坚校园携手田园：贵州“校农结合”扶贫模式研究	陈治松	贵州人民出版社	2019 年 3 月
61	旅游精准扶贫规划实践与创新	马勇 刘军 马世骏	科学出版社	2019 年 3 月
62	战国红	滕贞甫	春风文艺出版社	2019 年 3 月
63	悬崖村	阿克鸠射	天地出版社	2019 年 3 月
64	山海情深：闽宁扶贫协作 20 年海原专辑	政协海原县第十一届委员会	宁夏人民出版社	2019 年 3 月
65	发展地理学视角下区域贫困的地方化	刘小鹏	科学出版社	2019 年 3 月
66	中国特色社会主义理论在浙江的实践 脱贫致富篇	郭金喜	中国社会科学出版社	2019 年 3 月
67	基于人力资本视角的新疆反贫困问题研究——以新疆集中连片特困区为例	张霞 潘明明 胡建元	经济管理出版社	2019 年 3 月
68	脱贫攻坚 前沿问题研究	国务院扶贫办政策法规司	外语教学与研究出版社	2019 年 3 月

续表

序号	名称	作者	出版社	出版时间
69	贫困治理中的就业与失业社会保险深化改革研究	王飞跃 杨阳	中国社会科学出版社	2019年3月
70	乡村旅游扶贫理论与实践	梁留科	科学出版社	2019年3月
71	保险助推脱贫攻坚理论与实践	江生忠 薄滂沱	南开大学出版社	2019年3月
72	四省藏区多维贫困及其治理对策研究	庄天慧	科学出版社	2019年3月
73	中国反贫困的贵州样本——以恒大集团帮扶大方县为例	中共贵州省委政策研究室 贵州大学	人民出版社	2019年3月
74	全面小康目标下甘肃农村反贫困研究	杨智	中国社会科学出版社	2019年3月
75	井冈山的答卷	凌翼	江西人民出版社	2019年3月
76	大学生助力农村小微企业成长的扶贫路径研究	卢圣旭	经济管理出版社	2019年4月
77	扶贫·脱贫·防返贫：湖南省怀化市调研报告	邹吉忠	中国经济出版社	2019年4月
78	精准扶贫携手行真情电亮小康梦——云南电网有限责任公司扶贫漫画集	陶洁	中国电力出版社	2019年4月
79	绿色发展理念下精准脱贫可持续性研究 以甘肃省为例	杨文静	人民日报出版社	2019年4月
80	守护神圣国土 建设幸福家园——中国新时代脱贫攻坚的曲水实践	国务院扶贫办全国扶贫宣传教育中心 中央党校党章党规研究中心	研究出版社	2019年1月
81	民族地区 精准扶贫难点问题研究	方堃	科学出版社	2018年6月
82	奋力担当脱贫攻坚的农科重任——北京市农林科学院对口援助工作巡礼	高华 秦向阳	中国农业科学技术出版社	2019年4月
83	财政扶贫的收入分配效应研究	朱良华	经济科学出版社	2019年4月
84	王万才脱贫日记选	中共唐河县委宣传部 唐河县扶贫开发办公室	中州古籍出版社	2019年4月
85	赣南苏区高质量脱贫攻坚研究：以信丰、兴国、安远为例	刘善庆 刘超 田延光	经济管理出版社	2019年4月
86	追寻初心——我的扶贫札记	杨志勇	西安出版社	2019年4月
87	东西部扶贫协作问题研究：以贵州省为例	吴大华 刘杜若 黄景贤	经济管理出版社	2019年4月

续表

序号	名称	作者	出版社	出版时间
88	财政转移支付对贫困地区财政收支行为影响研究——基于国定扶贫县的实证分析	李丹	经济科学出版社	2019 年 4 月
89	贵州少数民族地区特色旅游产业精准扶贫路径研究	王超　吴倩　王志章	科学出版社	2019 年 4 月
90	外国人眼中的中国扶贫	中国国际扶贫中心	外文出版社	2019 年 4 月
91	公共政策、农业发展与减贫	蒋辉　刘兆阳	经济科学出版社	2019 年 4 月
92	抓党建促脱贫攻坚案例选 战斗堡垒	中共中央组织部组织二局	党建读物出版社	2019 年 4 月
93	一诺千金：新时代中国脱贫攻坚的理论思考	黄承伟	广西人民出版社	2019 年 4 月
94	庄严的承诺：甘肃脱贫攻坚战纪实	王宏甲　王琰	甘肃教育出版社	2019 年 4 月
95	历史决定论的贫困	[英] 卡尔・波普尔	上海人民出版社	2019 年 4 月
96	抓党建促脱贫攻坚案例选 先锋引领	中共中央组织部组织二局	党建读物出版社	2019 年 4 月
97	人类减贫史上的中国奇迹——中国扶贫改革 40 周年论文集	国务院扶贫办政策法规司 国务院扶贫办全国扶贫宣传教育中心	外语教学与研究出版社	2019 年 4 月
98	脱贫攻坚干部培训十讲	国务院扶贫办政策法规司 国务院扶贫办全国扶贫宣传教育中心	外语教学与研究出版社	2019 年 4 月
99	中国特色扶贫开发的政策与实践	孙大伟	中国社会科学出版社	2019 年 4 月
100	百村搬迁案例	山西省扶贫开发办公室	北岳文艺出版社	2019 年 4 月
101	“心”走扶贫路：北京理工大学自动化学院社会实践纪实	张宏亮	北京理工大学出版社	2019 年 4 月
102	心无百姓莫为官——精准脱贫的下姜模式	劳罕	浙江人民出版社	2019 年 6 月
103	惩腐败正作风 护航脱贫攻坚——全国扶贫领域腐败案件警示录	国务院扶贫开发领导小组办公室 中国纪检监察报社	人民出版社	2019 年 4 月
104	中国精准扶贫与案例研究	刘璐琳　彭芬	中国人民大学出版社	2019 年 5 月

续表

序号	名称	作者	出版社	出版时间
105	扶贫领域腐败和作风问题案例剖析	本书编写组	中国方正出版社	2019年5月
106	精准扶贫的理论与实践——基于木老元乡和摆榔乡的调研	戴波	社会科学文献出版社	2019年5月
107	全面改善贫困地区义务教育薄弱学校基本办学条件中期评估报告	叶赋桂 罗燕 赵琳	清华大学出版社	2019年5月
108	金融精准扶贫：政策、实践和经验	潘功胜	中国金融出版社	2019年5月
109	盐池县扶贫开发志	《盐池县扶贫开发志》编纂委员会	中国文史出版社	2019年5月
110	申纪兰：脱贫攻坚巾帼英豪	李大刚 杨国栋	上海文化出版社	2018年4月
111	中国特色反贫困理论与实践研究	傅蕴英	科学出版社	2019年5月
112	媒介融合背景下新闻扶贫的经验探索与实践模式研究	孙穗	吉林大学出版社	2019年5月
113	坚决打好精准脱贫攻坚战	郭玮	中国言实出版社	2019年5月
114	民族地区特殊类型贫困与反贫困研究	李俊杰	经济科学出版社	2019年5月
115	街角社会	[美]威廉·富特·怀特	商务印书馆	2019年5月
116	城市精准扶贫的武昌经验	刘杰 向悦	武汉大学出版社	2019年5月
117	市化背后——不同视角下的城市贫困人口分析	朱晓	南京大学出版社	2019年5月
118	重庆渝东南民族地区旅游精准扶贫研究	李莉 陈雪钧	北京理工大学出版社	2019年5月
119	精准扶贫的湘西经验：中央媒体集中采访湘西精准扶贫报道和研讨集	中共湖南省委宣传部 湖南省扶贫开发办公室	湖南人民出版社	2019年5月
120	第一书记：精准扶贫的“一线战斗员”	刘道云	江西人民出版社	2019年5月
121	精准扶贫 上海实践案例集	刘承功 潘晓岗 邱大昌	复旦大学出版社	2019年1月
122	海兰江畔稻花香	李春良	时代文艺出版社	2019年5月
123	精准脱贫监测与考核评价研究	唐曼萍	西南财经大学出版社	2019年6月
124	中国农村家户贫困动态问题研究	赵锐	西南财经大学出版社	2019年6月
125	精准扶贫案例解析	高健龙 高建伟	中国农业出版社	2019年6月
126	反贫困视域下社会救助依赖问题的解构及其治理	兰剑	科学出版社	2019年6月

续表

序号	名称	作者	出版社	出版时间
127	中国农村多维度贫困的地理识别及扶贫模式可持续减贫效果评估	刘艳华	中国社会出版社	2019年6月
128	精准扶贫脱贫战略模式研究：以河南省为例	吴一平 乔鹏程 刘向华 林博 等	中国农业出版社	2019年6月
129	正版高职院校专业群建设研究：兼论职业教育精准扶贫	许峰 张岩松	东北财经大学出版社	2019年6月
130	山区少数民族贫困代际传递及阻断对策研究	陈全功	中国社会科学出版社	2019年6月
131	中国农村扶贫开发研究	王爱云	华中科技大学出版社	2019年6月
132	山西吕梁山区生态环境与经济贫困综合研究	徐满厚	中国环境出版社	2019年4月
133	中国教育发展与减贫研究	李兴洲 白晓 张琦	社会科学文献出版社	2019年6月
134	反贫困的中国路径：基于能力开发的视角	邹薇 方迎风	武汉大学出版社	2019年6月
135	扶贫学论纲	杨临宏	中国社会科学出版社	2019年6月
136	改革开放40周年支撑服务赣南革命老区脱贫攻坚地质调查成果	自然资源部中国地质调查局	中国地质大学出版社	2019年6月
137	城市贫困精准治理体系的建构	陈云	科学出版社	2019年6月
138	贵州贫困地区县域人居环境建设研究	周政旭	中国建筑工业出版社	2019年6月
139	扶贫扶志在基层：陕西省扶贫扶志工作实例选编	中共陕西省委宣传部 中共陕西省委文明办 陕西省扶贫开发办公室	陕西人民出版社	2019年6月
140	精准扶贫政策解读	高健龙 高建伟	中国农业出版社	2019年6月
141	精准扶贫方法与路径	高健龙 高建伟	中国农业出版社	2019年6月
142	社会企业参与精准扶贫研究	李健	中国社会出版社	2019年6月
143	乡村老龄人口贫困化现状与社会救助机制研究	张耀华	中国商务出版社	2019年6月
144	西藏农牧区精准扶贫对象瞄准及施策效果研究	吴春宝	中国社会科学出版社	2019年6月
145	教育精准扶贫与代际流动	陈纯槿	华东师范大学出版社	2017年12月
146	丰裕社会的贫困及其治理	刘敏	社会科学文献出版社	2019年7月
147	中国减贫经验分享理论与实践	侯军岐	中国农业出版社	2019年6月
148	云南省林下产业扶贫绩效评价研究	李娅	中国林业出版社	2019年7月

续表

序号	名称	作者	出版社	出版时间
149	牧区贫困状况与提升牧民自我发展能力研究	哈斯其其格	经济管理出版社	2019年8月
150	扶贫惠农政策与法规百问百答（插图版）	孙哲 冯桂真	中国农业出版社	2019年7月
151	新农合制度的劳动供给与贫困缓解效应研究	沈政	经济科学出版社	2018年4月
152	深度贫困边疆地区人口与经济协调发展研究——以南疆为例	马胜春	中国财政经济出版社	2019年8月
153	挺进大石山：广西精准扶贫纪事	朱千华	广西教育出版社	2019年7月
154	西藏及四省藏区精准扶贫研究	黄维忠 袁晓文	中国藏学出版社	2019年7月
155	减贫与发展(2018)：精准扶贫地方实践	郑长德	中国经济出版社	2019年7月
156	亚太地区小农与扶贫新进展	夏英 李芸 郭君平	中国农业科学技术出版社	2019年7月
157	社区主导发展对精准扶贫的借鉴价值研究	中国国际扶贫中心	中国农业出版社	2019年7月
158	精准扶贫在察雅	察雅县人民政府办公室	社会科学文献出版社	2018年5月
159	旅游·扶贫与乡村振兴研究	桂拉旦 张伟强 刘少和	经济科学出版社	2019年7月
160	中国西部县域绿色发展与精准扶贫研究	杨小杰 朱广财 陈昌华	西南财经大学出版社	2019年7月
161	鲁山县精准扶贫实录	鲁山县地方史志办公室	河南人民出版社	2019年7月
162	坚守与探索：樊希安出版论集	樊希安	商务印书馆	2019年5月
163	贫困与饥荒	[印度]阿马蒂亚·森	商务印书馆	2001年1月
164	2018年贵州脱贫攻坚群英谱	中共贵州省委宣传部	贵州教育出版社	2019年7月
165	反贫困 理论前言与创新实践	李秉勤 房莉杰	社会科学文献出版社	2019年7月
166	中国健康扶贫研究报告	中国人口与发展研究中心	人民出版社	2018年4月
167	精准扶贫：成就、问题与新思路——基于湖南省实践	范东君	社会科学文献出版社	2019年7月
168	向贫困宣战 如何看中国扶贫	胡富国	外文出版社	2019年8月

续表

序号	名称	作者	出版社	出版时间
169	中央和国家机关驻村第一书记扶贫典型案例集	中央和国家机关工委	研究出版社	2019 年 9 月
170	我国农村贫困地区儿童入学准备与学业发展追踪研究	张莉	华东师范大学出版社	2019 年 8 月
171	少数民族县域跨越式发展与电商扶贫开发	赵丽	中国社会科学出版社	2019 年 8 月
172	精准扶贫中国方案与西盟实践	施红	经济日报出版社	2019 年 8 月
173	森林碳汇扶贫 理论、实证与政策	曾维忠　杨帆	社会科学文献出版社	2019 年 12 月
174	脱贫攻坚先锋	国务院扶贫开发领导小组办公室	中国劳动社会保障出版社	2019 年 8 月
175	区域发展诊断视阈下民族地区产业扶贫精准性研究	李秀芬	中国社会科学出版社	2019 年 8 月
176	决战沙子坡：一个乡镇的脱贫攻坚纪实	申元初　萧子静	新华出版社	2019 年 8 月
177	易地扶贫搬迁与新型城镇化协调发展：基于广西深度贫困地区的实践研究	何玲玲　区小兰	经济科学出版社	2019 年 8 月
178	当代中国扶贫	汪三贵	中国人民大学出版社	2019 年 8 月
179	就业扶贫在路上	人力资源和社会保障部就业促进司	中国劳动社会保障出版社	2019 年 8 月
180	中国共产党反贫困实践研究（1978—2018）	张瑞敏	人民出版社	2019 年 10 月
181	贵州省生态资本与反贫困研究	李虹	中国社会科学出版社	2019 年 8 月
182	我的扶贫故事	交通运输部新闻办公室	人民交通出版社	2019 年 7 月
183	贫困与贫困治理——来自中国的实践(1978—2018)	雷明 姚昕言	经济科学出版社	2019 年 8 月
184	马缨花下的扶贫记忆——从脱贫到振兴的红土地群像	储琰	华东理工大学出版社	2019 年 8 月
185	欠发达地区农民合作扶贫模式研究	刘宇翔	中国财政经济出版社	2019 年 8 月
186	基于乡村振兴背景下乡村旅游扶贫研究	曾蓉	经济管理出版社	2019 年 8 月
187	精准扶贫调查报告：江西师范大学 2015 级思想政治教育专业社会调查成果集	韩桥生	现代出版社	2019 年 8 月
188	益贫式边境贸易探究：基于广西中越边境贸易的实践思考	黄世芳	天津大学出版社	2019 年 8 月
189	贵州大扶贫战略发展报告（2019）	郑云跃	社会科学文献出版社	2019 年 8 月

续表

序号	名称	作者	出版社	出版时间
190	贫困指标测度的研究范式与机理分析	张会敏 刘超 刘秉龙	社会科学文献出版社	2019年8月
191	中国扶贫理论研究	万广华 史清华	中国农业出版社	2019年8月
192	中国城市低保政策减贫效能研究	肖萌	中国妇女出版社	2019年8月
193	今日中国：全面小康	朱建纲 颜晓峰 张琦	湖南教育出版社	2019年8月
194	区域农村贫困现状.脱贫路径及其绩效研究	廖文梅 胡春晓 彭泰中	中国商业出版社	2019年8月
195	走进贫困的教育：如何阻断贫困代际传递	史志乐	经济日报出版社	2019年9月
196	易地扶贫搬迁项目管理前沿问题理论与实践	侯军岐	中国农业出版社	2019年8月
197	人间正是艳阳天 湘西十八洞的故事	彭学明	广东人民出版社	2018年11月
198	八万里路云和月：一个国家扶贫开发工作重点县的互联网+	莫问剑	电子工业出版社	2015年7月
199	结构转型、战略转换与消除贫困——以甘肃省为例	张永丽 李秀萍	中国社会科学出版社	2015年11月
200	植物保护与脱贫攻坚	陈万权	中国农业科学技术出版社	2019年9月
201	红色革命老区脱贫之路的启示：红安篇	中国社会科学院人口与劳动经济研究所百县调研组	中国社会科学出版社	2019年9月
202	西藏贫困与反贫困问题研究	杨阿维 图登克珠 张建伟	经济管理出版社	2019年9月
203	转型与发展：当代中国农村贫困问题研究	潘泽泉	中国社会科学出版社	2019年1月
204	农村最低生活保障与扶贫对象动态管理机制研究	杜毅 李娜	西南财经大学出版社	2019年9月
205	中国农村反贫困财政政策研究	曹润林	经济科学出版社	2019年9月
206	四省藏区多维贫困及其治理对策研究	庄天慧	科学出版社	2019年3月
207	中国反贫困发展报告(2018)——公益慈善扶贫专题	武汉大学全国扶贫宣传教育中心	华中科技大学出版社	2019年7月
208	技能扶贫百问百答	人力资源和社会保障部职业能力建设司	中国劳动社会保障出版社	2019年10月

续表

序号	名称	作者	出版社	出版时间
209	扶贫笔记	张伟	时代文艺出版社	2019年9月
210	特色文化产业扶贫问题研究——以武陵山连片特困地区为例	熊正贤　吴黎围	经济科学出版社	2019年9月
211	贫困地区城乡居民基本养老保险筹资机制研究——以武陵山片区为例	李琼　朱鹏	中国社会科学出版社	2018年12月
212	人社扶贫在路上	人力资源和社会保障部扶贫办	中国劳动社会保障出版社	2019年9月
213	企业参与乡村旅游精准扶贫机制研究	张琰飞	经济科学出版社	2019年9月
214	中国扶贫开发年鉴 2018	《中国扶贫开发年鉴》编辑部	中国农业出版社	2019年9月
215	中国共产党贫困治理的实践探索与世界意义	王灵桂 侯波	中国社科出版社	2019年9月
216	农村金融、社会资本与多维贫困	苏静　肖攀	经济科学出版社	2019年9月
217	精准脱贫与乡村振兴的理论和实践	魏后凯　吴大华	精准脱贫与乡村振兴的理论和实践	2019年9月
218	脱贫攻坚手记	姚元和	西南师范大学出版社	2019年9月
219	中国农村反贫困问题经济学研究——以国定贫困县为研究重点	张洪武	经济日报出版社	2019年10月
220	精准扶贫——农业知识100问	陈峰　蔡定军	武汉理工大学出版社	2019年9月
221	中国全面小康发展报告：北京样本	中国全面小康发展报告样本编辑委员会 马新明 赖惠能	红旗出版社	2019年9月
222	汉鼎之光："全国脱贫攻坚模范"武汉鼎纪事	刘巧玲	远方出版社	2019年9月
223	2019安徽产业发展报告（脱贫攻坚篇）	吴学民	安徽人民出版社	2019年9月
224	中国少数民族地区精准扶贫案例集	张丽君　吴本健　王润球　张春敏	中国经济出版社	2019年9月
225	少数民族贫困地区生态文明建设的关键因素和有效路径研究——以云南为例	杨红娟	科学出版社	2019年9月
226	掷地有声：脱贫攻坚山西故事	鲁顺民　杨遥　陈克海	北岳文艺出版社	2018年1月
227	电子商务精准扶贫研究	关洪军	经济科学出版社	2019年11月

续表

序号	名称	作者	出版社	出版时间
228	减贫与发展(2019)：2020年后的乡村振兴与贫困治理	郑长德	中国经济出版社	2019年10月
229	从乡村到城乡统筹：2020年后中国扶贫愿景和战略重点	陈志钢 吴国宝 毕洁颖	社会科学文献出版社	2019年10月
230	中国减贫政策与实践：热点评论(2017—2018)	张琦	经济日报出版社	2019年10月
231	连片特困区产业精准扶贫模式研究：以新疆三地州为例	潘明明	经济管理出版社	2019年10月
232	大学生助力农村小微企业成长的扶贫路径研究	卢圣旭	经济管理出版社	2019年10月
233	社会力量参与文化精准扶贫研究	黄奇杰	浙江大学出版社	2019年4月
234	项目制贫困治理：理论与实践	刘俊英	中国经济出版社	2019年10月
235	支持脱贫攻坚税收优惠政策指引	《税收制度分类指引丛书》编写组	中国税务出版社	2020年6月
236	县域精准扶贫的生态文明模式	师守祥	中国社会科学出版社	2019年10月
237	江苏省农村精准扶贫 脱贫致富实践研究	李秀芸 杨雪英	中国农业出版社	2019年10月
238	我的扶贫日记	罗光成	安徽文艺出版社	2019年10月
239	《哲学的贫困》杜竹君译本考	姜海波	辽宁人民出版社	2019年10月
240	产业扶贫法律服务实务与风险防范	耿宝建	法律出版社	2019年10月
241	西南边疆人较少民族聚居地区贫困治理研究	刘苏荣	民族出版社	2019年10月
242	从精准扶贫迈向乡村振兴	鲁可荣 杨亮承	云南大学出版社	2019年10月
243	时代答卷：来自一个贫困县的脱贫攻坚报告	梁庆才	河南人民出版社	2019年10月
244	语言扶贫问题研究(第1辑)	李宇明	商务印书馆	2019年10月
245	新时代的贫困治理：理论、实践与反思	邢成举 魏程琳 赵晓峰	社会科学文献出版社	2019年10月
246	党政统合与乡村治理——从精准扶贫到乡村振兴的南江经验	周少来 张君 孙莹	中国社会科学出版社	2019年10月
247	社会资本导向型扶贫模式及其政策应用	刘敏	社会科学文献出版社	2019年10月
248	中国特色减贫之路：打好精准脱贫攻坚战	崔华泰	中原农民出版社	2019年12月
249	精准扶贫精准脱贫百村调研·景阳村卷	方素梅	社会科学文献出版社	2019年10月

续表

序号	名称	作者	出版社	出版时间
250	国际减贫合作：构建人类命运共同体	中国社会科学院国家优选战略智库 国家开发银行研究院	社会科学文献出版社	2019 年 11 月
251	精准扶贫：寻甸县创新扶贫模式研究	杨子生 朱石祥	社会科学文献出版社	2019 年 10 月
252	“扶贫攻坚”实践与地方经验	兰传海	中国金融出版社	2019 年 11 月
253	新中国农民脱贫之路	韩连贵	中国财政经济出版社	2019 年 10 月
254	全国易地扶贫搬迁年度报告 (2019)	国家发展和改革委员会	人民出版社	2019 年 11 月
255	深度贫困地区金融扶贫创新研究	喻新安 杨保成	社会科学文献出版社	2019 年 10 月
256	中国脱贫在行动（阿）	陈国海	外文出版社有限责任公司	2019 年 11 月
257	机会平等下中国西部农村反贫困研究——基于财税视角	杨颖	中国社会科学出版社	2020 年 4 月
258	“互联网 +”精准扶贫的顶层设计与地方实践——以广西为例	谢舜 覃志敏	人民出版社	2019 年 11 月
259	金融扶贫的实践与成效——以内蒙古农村牧区扶贫小额信贷为例	祁晓慧 乔光华	经济管理出版社	2019 年 12 月
260	农村金融改革创新与精准扶贫	蒋远胜 王挺	西南财经大学出版社	2019 年 11 月
261	武陵山农村贫困的形成机理与治理研究——以恩施州为例	谭贤楚	科学出版社	2019 年 11 月
262	山村调查：中国脱贫攻坚的社会调查 (5 册）	连玉明	社会科学文献出版社	2019 年 12 月
263	农户生计改善视域下区域易地扶贫搬迁政策评价研究：以赣南原中央苏区为例	陈胜东 孔凡斌	经济管理出版社	2019 年 12 月
264	金融科技助力精准扶贫问题研究	郭晓蓓	企业管理出版社	2019 年 11 月
265	贫困地区城镇化的特征及对策研究——以重庆市集中连片特困地区为例	杨培峰 薛颖 龙香	科学出版社	2020 年 4 月
266	雁门关下攻坚曲——代县脱贫攻坚纪实画册	张东家	山西教育出版社	2019 年 11 月
267	空间视阈下中国藏族聚居区的贫困问题研究	廖桂蓉	经济科学出版社	2019 年 11 月
268	大爱无疆——爱德基金会援助宁夏贫困地区医疗卫生纪实	崔学光 张文胜 马国栋 郎颖	宁夏人民出版社	2019 年 11 月
269	民族教育扶贫理论及其内蒙古实践	张艾力	社会科学文献出版社	2019 年 11 月

续表

序号	名称	作者	出版社	出版时间
270	回顾与展望：中国与联合国减贫合作四十年案例集	中华人民共和国商务部	中国商务出版社	2019年11月
271	习近平扶贫论述摘编（法文）	中共中央党史和文献研究院	外文出版社	2019年11月
272	百村脱贫案例	山西省扶贫开发办公室	北岳文艺出版社	2018年10月
273	国家电网精准扶贫工作纪实	国家电网有限公司	中国电力出版社	2020年12月
274	乡村扶贫人：与70位“老村长”面对面	陈海保	中国经济出版社	2019年12月
275	区域致贫原因与土地帮扶对策差别化研究	林晨 闵敏 金志丰	南京大学出版社	2019年12月
276	国际社会保障动态 健康贫困治理行动与效果	李华	上海人民出版社	2019年12月
277	城市贫困精准治理体系的建构	陈云	科学出版社	2019年6月
278	精准扶贫 政策解读与经验集萃	中国政策研究网编辑组	中国言实出版社	2019年12月
279	农村贫困 就业 收入增长与区域经济发展研究	王旭明	中国统计出版社	2019年12月
280	磅礴大地：昭通扶贫记	沈洋	云南人民出版社	2019年12月
281	脱贫攻坚·三门峡	梅淑娥	经济日报出版社	2020年3月
282	用教育阻断贫困代际传递	朱永新 汤敏	山西教育出版社	2019年12月
283	2019中国经济社会发展形势与对策——对标全面建成小康社会任务 扎实推进精准扶贫精准脱贫	黄守宏	中国言实出版社	2019年12月
284	中国深度贫困地区跨越贫困陷阱研究	蓝红星 庄天慧	经济管理出版社	2019年12月
285	中国西部地区农村老年贫困问题研究	章晓英	经济管理出版社	2020年5月
286	金融支持精准扶贫研究	张爱玲	中国金融出版社	2019年12月
287	中西部贫困地区中小学阅读扶助机制研究	谢巍 刘益 李毅	文化发展出版社	2019年12月
288	乡村振兴视域下甘肃省扶贫脱贫效果的调查案例研究	杨盛菁	中国商业出版社	2019年12月
289	农村老龄人口贫困化研究	于长永	中国财政经济出版社	2020年5月
290	中国城市女性贫困问题研究	吴玲	经济管理出版社	2020年3月

续表

序号	名称	作者	出版社	出版时间
291	河北省太行山区产业扶贫长效机制研究	卢秀茹 李辉 张岩峰	中国农业出版社	2020 年 3 月
292	精准扶贫 精准脱贫 科学决策大数据案例精选	邹德文	人民出版社	2020 年 4 月
293	在扶贫路上：一位挂职扶贫干部的实践与思考	汪鹏	社会科学文献出版社	2019 年 12 月
294	农村贫困地区电子商务精准扶贫模式推进方略研究	刘威	中国经济出版社	2019 年 12 月
295	浙江省电商扶贫案例集	浙江省商务厅	浙江工商大学出版社	2019 年 12 月
296	基于生活质量视角的农村贫困测度方法及应用研究	韩君	中国商业出版社	2019 年 12 月

讲述精准扶贫的中国故事
——读《小康路上一个不能少》

十八大以来，以习近平同志为核心的党中央，把贫困人口脱贫作为全面建成小康社会的底线任务和标志性指标，在全国范围全面打响了脱贫攻坚战。脱贫攻坚力度之大、规模之广、影响之深，前所未有。2020 年，是脱贫攻坚决战决胜之年，全国上下一盘棋，以更大决心、更强力度推进脱贫攻坚，坚决克服新冠肺炎疫情影响，坚决夺取脱贫攻坚全面胜利。

全面小康路上一个也不能少。近年来，习近平总书记的足迹遍布全国多个集中连片特困地区，在他亲自谋划、亲自部署、亲自推动下，中国减贫事业取得了举世瞩目的成就。习近平同志关于扶贫工作的重要论述，是习近平新时代中国特色社会主义思想的重要组成部分，是指导打赢脱贫攻坚战的根本遵循，呈现出当代中国马克思主义的鲜明特色。

由人民出版社出版，中央党校曹立、石霞主编的《小康路上一个不能少》一书，精选了 19 个精准扶贫案例。这些扶贫案例，都是沿着习近平总书记调研扶贫的足迹来选定，完整展现了习近平总书记扶贫开发思想形成的内在逻辑。此书鲜活的案例既是中国精准扶贫思想的实践经验总结，也是一本实在管用的精准扶贫的必读书。该书切入点匠心独具，每个案例侧重点各不相同，讲述各地的具体做法、成功经验、专家点评，图文并茂，可读性与实践性强。紧扣决战决胜主题，把握全面收官特征，生动讲好我国扶贫脱贫案例故事，为决战决胜脱贫攻坚提供了有力的案例参照。在此，选定几个精准扶贫案例加以品读。

综合施策精准扶贫：陕西省延安市延川县

陕西省延安市是革命老区，那里的人民为中国革命作出了巨大贡献。但是由于自然和历史的原因，经济社会发展缓慢，长期处于欠发达状态，扶贫减贫任务重。延川县位于陕西省北部、延安市东北部、黄河西岸土石山区，境内沟壑纵横，土地贫瘠，自然条件较差，干旱、洪涝等自然灾害频发，经济社会发展水平较低，是陕甘宁革命老区振兴规划重点扶持县、新一轮国家扶贫开发工作重点县。

在精准扶贫、精准脱贫的实践中，主要做法：一是坚持产业发展带动精准脱贫；二是制定差异化的帮扶措施，因人施策；三是完善制度体系，全方位推进精准扶贫；四是坚持综合施策，多方保障来推进精准扶贫、精准脱贫。

创新机制助力脱贫：河北省保定市阜平县

阜平县位于河北省保定市西部，山高林密、人多地少、交通不便，长期处于秋闲状态，俗称“九山半水半分田”，是太行山区的贫困县，曾是晋察冀抗日根据地。其贫困程度深，各项经济指标在省市均居后位，远低于全国、全省、全市的平均数。发展基础薄弱，思想解放程度和对外开放程度低，基础设施支撑弱、公共服务水平弱、产业支撑弱、人才资金技术等要素支撑弱。

阜平县以创新体制机制为突破口，多管齐下推动扶贫攻坚，探索贫困县经济社会良性发展道路的实践。主要做法：一是深化精准扶贫机制，实施动态精准管理；二是创新山区综合开发机制，实现共建共享；三是探索金融扶贫机制，融合多元资金；四是探索美丽乡村建设推进机制；五是建立社会兜底保障机制，用真办法、实举措、硬功夫来推进扶贫工作。

基层建设引领脱贫：湖南省花垣县十八洞村

十八洞村位于湖南省湘西土家族苗族自治州花垣县排碧乡西南部，是一个纯苗族村，也是典型的贫困村。全村共有 6 个村民小组，4 个自然寨，村内有 18 个天然溶洞，故名十八洞村。

十八洞村党支部以建强党组织为核心，充分发挥党组织领导作用和教育引领、组织保障等优势，带领群众在脱贫攻坚战中攻城拔寨、啃“硬骨头”，探索出享誉全国的精准扶贫“十八洞模式”。主要做法：一是强筋健骨，筑牢脱贫攻坚领导核心；二是搭建载体，在脱贫一线彰显党员作用；三是组织引领，突破脱贫攻坚发展瓶颈；四是树立新风，凝聚人心和发展力量。十八洞村主要依靠自己的力量走出了一条精准扶贫的好路子。

红色引领率先脱贫：江西省井冈山市

井冈山市地处山区，又是革命老区，历史的、自然的多种主客观因素叠加，发展缓慢。一方面，经济总量较小，增量不够，结构不优，自身造血功能不足，公共服务水平不高；另一方面，贫困程度较深，脱贫成本较高。

然而，井冈山人不低头、不认穷，作为中国革命的起点，发扬了井冈山精神，奋力发展经济、强力脱贫攻坚，在全面脱贫奔小康的伟大征程中，又站在了新的起点上。2017年，井冈山在全国率先脱贫“摘帽”，取得了全国瞩目的成绩。主要做法：一是找准发力点，变“面上掌握”为“精准到人”，变“大水漫灌”为“精准滴灌”，变“固定受益”为“精准进退”。二是抓住关键，找准致富路子，实现家家有产业，落实兜底政策，实现人人有保障。三是建立精准脱贫的长效机制。创新干部帮扶机制，解决“缺力量”的问题，实施“党建＋脱贫攻坚”行动，创新长效退出机制，解决“过得硬”的问题。井冈山市如期率先脱贫“摘帽”，充分彰显了党中央深厚的老区情怀和对老区人民的深深牵挂，也显示了中国特色社会主义制度的特殊优越性，显示了人民群众特别是贫困地区干部群众的巨大创造力。

习近平新时代中国特色社会主义思想源于孜孜不倦的实践和探索，体现的是历史的眼光、缜密的思维、深刻的洞察和博大的胸襟。习近平总书记关于精准扶贫、决胜脱贫攻坚的重要论述源于在长期的实践中、在不同的领导岗位上、在调查研究的基础上对实践的深刻把握，源于对人民的深厚感情。

中国脱贫攻坚所取得的成就，证明中国特色社会主义制度的优越性，谱写人类反贫困历史新篇章，是扶贫实践的中国智慧。该书以鲜活的扶贫实践生动阐释了精准扶贫的“中国故事”，为推动世界减贫事业贡献“中国样板”，贡献了“中国智慧”。

“其作始也简，其将毕也必巨。”脱贫攻坚这场硬仗，越到最后越要紧绷这根弦，不能停顿、不能大意、不能放松。脱贫攻坚战已取得决定性成就，但剩余任务仍很艰巨。各级领导干部要凝心聚力打赢脱贫攻坚战，确保如期完成脱贫攻坚目标任务，确保全面建成小康社会，坚决完成这项对中华民族、对人类都具有重大意义的伟业。

（2020年5月6日《光明日报》 张琦　陈百万）

从严从实，让脱贫结果经得起实践和历史检验

众所周知，新中国成立以来，中国创造了人类减贫史上的奇迹，按照世界银行标准，70 年来我国累计减贫超过 9 亿人，占全球减贫总规模的 70% 以上，特别是精准扶贫方略实施以来，每年减贫人口超过 1000 万。取得如此显著减贫成就的重要原因是我们稳步扎实推进扶贫开发工作、从严从实落实减贫任务的工作作风。正是由于严明的扶贫工作纪律、严格的脱贫目标责任，实事求是、扎实、真实和精准的要求，从而形成的贫困治理体系，才为 2020 年实现现行标准下农村贫困人口全部脱贫，贫困县全部摘帽，解决区域性贫困问题提供了基本保障。

国家主席习近平在 2020 年 3 月 6 日召开的决战决胜脱贫攻坚座谈会上的讲话中指出“到 2020 年现行标准下的农村贫困人口全部脱贫，是党中央向全国人民作出的郑重承诺，必须如期实现，没有任何退路和弹性。要严把退出关，坚决杜绝数字脱贫、虚假脱贫。坚决完成这项对中华民族、对人类都具有重大意义的伟业，确保经得起历史和人民检验”，这深刻表明了我们践行“扶真贫、真扶贫、脱贫真”的扶贫工作思路：将“从严从实”的工作作风贯彻于整个脱贫攻坚全过程，使扶贫工作、减贫过程和脱贫质量得到有效保证，让脱贫结果经得起实践和历史检验。

一、脱贫报告制度与督查制度

脱贫报告制度与督查制度是保障从严从实的基本制度，更是保障目标实现的手段，精准扶贫方略实施以来，为促进精准脱贫的减贫目标顺利实现，中国通过建立脱贫报告和督查制度，出台了一系列政策文件，使每年脱贫人口规模和减贫质量成效得到有效保障。

一方面，脱贫报告制度成为社会、工作、政府监督扶贫成效的有效手段。

中共中央国务院在2016年出台实施《脱贫攻坚责任制实施办法》，建立了脱贫攻坚报告制度，以保证党政部门落实扶贫责任体系、实现脱贫工作有效推进。从20世纪80年代国务院扶贫开发领导小组设立以来，中国各级政府均成立了本级扶贫开发领导小组，对区域扶贫开发工作进行统筹协调。在精准扶贫时期，各级扶贫开发领导小组及其成员单位按照职责，定期报告脱贫攻坚政策落地、责任落实、工作推进情况，并负责收集、审核下一级扶贫开发领导小组和本级扶贫开发领导小组成员单位报告的工作，报告内容主要聚焦于建档立卡动态管理、贫困人口脱贫、贫困村出列、贫困县摘帽目标任务等方面。同时，各级扶贫开发领导小组向上一级扶贫开发领导小组报告的内容包括落实脱贫攻坚责任和政策情况，脱贫攻坚年度工作计划和贫困退出进展情况，扶贫对象建档立卡、动态管理情况等方面。此外，各级扶贫开发领导小组及其成员单位以正式文件形式书面报告脱贫攻坚任务执行情况，报告内容纳入主要领导年度述职述责的重要内容。

另一方面，国务院开发领导小组定期开展脱贫攻坚督查巡查，针对扶贫领域工作职责履行不力、工作作风不扎实等问题，从严督促问题整改，确保脱贫攻坚取得实效。督查制度重点内容分为两个：一是围绕扶贫工作履职情况，主要督查党委政府主要领导、扶贫部门、帮扶责任人是否正常履行扶贫脱贫职责，是否真正履行扶贫干部的责任和践行扶贫干部的使命等方面。二是围绕脱贫攻坚工作作风，主要督查各级政府落实脱贫攻坚部署要求是否到位，是否存在不落实、假落实、慢落实等情况，是否存在推动脱贫攻坚重点任务时不担当不作为和弄虚作假、作表面文章等内容。通过自上而下实施的常态化督查检查机制，能够对掌握的脱贫攻坚进展情况、发现的扶贫工作薄弱环节和突出问题，进行及时有效的督促整改，有效杜绝了扶贫领域形式主义、官僚主义、弄虚作假的现象，使各项扶贫工作和脱贫规划得到不折不扣的高标准高质量完成。

此外，2020年是中国决战脱贫攻坚、决胜全面小康的最后一年，为保证如期、全面、高质量实现中华民族千百年的小康夙愿，国务院扶贫开发领导小组提出挂牌督战制度和脱贫攻坚普查制度，这是新中国成立以来首次为解决贫困问题而开展的挂牌督战和专项普查。

一是挂牌督战制度是为尚未实现脱贫目标的贫困县、贫困村而量身定做的措施体系。2020年1月，国务院扶贫开发领导小组专门印发了《关于开展挂牌督战工作的指导意见》，对于今年还未脱贫的52个贫困县和1113个村制定了挂牌督战作战方案，督战范围包括“三保障”、饮水安全、易地扶贫搬迁、贫困劳动力外出打工就业、脱贫攻坚专项巡视和成效考核、问题排查等方面问题的整改，以及建立防止返贫监测和帮扶机制等方面。

二是脱贫攻坚普查制度是脱贫攻坚成效的一次全面检验。2020年4月，国务院出台《关于开展国家脱贫攻坚普查的通知》，从2020年下半年开始，国家组织开展脱贫攻坚普查，对各地脱贫攻坚成效进行全面检验。为国家适时宣布打赢脱贫攻坚战、全面建成小康社会提供数据支撑，确保经得起历史和人民检验。由此可以看出，开展脱贫攻坚普查，是确保高质量打赢脱贫攻坚战的重要基础，也是确保全面实现小康社会目标的最后一道检验环节。

二、对照责任书，考核工作成效

对照责任书考核工作成效是从严从实的基本依据和实现2020年脱贫目标阶段性任务完成保障。2015年，中央扶贫开发工作会议召开。会议明确，脱贫攻坚任务重的地区党委和政府要把脱贫攻坚作为“十三五”期间头等大事和第一民生工程来抓，要层层签订脱贫攻坚责任书、立下军令状，咬定目标、苦干实干，坚决打赢脱贫攻坚战，确保到2020年所有贫困地区和贫困人口一道迈入全面小康社会。为此，中西部22个省区市党政主要负责同志向中央签署脱贫攻坚责任书，这是新时期唯一一项由党政一把手向中央立军令状的工作。在实现如期脱贫目标的压力下，如何保证脱贫攻坚责任机制？这是考验中国政府贫困治理能力和水平的重要内容。

2015年，中共中央国务院出台《关于打赢脱贫攻坚战的决定》，对2020年打赢脱贫攻坚战进行了全面部署，强化扶贫工作责任落实和考核评估。一方面，按照“中央统筹、省负总责、市县抓落实”的扶贫工作责任机制，省市县乡各级政府依次签订脱贫攻坚责任书，形成倒逼机制和党政领导负责制，层层压实脱贫责任，构建了责任清晰、各负其责、合力攻坚的责任体系，从精准识别、精准帮扶、精准脱贫等环节全面落实脱贫攻坚责任制。另一方面，实施省级党委和政府扶贫工作成效考核机制。2016年，中共中央办公厅、国务院办公厅印发了《省级党委和政府扶贫开发工作成效考核办法》。从2016年到2020年，由国务院扶贫开发领导小组组织，每年度对中西部22个省党委和政府扶贫开发工作成效进行考核，对照责任书、对标减贫计划，对完成年度计划减贫成效显著的省份，给予一定奖励；反之，进行约谈整改，通过对省级党委和政府年度减贫责任和计划进行考核，力求全方位展示扶贫脱贫成效、压实工作责任。

三、确保脱贫质量，防止“被脱贫”“假脱贫”

确保脱贫质量防止“被脱贫”“假脱贫”是确保精准扶贫基本方略“真脱贫”“脱贫真”的关键，更是确保让脱贫结果经得起实践和历史检验的基础。精准扶贫以来，中国每年实现减贫人口超过1000万，这些数据是否客观可靠、减贫成效是否扎实、脱贫是否存在弄虚作假？这些问题一直是民众和国际社会关注的热点话题。为保障脱贫攻坚的成效和质量，2016年，中共中央国务院出台《关于建立贫困退出机制的意见》，对扶贫工作的针对性、脱贫质量的有效性进行指导，有效杜绝了“被脱贫、假脱贫”的现象。

根据《关于建立贫困退出机制的意见》，国务院扶贫开发领导小组通过构建科学合理的考核评估机制，在适应精准脱贫形势变化的基础上，对脱贫考核评估机制进行两方面补充完善。一方面，实施多元化立体化的考核评估方式，通过设计不同区域扶贫部门人员的交叉考核、学术科研机构客观公正的第三方评估、社会舆论的媒体暗访等方式，对扶贫工作的有效性、脱贫质量的真实性进行多样化全方位测度，全面展现了贫困退出机制的科学过程，杜绝了“虚假脱贫”。另一方面，完善以多维贫困视角构建科学合理的考核评估指标体系，有效弥补了单一收入维度的脱贫测度标准，在考量贫困群体收入水平基础上，统筹测度贫困人口的义务教育、基本医疗、住房条件、产业发展、就业扶持等多维度条件改善，并将群众认可度作为减贫成效考核评估重要内容，将客观数据与主观感受统一纳入考核评估内容，形成科学合理的减贫考核评估指标体系，避免了“数字脱贫”。

与此同时，为了提升脱贫质量，国务院扶贫开发领导小组出台《关于建立防止返贫的监测和帮扶机制的指导意见》，组织各地对已脱贫的9300多万人口开展了全面排查，查找了漏洞缺项，对存在返贫风险的近200万和存在致贫风险的近300万人群实施针对性预防措施，及时将返贫和致贫人口纳入帮扶。这些措施在最大限度上提升了脱贫质量和水平。防止“被脱贫”“假脱贫”现象的出现。

四、严防运动式脱贫，不搞“一阵风”

严防运动式脱贫，不搞“一阵风”是确保扶贫脱贫可持续性和稳定性的应有工作理念和工作作风。减少和消除贫困是一场常抓不懈的持久战，而不是运动战。扶贫工作是一项长期工程。因此，如何在脱贫攻坚过程中避免运动式脱贫、突击脱贫是精准脱贫阶段各级政府部门落实扶贫责任的重要内容。2016 年，中央组织部、国务院扶贫办发布《关于脱贫攻坚期内保持贫困县党政正职稳定的通知》，要求通过建立贫困县扶贫工作稳定机制和扶贫开发奖惩机制有效遏制运动式脱贫的苗头。

根据《关于脱贫攻坚期内保持贫困县党政正职稳定的通知》，贫困县的扶贫开发工作和脱贫攻坚工作得到有效落实，主要体现在两个方面：一方面，通过建立贫困县扶贫工作稳定机制形成示范效应，即保持贫困县党政正职稳定，做到不脱贫不调整、不摘帽不调离。在精准扶贫精准脱贫道路上，部分贫困县领导干部可能为提高扶贫工作成效、追求个人政治前途，不排除使用运动式脱贫手段，搞突击脱贫。为此，党中央在实施精准扶贫方略之后，专门强调要保持贫困县党委政府一把手的稳定，让贫困县党政领导干部沉下心，真正把脱贫攻坚工作作为统揽贫困县经济社会发展全局工作来抓。另一方面，通过建立扶贫开发的奖惩机制形成脱贫攻坚激励效应，通过对地方政府扶贫工作的综合衡量和考核，对扶贫开发责任落实和效果较好的省份领导进行资金奖励，对扶贫开发责任落实不力和效果较差的省份领导进行约谈督促，形成你追我赶的工作奋进格局。据统计，截至 2019 年底，累计拨付省级扶贫开发奖励资金超过 20 亿元；脱贫攻坚以来，每年全国都要整改几万个涉及扶贫领域的问题。

五、一手防急躁，一手防拖延

一手防急躁，一手防拖延是从严从实的应有之义，更是克服浮躁急功近利和麻痹松懈怠慢的心态要求。精准脱贫工作有其客观规律性，有些贫困县党政领导干部为追求政绩而将扶贫脱贫工作草草进行，也有些贫困县党政领导干部贪恋附着在贫困县上的各种政策红利而对扶贫工作拖延，这些行为都不利于扶贫工作的科学开展。2016 年，国务院出台《“十三五”脱贫攻坚规划》，对“十三五”期间脱贫攻坚工作进行了系统谋划和设计，这凸显出中国政府稳步推进精准脱贫工作的决心。

根据《“十三五”脱贫攻坚规划》，中国的精准脱贫工作有既定的时间节点，因此，既防“急躁症”又防“拖延症”是引导地方有节奏、有步骤、高质量推进扶贫工作的关键。一方面，科学部署精准脱贫工作，针对一些地方落实扶贫部署仅关注短期效应，对扶贫工作、脱贫成效的可持续性研究重视不够等问题，党中央及时出台贫困动态调整、脱贫后续帮扶等工作机制，要求各级政府主动施行抓住贫困户的动态管理，如果出现有返贫现象，马上重新纳入帮扶范围之内，强化了领导干部对扶贫工作的长期性意识。另一方面，科学制定脱贫线路图，针对一些贫困地区严重依赖扶贫政策红利的思想，明确贫困地区脱贫摘帽后要留出缓冲期，在一定时间内实行摘帽不摘政策，维持扶贫政策措施的稳定，特别是在 2019 年党中央提出“摘帽不摘责任、摘帽不摘政策、摘帽不摘帮扶、摘帽不摘监管”，成为脱贫工作的延续，这既是贫困群众的实际需要，更有效避免了地方干部的拖延和懈怠思维。

六、科学制定脱贫摘帽时间表，防止层层加码

科学制定脱贫摘帽时间表，防止层层加码是从严从实基本原则之一，更是体现精准扶贫科学性的保障。在脱贫攻坚过程中，一些渴望政绩的官员希望人们能尽快脱贫，而一些村民却希望能继续被认定为贫困人口，认为这样他们就能继续从政府拿到补贴。如何平衡两者之间的博弈关系，这就需要制定科学的脱贫摘帽时间表。2018 年，中共中央国务院出台《关于打赢脱贫攻坚战三年行动的指导意见》，对如何如期打赢脱贫攻坚战明确了思想、行动、任务、时间等。这为中国的脱贫攻坚战指明了计划进程，为贫困群体和贫困地区实现分批有序高质量脱贫提供了理论依据，也有效防止了各级政府对扶贫脱贫工作层层加码现象。

根据《关于打赢脱贫攻坚战三年行动的指导意见》，各级政府要严格分解脱贫攻坚任务，制定高质量脱贫计划方案。一方面，增加脱贫摘帽计划的可预见性，各级党委政府按照实事求是的工作原则，遵循有序脱贫的工作思路，根据扶贫工作进度、减贫任务完成情况等，制定符合地区扶贫工作实际的脱贫摘帽计划。有力推动了贫困人口分年分批、规范有序脱贫摘帽，既没有出现层层加码、盲目冒进，也没有放慢进度、影响全面如期脱贫。另一方面，科学设定脱贫标准和质量，各级党委政府落实高质量脱贫的工作要求，

把脱贫质量摆在扶贫工作最突出的位置，严格按照贫困户脱贫、贫困村出列、贫困县摘帽的标准和程序进行严格把控，确保实现高质量脱贫。通过此两种方式，既有效解决了政府与民众之间的利益博弈，又推动了脱贫攻坚工作按照客观发展规律有序施行。

七、向扶贫中的腐败行为宣战

向扶贫中的腐败行为宣战是党从严从实保障脱贫攻坚、沿着中国特色社会主义道路前进的政治保障，也是完善和提升我国贫困治理体系贫困治理能力现代化的基本要求。脱贫攻坚作为新中国70年历史上的一场硬仗，没有严明的纪律和过硬的作风，就难以达到预期目标。所以说，作风问题关乎脱贫攻坚成败，影响着全面小康的成色，整治扶贫领域腐败和作风问题也成为实现全面小康征程中的重要内容。只有把全面从严从实要求贯穿脱贫攻坚工作全过程和各环节，对作风不实问题、腐败问题“零容忍”，才能确保扶贫工作扎实、脱贫结果真实。

为此，国务院扶贫开发领导小组把2018年作为脱贫攻坚作风建设年，在全国范围开展了扶贫领域作风问题专项治理，通过建立举报追查制度，组织开展明察暗访，建立查实曝光制度，曝光扶贫领域案件，建立主体责任和监督责任追究制度等方式，将作风建设贯穿于脱贫攻坚全过程，并取得了良好成效。例如：扶贫领域违规使用挪用资金比例从2013年的15.7%下降到2019年的1%以下。通过开展扶贫领域腐败和作风问题专项治理，有力强化了扶贫领域纪律作风建设、杜绝了形式主义官僚主义作风，既推进了全面从严从实工作作风向基层延伸、也厚植了扎实的扶贫工作氛围，又加强了基层的党风、政风廉政建设。

2018年，中共中央还组织开展了26个地方、中央党组织开展脱贫攻坚专项巡视。专项巡视是对被巡视党组织落实脱贫攻坚政治责任的再监督，突出“专”的特点，紧紧围绕落实脱贫攻坚方针政策、落实党委（党组）脱贫攻坚主体责任、落实纪委监委（纪检监察组）监督责任和有关职能部门监管责任、落实脱贫攻坚过程中各类监督检查发现问题整改任务等“四个落实”，深入开展监督检查，进一步聚焦脱贫攻坚专项巡视任务。即看中央脱贫攻坚方针政策精准落实情况、看省区市党委履行脱贫攻坚主体责任情况、看相关中央和国家机关按照部门职责履行脱贫攻坚责任情况、看纪检监察机关履行脱贫攻坚监督责任情况、看各类监督检查发现脱贫攻坚过程中问题整改落实情况，看脱贫攻坚过程中干部队伍建设情况，看抓党建促脱贫攻坚和基层党组织建设情况，看东西部扶贫协作和中央单位定点扶贫工作开展情况。

到 2020 年，千百年来困扰中华民族的绝对贫困问题即将历史性地划上句号，这将是中国书写人类发展史上的伟大创举！但更可贵的是，在这场解决中华民族千百年贫困难题、实现全面小康的第一个百年梦想中，严格压实脱贫攻坚责任，通过从严从实的工作机制，不断提高脱贫攻坚的质量和成效，确保扶贫工作务实，脱贫过程扎实，脱贫结果真实，保障脱贫成效真正获得群众认可、经得起实践和历史检验，则是一个重要保障，也是中国积极探索新时期贫困治理体系的重要内容之一。

第五部分

中国减贫政策与实践思考：

产业扶贫创新研究部分论文选载

供给侧改革视角下民族地区产业精准扶贫的路径探索

自2015年11月，中央财经领导小组会议上决策层第一次提出“着力加强供给侧结构性改革、着力提高供给体系质量和效率”。时至今日，学界内外广泛热议，[1]随后召开的中央经济工作会议进一步明确“去产能、去库存、去杠杆、降成本、补短板”五大任务。2016年1月中央研究制定供给侧结构性改革方案，供给侧改革即将进入具体实施阶段。2017年10月18日，习近平同志在党的十九大报告中指出，要“深化供给侧结构性改革，建设现代化经济体系”。2018年作为落实党的十九大精神的开局之年，将供给侧改革落实到了经济社会发展的全过程，尤其是贫困治理领域的供给侧改革重点工作之一就是要推动精准扶贫的各项政策措施落地生根，提升脱贫质量。

在这样的背景下，从供给侧角度审视民族地区产业精准扶贫路径具有重要的现实意义和实际价值。从产业发展供给侧，即基于土地、资源、基础设施、公共服务等要素入手，构建政府、企业、农村合作社、农户、贫困户等多主体参与机制，提出民族地区产业精准扶贫的实现路径。

一、供给侧改革视角下探索民族地区产业精准扶贫路径的意义

改革开放40年的扶贫实践证明：产业作为开发式扶贫的重要模式之一，是最有效的扶贫方式。在供给侧改革视角下，探索民族地区产业精准扶贫路径对于民族地区的脱贫具有重要推动作用。[2]首先，有利于补齐民族地区的扶贫产业发展短板，由于民族地区多分布在我国西北、西南等区，产业基础和发育条件相对薄弱，基础设施、公共服务等要素对扶贫产业发展的支撑力度不足，产业精准扶贫能够带动民族地区资源要素的有效供给，从而补齐产业发展基础短板。其次，有利于提升民族地区的产业扶贫质量，民族地区受

技术、人才等要素限制，产业较为低端，产业要素生产率不高，比如民族特色旅游资源挖掘不足，无法发挥产业扶贫的最大效用，产业精准扶贫能够将民族地区的各类资源和参与主体融合起来，构建各主体的利益联结机制。再次，有利于增强民族地区的产业竞争力，民族地区产业的供给结构对市场需求变化缺少足够的适应性和灵活性，抵御风险能力较差，产业精准扶贫就是在一定意义上将民族地区的“供给”与整个社会的“需求”有效结合，提高本身的精准优势。最后，能够培育民族地区的产业优势和发展潜力，促进民族地区长效增收，产业培育和生长是补足民族贫困地区未来发展的重要内容，亦是提升贫困地区和贫困人群内生发展能力的重要途径，对于提高劳动力素质、促进就业、拉动经济增长、带动贫困农户增收具有重要意义。

二、供给侧改革视角下民族地区产业精准扶贫

产业发展扶贫面临的主要约束条件是多因素集聚和多力量参与作用的结果，既有自然条件和相应资源禀赋作支撑，亦有人为力量和文化内涵为产业发展护航，更有公共服务和产业政策为产业扶贫可持续推进提供保障。民族地区特色产业具有市场属性、地域性、民族文化以及生态与可持续的特性，[3] 民族地区除了存在贫困的现实情况以外，其土地利用及农业发展、基础设施、公共服务都从不同角度和不同方向对产业精准扶贫产生着影响。

（一）民族地区贫困面广、贫困程度深：扶贫脱贫困难度大

经过三十多年的扶贫开发进程，民族地区经济社会发展已经取得巨大成果，但与全国相比，贫困程度和贫困面依然较大，这增大了未来阶段的脱贫难度。据 2017 年国家统计局对民族八省区①农村居民家庭进行的抽样调查显示，按年人均收入 2300 元（2010 年不变价）的国家农村贫困标准计算，2017 年农村贫困人口为 1032 万人，民族八省区农村贫困人口占全国的比重为 33.9%，比 2016 年的 32. 5% 高了 1.4 个百分点（图 5–1 所示）。民族八省区减贫率为 26.9%，低于全国同期的 29.7%。从贫困发生率来看，民族八省区的贫困发生率始终高于全国水平，并且贫困发生率的下降呈现放缓的趋势（图 5–2 所示）。以上数据反映出在脱贫攻坚进入冲刺阶段的背景下，受民族地区贫困面广、贫困程度深的影响，民族地区的减贫进程放慢，脱贫难度加大。

（二）民族地区土地资源制约现代农业发展：扶贫脱贫的资源要素约束性强

土地是经济活动的载体，也是农业产业化和规模化经营得以开展的基础，正如威廉·佩蒂所说："劳动是财富之父，土地是财富之母。"人均耕地不足

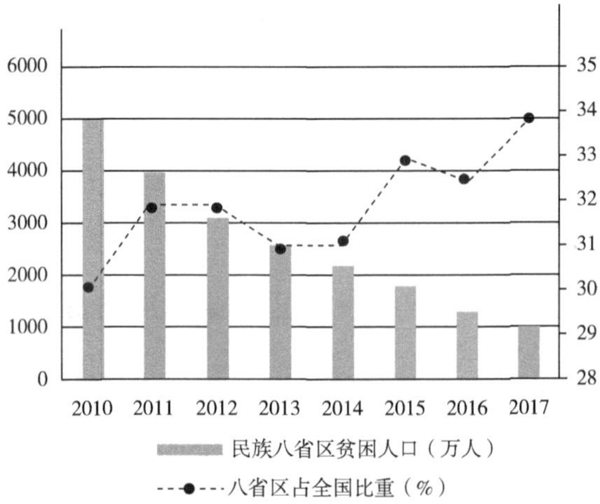

图 5-1　民族八省区贫困人口及占全国贫困人口比重

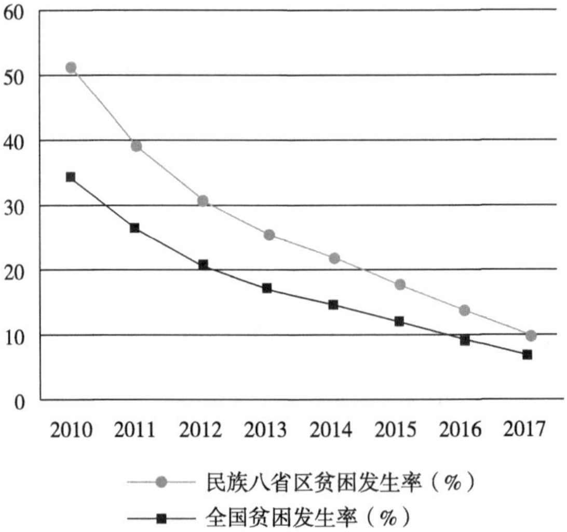

图 5-2　民族八省区与全国贫困发生率对比

数据来源：根据《中国统计年鉴 2017》和《2017 年民族地区农村贫困监测情况》整理绘制。

是民族地区贫困原因之一，[4]土地资源相对不足也成为现代农业和扶贫产业发展的最大阻碍。

表 5-1　民族八省区耕地面积占全国耕地面积比重（%）

地区	年份						
	2010	2011	2012	2013	2014	2015	2016
内蒙古	6.79	6.79	6.80	6.81	6.83	6.84	6.86
广西	3.27	3.27	3.27	3.27	3.27	3.26	3.26
贵州	3.38	3.37	3.37	3.36	3.36	3.36	3.36
云南	4.61	4.61	4.61	4.60	4.60	4.60	4.60
西藏	0.33	0.33	0.33	0.33	0.33	0.33	0.33
青海	0.43	0.44	0.44	0.44	0.43	0.44	0.44
宁夏	0.95	0.95	0.95	0.95	0.95	0.96	0.96
新疆	3.79	3.80	3.81	3.82	3.83	3.84	3.87
民族八省区合计占比	23.55	23.56	23.58	23.58	23.60	23.63	23.68

注：全国合计数未包含香港、澳门和台湾省数据。
数据来源《中国统计年鉴 2017》

区域面积大、耕地资源少、土地质量不高使民族省区在发展农业产业扶贫方面显得力不从心。如表 5-1 所示，以 2016 年为例，民族八省区耕地资源占全国的比重为 23.68%，由于这些耕地多位于高原、丘陵山区，耕作难度较大、土地生产力较低。有学者提出从改善农产品供应链的视角促进民族地区精准扶贫，充分发挥“互联网 +”在精准扶贫过程中的载体作用，[5]也有学者提出以生态视角发展绿色产业和医药健康产业，达到资源的优化利用，[6]但无论何种途径，提升土地要素和促进农业现代化都是增强民族地区产业扶贫成效的重要条件。

（三）民族地区基础设施和公共服务供给差异较大：扶贫脱贫需更加精准

基础设施是产业发展的硬件配置，是实现产业落地和精准扶贫的必备条件。此处着重分析了 2016 年民族八省区公路里程、互联网普及率和社区服务机构覆盖率等指标与全国平均水平的对比。

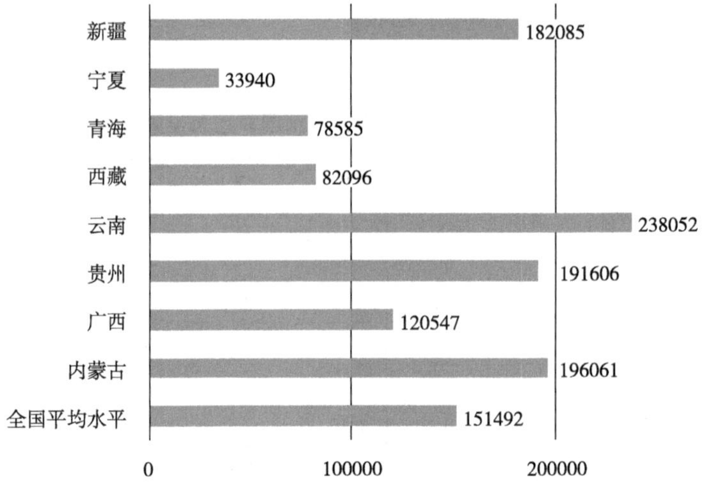

图 5-3　民族八省区公路里程（km）

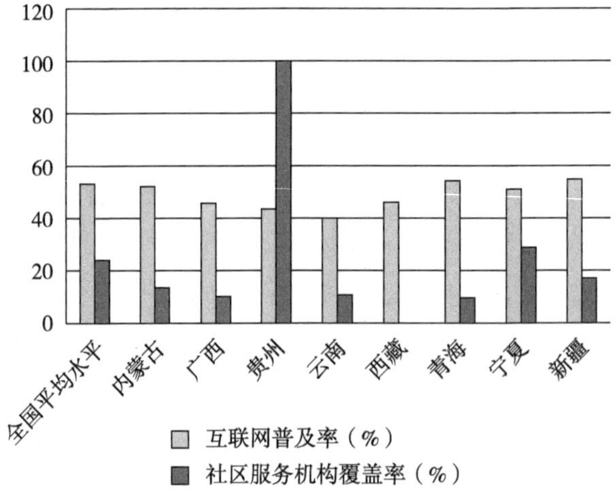

图 5-4　民族八省区互联网普及率和社区服务机构覆盖率

注：根据《2017 年交通运输行业发展统计公报》《2017 年互联网络发展状况统计报告》《2017 年社会服务发展统计公报》《中国统计年鉴 2017》相关数据绘制。其中公路里程全国水平是 2016 年全国公路总里程 469. 63 万公里与 31 个省份的算术平均数。

“要致富先修路”，公路是产业发展的基础。图 5-3 显示，就公路里程而言，民族八省区中有一半低于全国平均水平，仅云南、新疆、贵州和内蒙古四省区高于全国平均水平，交通条件也是影响贫困地区脱贫发展的重要因素。目前的产业扶贫模式多采用“互联网 +”的形式，图 5-4 显示，民族八省区尚有六个省区的互联网普及率低于全国平均水平，在一定程度上阻碍了扶贫产业链的延伸和发展；同时，社区服务机构还存在不均衡的现象，产业发展的保障水平存在不足。公共服务包括教育、医疗等多方面的内容，在产业发展中直接影响或制约贫困群体自身能力提升和是否能够参与到产业发展进程中，没有贫困主体参与的产业扶贫势必与精准要求不符，无益于贫困群体福利提升和脱贫致富。民族地区在公共服务方面的努力与产业精准选择和落地，促进了贫困地区和贫困主体可持续发展相辅相成。本文选用文盲人口占 15 岁及以上人口比重等指标予以分析。

表 5–2　民族八省区农村教育供给情况

地区	文盲人口占 15 岁及以上人口的比重（%）（2016）	各级学校生师比（2016）		
		普通小学	初中	普通高中
全国水平	5.28	17.12	12.4	13.7
内蒙古	4.66	13.15	10.7	12.9
广西	3.29	19.4	16.1	17.2
贵州	11.06	17.9	14.9	16.3
云南	8.83	16.6	14.8	15.0
西藏	41.12	14.4	12.0	11.4
青海	13.45	17.3	12.9	13.5
宁夏	6.82	17.1	13.9	14.3
新疆	3.79	14.8	10.	13.1

数据来源：《中国统计年鉴 2017》

表 5–2 显示，除了广西、新疆、内蒙古三个自治区文盲人口比重低于全国平均水平以外，贵州、青海和西藏三省区文盲率都在两位数，教育现状令人担心，民族八省区贫困人口基本教育能力的缺失导致劳动力素质普遍较低，为其参与并融入相关扶贫产业平添阻碍，也导致了产业发展缺少创新要素，中低端产业扎堆发展，产业发展缺少人才支撑等现象发生。而且，农村卫生服务能力（以每千人口卫生技术人员数量为衡量指标）多数低于全国水平，作为基础公共服务的软件基础，医疗卫生服务在贫困地区的脱贫攻坚过程中具有重要作用，特别是民族地区的贫困人口多是老弱病残等深度贫困群体，医疗供给水平直接关系到农村贫困人口的健康水平，会导致扶贫产业发展缺乏相应的人力资源支撑。公共服务不足、供给质量不高是我国当前经济

管理中政府职能的一个短板，[7]也是民族地区在治理贫困过程中的最大困难。

在扶贫产业的发展过程中，劳动力、土地和资源等初级生产要素的利用与扶贫开发效果具有较大关联，[8]能较大程度上扩大贫困群体参与度并共享发展成果。但民族地区扶贫产业受到教育观念、资源要素、地理位置等多方面的影响，民族地区产业发展还需要在劳动力素质、土地资源、公共服务保障方面提高供给质量，完善扶贫产业长效发展的基础保障。

三、供给侧改革视角下构建民族地区产业精准扶贫路径的思路

供给侧结构性改革任务要在改革和发展中实现，需要供给侧和需求侧的相互配合。产业发展最终要面向市场，完成由生产到消费的转化，劳动力要素的有效配给和共享生产消费系统的营造都影响产业发展进程，[9]中国特色的改革方式和道路具有鲜明的“供给侧改革”性质。就参与方而言，推动民族地区产业精准扶贫是政府、企业、农村经济组织、贫困户等多方参与的过程。市场是牵动结构调整的主要力量，但不能离开政府对结构调整的引领作用、规划作用和调节作用，在市场和产业尚未成熟之前，政府可以短时间内代替市场主体发挥作用。[10]农村经济组织直接联系贫困户，在实际扶贫开发和产业成长过程中，产业有理由瞄准正好是农民的穷人。已有经济理论将劳动力、土地及自然资源、资本、制度、创新等五个要素作为支持经济长期增长的动力源。[11]本文将民族地区的特色文化和资源纳入，构成民族地区经济增长的第六要素。

（一）六个要素是构建民族地区产业精准扶贫路径的基础：补短板、增优势

供给侧结构性改革的目的就是调整发展过程中的经济结构，使各类资源要素实现最优化的配置和最合理的利用，提升经济增长的质量和数量。而在供给侧视角下，民族地区的劳动力、土地、资本、制度、创新等五大要素供给能力不足，民族地区的特色文化和资源充足，但是挖掘潜力不够，农业现代化特色优势发挥不明显。这些要素是民族地区产业精准扶贫路径的基础，对实现民族地区产业结构调整、提升扶贫产业的供给质量具有重要作用。一方面，这些要素能够直接决定民族地区扶贫产业的结构水平，五大要素供给不足、资源利用不充分影响扶贫产业的高端化发展，比如劳动力素质的高低

直接决定了产业选择的层次。另一方面，这些要素能够直接影响扶贫产业的长效发展，产业扶贫是一个长期过程，需要足够的要素资源支持其发展，比如创新要素和活力是否充足，直接关系产业的竞争力和未来的发展前景。因此，作为民族地区产业扶贫的基础，我们需要补齐劳动力资源不强，土地、资本、制度、创新要素不足的基础短板；还要增加特色优势文化资源的潜力和优势。使产业供给侧的要素资源充分发挥其作用，筑牢扶贫产业的发展基础，提升扶贫产业的可持续发展能力。[12]

（二）四大参与主体是构建民族地区产业精准扶贫路径的关键：能够形成供给合力

供给侧结构性改革的参与主体是经济经营个体、企业和政府，它们既是经济机构调整的参与者，也是经济发展的受益者。供给侧视角下，民族地区的扶贫产业的参与者和受益者演化为农户、农村经济组织、企业和政府，它们承担着扶贫产业的要素供给，是构建民族地区扶贫产业发展路径的关键。[13]例如政府通过出台扶贫产业政策和发展规划，直接可以带动制度和土地两个要素的供给，又通过土地资源因素与农户、农业经济合作组织、企业建立了利益相关机制，再配套以公共服务和基础设施，能够提升扶贫产业的市场竞争力。四大参与主体同时还是民族地区产业发展的受益者，政府有扶贫脱贫的责任、企业有长远发展的需求、农村经济组织有合作经营的考虑、农户有增收致富的愿望，不同的利益诉求使得四个参与主体在民族地区扶贫产业发展过程中形成了一个有机整体，它们的共同目标是突破发展的困境，将民族地区的扶贫产业做大做强。因此作为要素的供给主体，它们会主动提高相对高质量的资源，形成产业发展的供给合力。

（三）构建民族地区产业精准扶贫路径的理论机制

基于六大要素和四大参与主体构建民族地区产业精准扶贫路径的理论机制，核心在贫困群体参与，重点在要素的充分利用，保障在于政府的制度、基础设施和公共服务供给和企业的资本、技术和创新供给。[14]民族地区产业精准扶贫的要素与参与主体的整体发展机制可以拆分为三个主要的有机组成部分，即“政府—企业—贫困户”“政府—农村集体经济组织—贫困户”“企业—农村集体经济组织—贫困户”，如图 5-5 所示。

政府在制度和土地供给的同时，需同时提高产业扶贫目标地区基础设施和公共服务供给。土地包括耕地和林地，作为贫困户主要的资产载体和入股要素，是获得股份收益和生态补偿收益的重要抓手，也是贫困户开展农业生产、发展农业产业化规模化经营的基础条件。资源主要是指民族地区的文化资源和山水资源，融合民族歌舞、工艺品、历史文化和山水自然等多种因素，是民族地区有别于其他地区的特有要素，为旅游产业和特色产业的培育和发展奠定了基础。劳动力与土地一样是贫困户仅有的资产，通过参与农村经济组织和直接就业获得收益。产业的发展离不开企业的经营管理、技术创新和资本支持，是打造产业产品品牌、提升竞争力的实践者，与农村合作组织一道承担着产业选择和落地的使命。

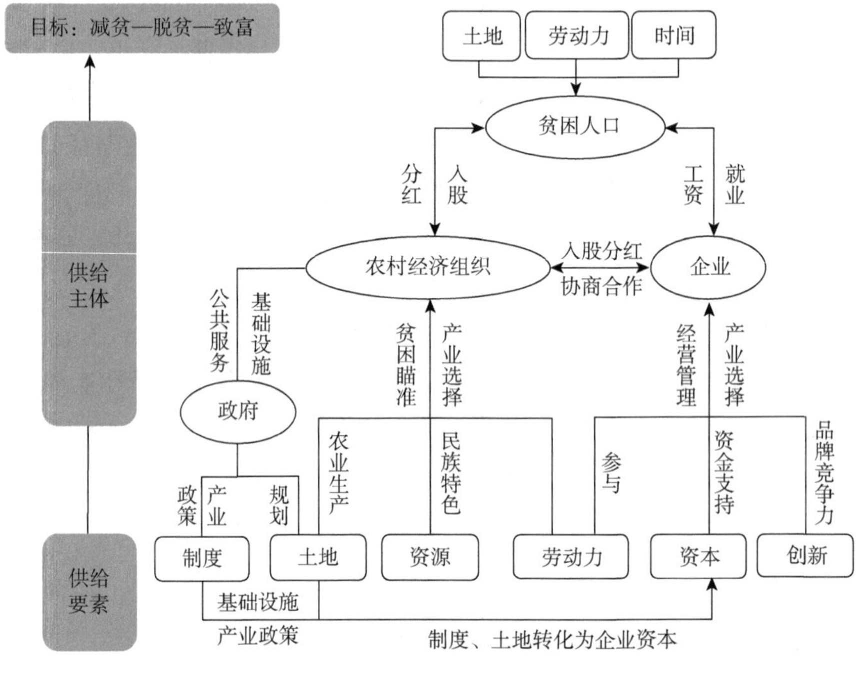

图 5-5　供给侧视角下民族地区产业精准扶贫的理论机制示意图

“政府—企业—贫困户”部分以政府提供产业政策的制度供给和土地要素供给为拉力，基础设施和公共服务为保障，达到吸引企业和社会资本进入贫困地区选择产业类型和开展经营管理的目标。在这个过程中，土地和制度都以有形和无形的资本形式计入企业资本要素中，通过政府企业之间的合作（如PPP模式）推动产业落地。诚然，企业的逐利性与产业扶贫的益贫性需要由政策设定一定的制度加以平衡和协调，比如规定产业覆盖的贫困户比例、产业选择与贫困地区的契合度、产业发展与市场匹配度以及产业精准扶贫效果的评估等。

“政府—农村集体经济组织—贫困户”部分以基础设施和公共服务为核心，确保农村经济组织进行产业扶贫探索，在企业进入之前探索产业选择和运营。基础设施的保障包括交通、互联网络等，着重解决产品运输和营销问题，打造品牌和提升竞争力。公共服务从农村经济组织和贫困户两个层面分别发挥作用，一方面通过减少农村经济组织注册成本、提供资金信贷支持间接作用于减贫目标，另一方面从提升贫困人口教育能力和卫生条件的角度使得贫困主体具备参与产业发展的必备能力和条件。

“企业—农村经济组织—贫困户”部分以贫困户资产收益为核心，以入股或就业的形式分享产业扶贫效益。对贫困户来说，土地是可以入股农村经济组织的主要资产，农村经济组织作为代理方将农户土地再次入股于企业，在协商合作的基础上，由企业给农村经济组织发放产业发展效益，再由农村经济组织与农户商定分红和留存比例。贫困户与企业通过就业的形式直接发生联系，贫困主体以其自身能力参与到企业产业发展的各个环节和岗位，比如民族地区擅长歌舞表演和工艺品制作的贫困人口便可以参与到相关产业的不同环节，或参与到农业产业化和规模化经营过程中，以获得工资收入的形式直接分享产业发展红利，这也是产业精准扶贫的重要体现。

四、供给侧改革视角下民族地区产业精准扶贫的实现路径

从民族地区现有条件和构建民族地区产业精准扶贫路径的机制理论入手，以供给侧改革为分析视角，注重四个参与主体自身资源供给范围及质量，是产业精准扶贫路径的核心思想。同时，依托民族地区资源禀赋选择产业，推动产业落地和可持续发展，最大化覆盖贫困，实现产业发展与益贫减贫相兼容。

（一）贫困主体：更加重视提升劳动供给质量是关键

贫困主体侧重于提高自身劳动力供给质量，投身产业扶贫进程。产业扶贫作为一种“造血式”扶贫，旨在提升民族地区贫困主体内生发展能力，与扶贫产业精准对接，完成由贫困到脱贫再到致富的转变。能力提升途径有多

种，一是通过接受学校教育，获得文化知识与基本技能，但这种方式通常周期较长；二是通过职业教育的方式，学习专门技术能力，这种方式通常周期较短；三是通过学徒形式，一对一进行技术传授和实习，达到较短时间内基本掌握某项专门技能的目的；四是由农村经济组织面向贫困人口设立农业及相关产业技能培训课程；五是企业通过设立一定数量的带薪实习岗位，帮助贫困人口在实践中掌握产业相关环节的技能。德国在培养专业技术人才方面形成了颇具特色的双轨制，企业和学校通过市场机制共同培养专业人才。贫困主体通过自身能力的培养达到劳动力质量提升的目的，从而切实参与到产业发展环节和劳务输出之中。

（二）农村集体经济组织：提升资源利用和组织管理能力供给是组织保障

农村集体经济组织侧重提升组织管理能力，提高资源整合与利用水平，以及民族特色文化和资源产业的挖掘和推介。农村集体经济组织是联结农户、企业和政府的重要角色，承载着资源整合与利用的任务，一定程度上扮演着贫困群体“代言人”的角色。其一，提高政策解读与运用能力，与政府沟通和谈判，帮助贫困地区选择合适的产业扶贫项目，完善基础设施条件；其二，与企业协商谈判，确保农户和贫困户利益得到保障，同时监督企业生产和发展，防止产业发展过程中的掠夺性发展；其三，充分了解民族地区文化底蕴、民族特色资源以及贫困户自身素质，找到符合民族地区特性和适于发展的产业类型，帮助贫困户找到适合就业的产业和岗位，同时对农户和贫困户入股的资产负责，确保资产收益及时返还。

（三）企业：提升资本、技术和创新供给是动力

创新之于企业在于侧重加强技术创新和资本积累，发挥产业发展过程中的引领作用，确保产业可持续。企业承担资本投入、创新和劳动力吸纳等核心任务，在产业发展和精准扶贫过程中具有举足轻重的地位。产业选择是企业需要把控的第一道关，是在资本供给基础上发挥产业扶贫效能的前提，与市场需求相匹配则是产业发展成败的关键。因此，对民族贫困地区资源和文化条件的充分分析和论证，以及对于产业市场前景进行先期预测显得十分必

要。创新是企业发展的不竭动力，品牌和核心竞争力的打造是民族地区产业精准扶贫的可持续举措，无论发展现代农业抑或发展旅游业，品牌建设都是企业创新实践的重要内容。

（四）政府：加强基础设施、公共服务和制度供给是根本性保障

政府侧重于完善基础设施和公共服务，提升制度和产业政策供给。制度供给涉及财政、税收、产业等多个方面，针对不同的主体会有不同的制度设计。对贫困户而言，针对不同的致贫因素需要有不同的政策相匹配，土地生产条件较差、农业经营受阻的贫困户可安排相应的土地整治项目加以改善，提升土地供给质量，[15]对于缺少创业资金的贫困户，应考虑从资金角度提升供给，等等。对参与民族地区产业扶贫的企业而言，政策上应预留一定绿色通道，减少审批办证手续，提高产业落地和发展效率，或者采用 PPP 阳光机制改善投融资供给，[16]拉动民间资本、社会资金合作供给，[17]同时，政府在平衡企业益贫性和逐利性方面应发挥主导作用，以制度形式确定一定的贫困户参与比例。此外，基础设施和公共服务既是贫困地区发展的基础性条件，也是产业扶贫得以落地和发挥减贫成效的前提条件，交通的便捷性、卫生医疗条件和教育资源的易获得性、互联网设施的普及程度等是吸引产业落户民族贫困地区的重要影响因素。

供给侧视角下，农户最重要的资源是要提升自身的劳动力素质，同时作为土地、资本等要素资源的拥有者，首先通过农村集体经济组织将资源整合，达到抱团取暖以抵御市场风险的目的，其次通过特色优势产品融入具有创新活力和技术优势的企业中，打造扶贫产业品牌效应，最后在政府提供的良好软硬件环境下实现民族地区扶贫产业发展的路径模式。这种路径模式对于提升民族地区的扶贫产业具有重要作用，从供给的要素质量方面提升整个扶贫产业的发展效率，从参与的主体方面加深了各主体之间的联系，构成了产业的利益联结机制，最终能带动各类主体和地区经济产业的发展，从而实现民族地区的脱贫攻坚任务，实现全面小康。

五、结论与启示

本文从供给侧改革视角探讨了民族地区产业精准扶贫的现有条件和发展障碍，并以民族八省区省情实际为例证作了分析，通过梳理产业发展的理论

框架，总结出了民族地区的产业精准扶贫路径。这为我们实现深度贫困地区的产业脱贫提供了更为广阔的思路。

（一）结论

供给侧视角下，民族地区的贫困面依然较广、贫困程度依然较深，民族地区土地资源制约了农业现代化发展，基础设施和公共服务依然滞后，这些因素都为民族地区产业精准扶贫设置了障碍。[18]为了尝试破解这种限制性条件，本文从要素供给和参与主体出发，分析构建了民族地区产业精准扶贫路径的理论机制，由“政府—企业—贫困户”“政府—农村集体经济组织—贫困户”“企业—农村集体经济组织—贫困户”等三个有机部分构成，“政府—企业—贫困户”部分以政府提供产业政策的制度供给为拉力，基础设施和公共服务为保障，达到吸引企业和社会资本进入贫困地区发展产业的目标；“政府—农村集体经济组织—贫困户”部分以基础设施和公共服务为核心，确保农村经济组织进行产业扶贫探索；“企业—农村集体经济组织—贫困户”部分以贫困户资产收益为核心，以入股或就业形式分享产业扶贫效益。民族地区产业精准扶贫过程中可能存在产业选择脱离民族地区资源匹配实际风险、产业发展的资源供给排斥风险以及产业扶贫过程中的结构性矛盾风险。

供给侧改革视角下民族地区产业精准扶贫路径是贫困户、农村经济组织、企业和政府四位一体的有机组合，四个主体承担了六大要素的高质量供给，即贫困户主要对应劳动力供给，农村集体经济组织主要对应土地和民族地区特色资源供给，企业主要对应资本和创新供给，政府主要对应产业政策和土地供给。然而，仅仅从供给侧角度考量还远远不够，还应从以市场为导向的需求侧加以思考，完成产业精准扶贫的价值转化。诚然，产业精准扶贫依赖于各项要素的有效和高质量供给，是在各要素和各参与主体提高供给质量之后的水到渠成。本文从供给侧改革的视角对民族地区产业精准扶贫做了初步探讨，但实际上每个参与主体的供给质量提升和每个供给要素的作用机制都可以继续开展研究，同时风险的发现和预防也是很有意义的研究内容，这些都有待继续深入研究。

（二）启示

基于供给侧视角下贫困地区产业精准扶贫路径对于现阶段深度贫困地

区[②]的贫困治理也同样适用，深度贫困地区除了具有民族地区的所有典型特征外，还具有自身特有的“两高、一低、一差、三重”特征，即贫困人口占比高、贫困发生率高、人均可支配收入低、基础设施和住房差、低保五保贫困人口脱贫任务重、因病致贫返贫人口脱贫任务重、贫困老人脱贫任务重。随着投入力度的增大和基础设施的改善，基于供给侧角度下，深度贫困地区在发展绿色产业、实现可持续脱贫方面将大有可为。例如：深度贫困地区在农业资源方面具有天然绿色优势，农产品属于绿色或有机产品。随着我国消费需求的转型升级，对纯天然农产品的需求不断增多，使深度贫困地区的农业资源具有了相对优势，为实现绿色减贫创造了条件。在人文自然景观方面具有优势，其特殊的地形地貌、风土人情吸引了众多游客，为旅游产业的发展奠定了良好基础。沿着本文探索的路径，深度贫困地区重点将产业选择与农民利益结合起来，将农民的发展积极性激活，尤其提升贫困户的产业扶贫参与度，利用自下而上的参与式扶贫机制选择扶贫产业。通过农村经济组织形成劳动力资源和发展合力，在企业的市场化机制作用下，选择“互联网＋”等具有长效增收模式的产业，通过劳动力、资本、技术和土地等供给要素量化入股的方式，构建与基层经济组织和农户的利益联结机制，发展“农户＋”的产业扶贫模式。在政府政策的引导和基础设施投入的支持下，通过挖掘和发挥本地的优势资源，提供优质品牌的产品和服务，能够依靠自身的发展实现资源的合理配置。

（2019 年 1 月 10 日《西南民族大学学报（人文社会科学版）》
张琦　张涛　贺胜年）

注释：

①民族八省区指的是少数民族人口相对集中的内蒙古、广西、西藏、宁夏、新疆 5 个自治区和贵州、云南、青海 3 个省份。

②深度贫困地区指的是“三区三州”，西藏、新疆南疆四地州和四省藏区以及甘肃省临夏州、四川省凉山州和云南省怒江州。

参考文献

[1] 贾康，苏京春．“供给侧”学派溯源与规律初识［J］．全球化，2016（2）：30-54，132-133.

［2］万良杰. 供给侧结构性改革视阈下的民族地区“精准扶贫”［J］. 中南民族大学学报（人文社会科学版），2016（6）：149-153.

［3］尚前浪，陈刚. 民族地区旅游开发中推进共享发展理念路径探索［J］. 西南民族大学学报（人文社会科学版），2018（1）：28-34.

［4］缪尔达尔. 亚洲的戏剧——对一些国家贫困问题的研究［M］. 谭力文，张卫东，译. 北京：北京经济学院出版社，1992.

［5］徐伍达. 西藏打赢深度贫困地区脱贫攻坚战的路径选择［J］. 西南民族大学学报（人文社会科学版），2018（5）：57-62.

［6］郭景福，解柠羽. 生态视角下民族地区特色产业发展路径研究［J］. 云南民族大学学报（哲学社会科学版），2016（1）：151-154.

［7］林移刚，杨文华. 我国乡村旅游精准扶贫困境与破解研究：基于生产要素视角［J］. 云南民族大学学报（哲学社会科学版），2017（2）：121-127.

［8］王雅丽. 供给侧结构性改革：产业革命的视角［J］. 华南师范大学学报（社会科学版），2016（6）：26-131，191.

［9］厉以宁. 持续推进供给侧结构性改革［J］. 中国流通经济，2017（1）：3-8.

［10］贾康，苏京春. 论供给侧改革［J］. 管理世界，2016（3）：1-24.

［11］张琦，张涛. 我国扶贫脱贫供给侧结构性矛盾与创新治理［J］. 甘肃社会科学，2018（3）：82-89.

［12］胡振光，向德平. 参与式治理视角下产业扶贫的发展瓶颈及完善路径［J］. 学习与实践，2014（4）：99-107.

［13］林俐. 供给侧结构性改革背景下精准扶贫机制创新研究［J］. 经济体制改革，2016（5）：190-194.

［14］徐祥临. 助力供给侧改革，土地整治是最佳切入点［J］. 国土资源，2016（2）：19.

［15］洪银兴. 准确认识供给侧结构性改革的目标和任务［J］. 中国工业经济，2016（6）：14-21.

［16］方敏，胡涛：供给侧结构性改革的政治经济学［J］. 山东社会科学，2016（6）：92-98，134.

［17］张琦，王建民. 产业扶贫模式与少数民族社区发展［M］. 贵阳：民族出版社，2013

保持扶贫产业可持续发展是精准扶贫重点

经过多年的扶贫实践探索，我国已经形成了多产业、长链条、多路径的产业化扶贫态势，特色种养殖产业、各类扶贫车间内的加工类产业、光伏产业等扶贫产业已经取得显著成效，同时，乡村旅游、电商产业和物流产业等新业态的蓬勃发展正在为产业扶贫注入新的活力。

一、我国自主脱贫能力稳步提高，建成扶贫产业基地 10 万个以上

根据农业农村部和国务院扶贫办统计数据，从农户层面来看，全国已经有 92% 的建档立卡贫困户通过“龙头企业 + 合作社 + 贫困户”等方式参与到产业发展当中，2/3 以上的贫困人口靠外出务工和产业扶贫实现了脱贫，贫困户人均纯收入由 2015 年的 3416 元增加到 2019 年的 9808 元，一个个贫困家庭的生活发生了根本性改变，自主脱贫能力稳步提高。从区域层面来看，全国累计实施了 98 万多个扶贫产业项目，贫困地区累计建成各类扶贫产业基地 10 万个以上，近 6 年，贫困县国内生产总值年均增速高出全国平均水平 2 个多百分点，贫困地区农村居民人均可支配收入年均增速高出全国农村平均水平 2.3 个百分点，贫困地区经济活力和发展后劲也明显增强。在脱贫攻坚的最后堡垒“三区三州”，产业发展也取得了明显成效，每个县区都形成了带贫主导产业，52 个未摘帽县已发展主导产业 122 个，带动 300 多万名贫困群众每年人均增收超过 1700 元。

不过，伴随着精准扶贫的不断推进和深入，产业扶贫以及扶贫产业发展均暴露出一些不足。农业农村部办公厅、国务院扶贫办综合司印发《关于做好 2020 年产业扶贫工作的意见》，要求在做好疫情防控工作的同时，切实做好产业扶贫工作，为打赢脱贫攻坚战、巩固脱贫攻坚成果提供有力支撑。扶贫项目复工已经按下“快进键”，各地扶贫龙头企业、工厂车间里机器轰鸣，截至 4 月 10 日，全国已有 28.1 万个扶贫项目开工，开工率达 74.1%，各地多

措并举，全力应对疫情对产业扶贫的影响，产业扶贫任务和责任就更重。

二、产业扶贫规划科学性可持续性有待加强

根据国家审计署公布的审计结果，在脱贫攻坚工作的“五个一批”中，产业扶贫存在的问题最多，包括产业扶贫项目推进慢、科技支撑力弱、利益联结机制难落实等问题。

产业扶贫规划科学性可持续性有待进一步加强。总体上看，虽然各地都有自己的成功经验和发展模式，但部分地区缺乏长远思维和全域统筹的观念，导致产业扶贫政策难以产生实质性效用，扶贫产业项目难以可持续发展。第一，部分地区在选择扶贫产业时更关注以项目的方式切入，缺乏乡域、县域的整体概念，忽视对全域扶贫产业进行统筹谋划，在是否与本地域资源禀赋大环境相协调、是否能与上下游产业相融合等问题上欠考量。第二，产业扶贫规划多停留在宏观层面，微观层面的指导性、精准性较差。虽然宏观设计已给贫困村的产业发展定了向，但实践中存在自上而下区域理念逐步削减、项目实施可行性受限的问题，影响到产业扶贫效能的发挥。第三，规划不科学、不明晰易导致对产业未来风险评估不足，尤其是扶贫产业多数是农业产业相关的，受季节性和市场影响较大，若无总体规划的控制和引导，各个扶贫项目同时刺激，将会导致市场供大于求，极易造成“谷贱伤农”。

产业扶贫稳定性有待进一步提升。风险是市场经济的重要特征，产业扶贫项目按照市场化逻辑运作，必然会遭遇市场风险，从而导致扶贫项目脆弱性增强，益贫性减弱。第一，项目立项和运行由上级政府或者帮扶单位主导，不完全建立在对当地资源禀赋、产品市场需求和贫困户能力的综合分析基础上，项目选择易出现跟风现象，特别是由于扶贫产业以种植业和养殖业为主，若是某产业的农产品市场价格高、收益好，多数人会跟风发展该产业，使得产量大于市场需求，价格下降，导致大量农产品滞销，亏损严重。第二，在产业扶贫的过程中，部分企业没有建构完善的风险管控机制，如何规避或分担风险是产业扶贫面临的重要难题。

利益联结机制有待进一步的完善。一方面，龙头企业等新型经营主体发展整体上“数量少、规模小、实力弱、水平低”，加之产业链条短，产、加、销脱节，导致带贫能力弱。另一方面，新型农业经营主体缺少与农户的利益联结机制和共享机制，企业出于组织成本、盈利性考虑，加之扶贫领域的精

英俘获现象，在推进产业精准扶贫过程中可能侵害贫困群众的利益。

扶贫脱贫的配置保障有待进一步提高和拓展。扶贫开发必然需要大量的资金投入，政府投入在其中占主体和主导作用，同时涉及社会投资和农户自筹，但是这些不同渠道的资金都存在投入不足或不及时的风险。第一，贫困地区县级财力薄弱，财政压力比较大，无法满足扶贫产业发展的需求。第二，各类扶贫资金尚未形成合力，尽管有些地区积极推进涉农资金整合运用，但在投放使用过程中和实际使用过程中依然是分块投入，而且各个部门的扶贫专项资金在使用方向、实施范围、建设内容、项目安排上有所重复和交叉，多头管理降低了扶贫资金的使用效率，同时也存在由于审批程序复杂、官僚腐败等多种原因造成的配置不精准和使用不规范等问题。第三，规模小、管理不规范的农业企业缺乏抵押担保资格，信贷能力较弱，融资渠道不宽，影响农业经营者有效融资发展。

科技支撑带动和推动脱贫驱动力有待进一步强化。产业扶贫是一项系统工程，人在整个系统中是关键性甚至决定性因素。人才的短缺是产业扶贫中最难突破的阻碍，贫困地区的产业发展往往缺少懂技术的人、学技术的人、会技术的人。第一，很多地方特色种养业、养殖业项目，缺乏有实力的经营主体，多由村两委牵头实施或由村两委人员试验种植，特色产业产前、产中、产后的开拓动力不足。第二，虽然各地都在开展技术培训，但由于大量农村青壮年劳动力外出务工，留守的老年人和妇女接受培训能力较弱，再加上多数培训模式较为传统，缺乏实际操作，培训效果不理想。第三,一些劳动密集型的加工类扶贫车间，多在当地政府的大量政策资金扶持下发展，由于技术门槛较低，产业基础薄弱，一旦脱贫攻坚期结束，失去支撑条件，则扶贫车间便面临着不可持续的现实问题。

三、科学优化和完善产业扶贫发展规划

保持扶贫产业的稳定、可持续发展成为未来时期精准扶贫脱贫和乡村振兴的重点。为了解决产业扶贫脱贫和扶贫产业发展过程中面临的问题，必须根据贫困地区的实际、针对贫困农户的能力和需求采取相应的措施。

科学优化和完善产业扶贫发展规划，增强扶贫脱贫可持续性能力。未来，产业扶贫应与乡村振兴战略有机结合，做好规划，明确定位，做到早部署、早行动、早见效。第一，贫困地区发展特色农业产业应该秉持“宜农则

农”“宜林则林”“宜牧则牧”等客观规律，精准选择脱贫产业。第二，要细化产业扶贫资金的数量以及扶贫政策的优惠程度，制定差异化的扶贫方案。第三，必须在产业发展初期，研究未来销售和深加工可行性，还要根据各地实际，重点扶持一批高附加值的产业项目，促进三产融合创新，拉长产业链条，带动更多的贫困人口就业创业。

精准投入，发挥产业扶贫资金最大效能。多渠道拓展产业扶贫资金来源是保证产业扶贫有效实施的前提条件。第一，继续加大财政扶贫资金投入力度，确保财政专项扶贫资金投入始终向产业扶贫倾斜，充分发挥财政资金引领作用。第二，要落实好财政涉农资金整合，通过完善创新财政扶贫资金管理机制，提高财政扶贫资金的使用效率。第三，撬动金融资本投入，地方政府要积极与金融机构对接，加大对贫困地区的金融服务支持，尤其是当前要对受疫情影响较大的行业和中小微扶贫企业加大信贷支持力度，降低企业融资成本，帮助其渡过难关。

积极培育新型经营主体，完善产业扶贫利益联结机制。第一，积极培育产业基础强、发展前景好、带贫能力强的农民合作社及农业企业等新型经营主体，并做好政策引导，综合采用直接补贴、政府购买服务、定向委托、以奖代补等方式扶持其发展壮大，发挥其优势和作用。第二，要加强对新型经营主体扶贫效果的监测，完善各类考核指标，一旦发现扶持政策落实不到位、扶贫效果不明显，甚至出现骗贫欺贫的不诚信行为，导致贫困户利益受损的，就要及时取消扶持。第三，创新丰富贫困户参与受益方式，完善利益联结机制。一是根据实际情况，优先支持贫困户可以直接参与、直接受益收益稳定的特色产业扶贫项目。二是鼓励新型经营主体采取土地托管、股份合作等方式，与贫困村、贫困农户建立稳定的利益联结机制，引导新型经营主体采取订单帮扶模式对贫困农户开展定向帮扶。三是将新型经营主体带动贫困农户数量和成效作为相关财政支农资金和项目审批、验收的重要参考依据。

培养新时代新型职业农民，为产业扶贫注入科技动力。产业扶贫必须配套技术和人才，为了保证精准扶贫攻坚战的成效，一方面，应该高度关注贫困村群众需求，实施各类型新型职业农民培训计划，对所有具有劳动能力的贫困人口进行培训，尤其是要花时间培养当地的扶贫班子和领头的能人，使其具有一定的科学文化素质、具备一定经营管理能力、掌握现代农业生产技能，提升贫困群众脱贫自助能力。另一方面，科技作为产业扶贫的重要和关键因素，需要发挥更大的作用。当前，互联网技术正成为扶贫的新力量，通过直播卖货打开农产品销路，已不是一件新鲜事。要充分利用大数据、人工智能、区块链等新技术，针对不同贫困地区、群众的特点，把扶贫产品精准推送给有需求的用户，助力产业扶贫。

做好风险防控，提高扶贫产业的安全性。产业扶贫面临的风险点必须尽早堵上，这样脱贫攻坚战才能保质保量地打赢打好。第一，不能以行政手段代替市场规则，盲目追赶市场，找准市场定位就是在选择扶贫产业时以调查研究为基础，注重产品的差异性和特色化，保持产业的市场适应性和竞争性。第二，对于扶贫产业同质化带来的风险，可以通过配套深加工项目等予以化解，同质化意味着规模大，深加工项目有了规模支撑，一般容易获得原料成本等优势。第三，采取配套措施增强项目抗风险能力。一是充分做好项目立项前调研，及时规避风险；二是对项目相关人员以及贫困户开展风险意识宣传教育；三是从项目资金中单列部分资金用于购买农业保险或商业保险；四是寻求外部合作，通过与龙头企业合作，整合进入大型产业链，有效规避风险。

（2020 年 6 月 5 日　中国电子报　张琦　张欣欣）

2020 年后我国金融扶贫的思考和建议

2020 年是一个最具历史性意义的关键时点，不仅是实现全面建成小康社会的目标之年，还是打赢脱贫攻坚战实现农村贫困人口全部脱贫、贫困县全部摘帽、解决区域性整体贫困的历史性时刻。但是，这是否就预示着 2020 年后就没有贫困了呢？显然不是的，党的十九届四中全会明确提出了“打赢脱贫攻坚战，巩固脱贫成果，建立解决相对贫困的长效机制”的新使命和新任务，因此，作为打赢脱贫攻坚战的重要力量的金融扶贫，同样也将面临着新的目标任务和重点转换，也同样需要在新的历史条件下，实现新的创新发展。这不仅是未来扶贫减贫面临的问题，也同样是金融工作面临的重要任务，对此，需要提早谋划，这样才能适应并出色的完成新形势下的新使命。

一、2020 年后我国减贫战略面临的新变化

到 2020 年，我国现行标准下农村贫困人口将会如期全部脱贫，贫困县也将会全部摘帽，区域性整体贫困问题基本得到解决。但贫困问题仍将继续存在，只是转向更高阶段的相对贫困时期。面对新阶段的宏观经济态势和贫困人口分布趋势，2020 年后的减贫标准和减贫战略重点思路和政策将会进行新调整，扶贫减贫的治理体系出现新转变。

（一）减贫战略方向和重点将面临三大转变

2020 年后的减贫战略方向和重点的变化主要体现在以下三个方面：一是由集中性减贫治理向常规性减贫治理的方向转变。我国大规模扶贫始于 1986 年，在过去 30 年中主要依靠政府主导和推动，大规模、有组织、有计划地将扶贫开发作为党委政府的一项重要任务，特别是“十三五”时期，将扶贫开发纳入全党全社会的重点工作，列入到三大攻坚战的首要目标任务中，采取了一系列过去没有的精准扶贫政策举措，体现了中国特色社会主义的制度优

势和政治优势，这是其他国家所无法具备的。但2020年后，随着现行标准下贫困人口全部脱贫，建设一个稳定高效的新型扶贫机制，由集中性转向常规性减贫成为我国扶贫事业的重要战略转移路径。与过去主要通过行政举措推动扶贫不同，稳定、内嵌式、常规性的扶贫机制将与社会保障、民生建设、现代农业建设和经济发展一样，使减贫事业渗透到国家常规性的工作之中。二是由主要解决绝对贫困向主要解决相对贫困转变。减贫战略的本质转变是由解决绝对贫困到向解决相对贫困转变。经过“十三五”脱贫攻坚之后，我国绝对贫困问题将得以解决。2020年后，我国减贫战略的重点转向相对贫困，这也是包括发达国家在内的其他各国共同面临的贫困问题。相对贫困和绝对贫困有一个重要的区别，就是相对贫困对应于低收入人口。2020年后相对贫困标准的确定主要有四种方式。第一，按照收入的绝对水平予以确定，与现行贫困线的全国性统一标准不同，相对贫困标准依据地区发展水平设定高于现今全国贫困标准的收入水平；第二，按照一部分人的收入占平均收入的百分比确定，比如，把收入水平占人均收入的百分比低于10%或20%、30%等以下的群体作为相对贫困人口，当然具体比例的确定需要进一步的研究和论证；第三，参照国际标准进行确定，联合国、世界银行和其他发达国家均有相应的贫困指导线或救助标准，在综合国情实际和对比分析的基础上确定相对贫困线；第四，利用多维贫困识别和测度作为相对贫困和制定多维减贫政策的标准。诚然，相对贫困永远存在，其标准随社会经济发展将适时调整，减贫事业亦将永远持续。三是由重点解决国内贫困向国内减贫与国际减贫合作相结合方向转变。减贫发展国际化是建构中国新型扶贫治理体系的重要组成部分。经济全球化深入发展，把世界各国利益和命运更加紧密地联系在了一起。2020年后，我国提前完成《2030年可持续发展议程》的减贫目标任务，但应该看到，中国在新时期的历史任务已不像以前那样单纯，作为一个大国，国际义务和大国责任在2020年后的国际社会与经济发展中更加凸显。扶贫脱贫亦如是，如果说以前我国只要解决好本国减贫任务就已经完成任务的话，那么，2020年后的国际减贫合作与国内减贫融合推进也是我国新时期减贫的重大责任，因此，未来我国减贫所担当的责任将会更加艰巨。中国倡导的“一带一路”，同样也将助推国际减贫事业共享发展。以亚洲基础设施投资银行为载体，加强中国及其他亚洲国家和地区合作、互联互通等都是中国履行大国责任和开展国际减贫与发展合作的开始。

（二）2020年后我国减贫阶段性的时序推进轨迹

新时期我国减贫战略和减贫治理体系的转变和形成并非在短时期内就能完成，是一个长期缓慢的过程。综观世界各国减贫历程和中国减贫实践及未来中国社会经济发展趋势，我们认为这个过程的可能轨迹是：第一阶段（2020—2025年），扶贫脱贫巩固阶段。其重点任务有四项：第一，巩固已有的减贫成效，夯实减贫成果，继续保持原有各项减贫政策的延续；第二，阻断返贫路径，重点是对返贫较多的区域和人群加大实施减贫扶持带动政策；第三，城乡公共服务均等化政策快速推进和实现；第四，逐步推进和加大实施国家在消除和减少群体差距上的政策力度，以缩小群体差距为重点。第二阶段（2025—2035年），扶贫新战略确定并快速推进阶段。其战略重点是相对贫困标准确定，国家集中减贫体制确立；现有体制向城乡一体化融合体制转化试点；救济与扶贫融合体制试运行；社会扶贫机制构建与快速推进，以“一带一路”为主线的国际扶贫合作快速推进和发展。第三阶段（2035—2050年），国家减贫战略稳步推进，建设幸福中国。此阶段减贫战略重点是相对贫困的标准在不断提升，国家减贫政策制度化（救济与减贫全面融合、城乡减贫融合、社会福利与公共服务均等化快速推进，全社会扶贫制度化逐步规范、成熟化），扶贫合作交流全球化快速推进。减贫目标：收入和生活迈向富裕，营养质量和健康水平快速提升，社会扶贫现代化，彰显减贫的大国责任；健康、绿色、生态和低碳的社会经济共享发展格局全面形成；全面小康和全民富裕——幸福中国基本实现。

（三）2020年后我国减贫面临的重点任务和路径

第一，积极探索构建解决相对贫困长效机制的新路径。2020年后，消除绝对贫困而进入到相对贫困新阶段，创新并建立一套缓解相对贫困的长效机制是国家面临的新任务和新使命。为此需要在以下几个方面进行探索：其一，明确新时代减贫体制机制新转变基本定位；其二，构建和完善新时代减贫的财政和金融机制新路径；其三，构建社会保障扶贫的长效机制。

第二，积极探索多维贫困和相对贫困新标准新方法新思路。跨越绝对贫困门槛后，相对贫困的特征表现更加复杂。多维扶贫时代，要在现有维度基础上，将生活质量、平等机会等多种要素纳入考量范围，提高识别的精度。

构建以“相对贫困”为核心的全系统、多层次、多领域、多方位的扶贫体制机制。

第三，积极探索城乡统筹减贫体制与机制改革的新路径。伴随全面小康社会的建成，2020年后三农领域下的扶贫将不断转化为城乡一体化语境下的扶贫。如何从城乡统筹视角缩减贫富差距、化解相对贫困困境、审视可行能力发展问题变得极为重要。一是区别人口类型，在完善城乡一体化保障体系方面可以尝试进行大胆的探索和试点。二是在推进新时代消除城乡户籍二元制度改革方面进行试点探索，健全新时代城乡管理新型体制和政策体系。

第四，积极探索和培育内生动力和乡村文明方面的新路径和新方法。全面小康社会的建成，要求精准扶贫的新战略向更高层次、更高质量推进，特别是多维贫困、文化贫困、能力贫困、人力资本贫困等引发贫困循环陷阱的致贫原因。一是激发内生动力，打造反贫困长效机制。二是营造积极向上社会氛围，重塑勤劳致富美德之风。扶志扶智的激励机制更应该成为缩小人与人差距的重要手段，调动人们主动发展积极性，以精神文化之“食”来补乡村振兴之“空”。

第五，积极探索2020年后绿色减贫新理念和新制度框架。绿色减贫融合生态资源开发利用与环境保护伦理意蕴，是破解生态贫困难题的根本手段，2020年后的减贫战略更应把绿色发展理念贯穿全过程，摆脱单方面追求经济层面减贫的短期目标，促进人与自然和谐发展。二是守住绿色底线，不断探索扶贫产业与绿色发展要求相契合的新型减贫模式。三是强化绿色生态经济理念，构建绿色减贫体制机制。

第六，更加注重探索新时代教育减贫制度体系变革的新路径新方法。现阶段的教育减贫主要是保证贫困人口的基础教育，保证贫困家庭的儿童不辍学，但尚未实现教育的高质量化和公平性。2020年后，提升贫困儿童的教育水平应当作为教育减贫的重点。一是树立长远利益观念，正视教育减贫重要性。加大对教育减贫投资力度，提高教育质量。二是借鉴国内外经验，创新教育减贫机制。将教育与能力贫困、文化贫困和人力资本贫困理论紧密联结，完善教育扶贫体系。三是精准发力贫困人群，建立全领域教育体系。

第七，积极探索构建持续增收减贫的长效机制新方法新路径。2020年后，持续增收的长效机制仍然是相对贫困长效机制的重要内容。一方面，要做好产业培育与产业升级的衔接，发挥好贫困地区在资源环境、品种特色等方面的优势，以市场为导向开展生产经营，长短结合培育壮大乡村产业。要进一步加快全产业链、全价值链建设，发挥农业多功能性，促进乡村经济再生，将乡村产业打造成为持续增收的“长效之源”。另一方面，要全力推进就业扶持，精准施策，做好就业服务，提升农民群众等群体就业意愿，提高劳动报酬在初次分配中的比重。

二、对我国金融扶贫成效简要评价

金融扶贫，就是在政府主导下，以扶贫机制创新为保障，秉持扶贫济民初心，瞄准脱贫攻坚目标，将金融资源向贫困地区引流，为那些尚未得到或充分得到金融服务的贫困群体提供必要的金融服务。金融扶贫的核心理念，就是聚焦向贫困地区或贫困群体提供专门金融服务，以实现减贫脱贫的国家战略目标。

（一）我国金融扶贫经历了逐渐深化、不断优化和变革创新的发展历程

改革开放以来，我国扶贫模式由救济式扶贫转变为开发式扶贫，并从2012年起开始实施精准扶贫，扶贫方式也从临时性救济转变为贫困人口自我发展能力的提升。这一时期，中国金融扶贫模式也随着扶贫实践的改变和扶贫理论的发展而不断完善和发展，从发展历程上看，中国金融扶贫主要包括三个发展阶段。

第一阶段：1978—1997年扶贫贴息贷款为主的金融扶贫模式。该阶段的金融扶贫主要通过农业银行为贫困地区和贫困人口生产活动提供的贴息贷款来开展贫困帮扶工作，其特点是开始重视发展生产活动的减贫效应，扶贫资金没有局限于保障贫困人口最低生活标准，而是专注促进贫困地区种植业、养殖业和配套加工业的发展。该阶段的金融扶贫模式存在着明显缺陷：一是全局化扶贫开发不足，扶贫资金仅在微观层面发放给企业和贫困户，缺乏对贫困地区扶贫开发的统筹性和协同性；二是扶贫主体和参与形式单一，扶贫贴息贷款全部由农业银行发放和管理，其他机构参与扶贫程度不足。

第二阶段：1997—2012年扶贫贴息贷款与扶贫小额信贷并重的金融扶贫模式。该阶段的金融扶贫模式主要是扶贫贴息贷款和小额信贷共同发展，呈现出三个特点：一是微观与宏观并重，重视发展企业和产业对减贫的溢出效应；二是扶贫资金规模不断扩大，期限不断拉长；三是金融扶贫主体更加多

样，商业银行、政策性银行、合作银行、小额信贷组织分工协作，共同发力支持扶贫。所存在的问题包括：一是扶贫识别机制不精准，扶贫资金和扶贫项目针对性不强；二是金融扶贫产品依然单一，以银行信贷服务为主要产品。

第三阶段：2012—2020年精准扶贫实施后的金融扶贫阶段。该时期国家实施精准扶贫战略，同时互联网金融、金融科技快速发展，新理念、新方法、新技术逐渐应用于扶贫领域，金融扶贫呈现三个特点：一是帮扶主体更加全面，银行、证券、保险等金融监管机构从不同行业角度出台金融扶贫指导意见，各类金融机构也积极参与扶贫，使金融扶贫成为制度化、系统化、协同化的政治任务，贫困地区金融服务供给大幅改善；二是数字技术深度融合，扶贫“靶向”更加明确，金融机构通过人工智能等技术，能够精准地对农户“画像”，可以对各种扶贫需求进行精准识别，灵活高效地配置扶贫资金资源，使扶贫资金供给精准到位，金融服务效率明显提升；三是金融服务产品丰富多样，扶贫产品从单一的扶贫贷款转变为多种金融方式共同支撑的格局，服务的便捷性、个性化程度也不断提升。在2020年即将由绝对贫困阶段转向相对贫困阶段的背景下，金融扶贫模式所存在的问题包括：一是金融机构内生驱动力不强。当前，很多金融机构在政府政策和财政补贴驱使下，做的扶贫工作很多是“要我扶贫”，但就如何形成“我要扶贫”内生驱动力还需进一步探索。二是金融服务质量不高。当前扶贫模式在解决金融服务“有没有”问题上成效明显，但在金融服务“好不好”的问题上还要继续探索，在服务价格、风险防控、生产经营融合方面仍然质量不高。三是“数字鸿沟”填补不够。很多贫困地区地处偏远农村，很多人并不拥有任何数字设备，在数字金融背景下，他们可能被整体忽略。四是贫困户金融素质培养不足。贫困地区金融消费者的知识和素养难以适应快速发展的金融业态，存在“等资金”“等服务”“等指导”的问题，不会主动发现和探索金融服务价值。

（二）我国金融扶贫的成效相当明显

我国贫困人口从2012年末的9899万人减少到2018年底的1660万人，累计减少贫困人口8239万人，贫困发生率从10.2%下降到1.7%。这些成就背后离不开金融扶贫的大力支持和全面推动助力。

第一，我国金融扶贫成效体现在多维度全面提升。其一，政策体系日益健全，打造良好政策环境。十八大以来，党中央、国务院持续深化金融扶贫工作，不断丰富和完善金融系统的扶贫政策体系。随着十九大报告提出要更好发挥金融部门在扶贫工作中的作用，国家层面陆续出台众多金融服务精准扶贫的相关政策，加强金融扶贫制度保障。其二，金融服务覆盖面扩大，基础服务水平提高。银行业网点乡镇覆盖率达96.3%，金融服务“最后一公里”已基本打通。以农业银行为例，该行在国家扶贫重点县实现了营业网点全覆盖，行政村电子机具覆盖率超过80%，其构建的“物理网点＋自助银行＋惠农金融服务点＋互联网金融平台＋流动金融服务”的“五位一体”新型渠道服务体系，贫困地区群众“足不出村”即可获得金融服务。其三，建设多层次金融市场，形成综合服务机制。在人民银行、银保监会、证监会的组织协调下，我国不断加强农村尤其是贫困地区金融市场建设，金融各行业加快推进扶贫事业，建成了信贷市场、证券市场、保险市场综合服务的市场格局。

第二，金融扶贫法律政策环境支撑和保障作用是关键。主要表现在：其一，顶层设计发挥了战略统领作用。2018年，中央一号文件《中共中央 国务院关于实施乡村振兴战略的意见》明确了2020年前后金融扶贫工作的总体部署。2018年6月，中共中央、国务院印发《关于打赢脱贫攻坚战三年行动的指导意见》，将金融扶贫定位为精准脱贫攻坚的支撑保障体系的重要组成部分，明确2018—2020年金融扶贫目标任务和具体措施。同年9月，印发《乡村振兴战略规划（2018—2022年）》，对金融助力脱贫攻坚和乡村振兴进行了详细规划。2019年，中央一号文件《中共中央 国务院关于坚持农业农村优先发展 做好“三农”工作的若干意见》根据新形势、新变化提出新要求，引导金融资源进一步向深度贫困地区倾斜。其二，普惠金融在持续激发经济活力方面效果明显。为贯彻落实《推进普惠金融发展规划（2016—2020年）》（国发〔2015〕74号）要求，加快建立普惠金融服务和保障体系，2019年9月，财政部修订发布《普惠金融发展专项资金管理办法》，要求发挥财政资金的引导撬动作用，提高普惠金融服务水平，着力弥补市场失灵，保障农民、城镇低收入人群、贫困人群和残疾人、老年人等我国普惠金融重点服务对象的基础金融服务可获得性和适用性。同年11月，国家税务总局、银保监会印发《关于深化和规范“银税互动”工作的通知》，旨在通过纳税信用信息建设，破解民企和小微企业融资难题，充分发挥普惠效能。其三，强化对“三农”支持，以促进贫困地区发展，达到带贫促贫脱贫的效果和目标。健全农村金融服务体系，推动农商行、农信社、合作银行等农村金融机构回归本源，为本地“三农”服务，提升债券、股票等资本市场服务“三农”水平。加强财税支持力度，推行农村金融机构定向费用补贴政策，开展农业保险保费补贴政策，实施110项脱贫攻坚相关税收优惠政策。创新货币和信贷政策，落地差异化存款准备金政策，发展支农再贷款和再贴现政策。完善金融监管政策，调整农村金融市场准入机制，适度放开准入条件，提高涉农贷款容忍度，建立涉农、扶贫金融服务尽职免责制度。

第三，我国金融扶贫市场发展格局呈现多元化且相互融合。主要表现在：其一，贫困地区农村信贷市场持续壮大。一是增加信贷投放，截至2019年3月末，全国银行业金融机构发放扶贫小额信贷余额2421.24亿元，余额覆盖建档立卡贫困户628.74万户，为脱贫攻坚提供了有效资金保障。二是创新信贷服务，简化办理手续，增强贫困地区农户贷款可得性和便捷性。比如：山西省农信社积极借助现代化电子渠道，拓展助农取款服务点1.37万个，运行流动服务车30台，打通贫困地区金融服务“最后一公里”。同时，银行信贷资金正在推动与多方资本协同，不断拓展贫困地区资金总量和融资渠道。三是丰富信贷品种，涉农金融机构不断加强农村场景建设，因地制宜推出许多特色化农村信贷产品，如“惠农e贷”“助农薯业贷”“益农贷”“财政惠农信贷通”“政银保”“两权抵押贷款”“白银质押贷款”“回乡创业贷款”等，极大提高了农村金融服务质量和效率。

其二，证券市场综合服务能力拓展对贫困地区助力脱贫放大器作用明显。一是引入资本市场“活水”，着力助推产业发展。证券行业利用专业特长，为贫困地区企业规范公司治理、改善融资状况提供专业服务，培育产业“造血”功能，累计完成融资项目63个，帮助贫困地区企业融资2684亿元。二是发动行业扶贫力量，构建贫困帮扶合力。证券业开展“一司一县”结对帮，截至2019年5月，全国证券公司共结对帮扶国家级贫困县285个，并引导社会各界共同帮扶，累计发动公益捐赠6亿元，推动形成行业扶贫攻坚合力。三是强化扶贫信息共享，构建数据支撑体系。证券业协会指导建设了金融扶贫综合服务平台，具有县域展示、产业扶贫、公益扶贫、消费扶贫等模块，目前已为220个国家级贫困县提供县域展示服务，形成了扶贫提供归一化、全视图的信息报送、共享和展示窗口，积极传播扶贫正能量。

其三，保险市场对贫困地区特殊性保障支撑作用相当明显。一是农业保险成为巩固脱贫成效的重要保障。2019年上半年，全国农业保险为1500.52

万户次受灾农户支付赔款203.09亿元，农业保险有效遏制了贫困农户因灾返贫、因灾致贫问题。二是保险扶贫增信体系成为贫困地区吸纳信贷资源的有力支撑。截至2018年末，涉农小额贷款保证保险已实现保费收入4.1亿元，赔付支出8.3亿元，帮助20万农户撬动“三农”融资贷款138亿元。三是保险扶贫投资体系成为引导保险资金定向流动的风向标识。如国务院国资委牵头110家央企发起设立中央企业贫困地区产业投资基金，目前已完成三期募资，总规模达到314亿元，基金通过直接投资、在重点省区设立子基金、发起扶贫基金联盟等方式，撬动超1700亿元资金投入贫困地区。

（三）现阶段我国金融扶贫的局限性及存在的不足

我国金融扶贫在精准扶贫中取得了良好成效，但也存在着很多缺陷和不足，有些可能是制度性缺陷导致，有些是由于方法在应用上导致的不足，因此，一些应急性的短期化、突击式、特惠化的政策举措（如通过给予建档立卡贫困户特殊的金融扶持，推动贫困人口集中脱贫，等等），从长期看，制度化和规划化还有待在政策上和实践上进行优化，需要在常规化、制度化运行机制方面进行完善。从金融的角度来看，主要表现在：

第一，政策衔接不到位，减贫可持续性能力略显不足。金融扶贫的目的是在政府政策支持下，全面改进和提升贫困地区金融服务，使贫困群体获得金融服务的均等性、公平性长期得到保障。《中共中央 国务院关于实施乡村振兴战略的意见》强调，要做好乡村振兴战略与打好精准脱贫攻坚战的有机衔接。但就目前金融扶贫供给体系而言，还有一些不足之处。一是国家政策衔接不足，有的优惠政策只服务于贫困地区脱贫摘帽，在贫困地区完成摘帽目标后就立即停止并撤出，有的优惠政策只惠及贫困线以下群体，对于刚过贫困线但又生活拮据的贫困户来说缺乏保障。此外，上级政府对贫困地区的考核往往局限于脱贫攻坚指标，而对乡村振兴相关指标重视不够，考核的指挥棒作用发挥不佳。二是金融部门工作机制衔接不足。金融部门对脱贫摘帽的贫困地区，往往缺乏从金融扶贫到乡村振兴过渡的接续工作机制，对该地区的发展指导和帮扶机制不健全。三是金融产品和服务衔接不足。受金融扶贫政策驱使，金融机构着眼于开发特色扶贫金融产品，通过特殊化的政策安排，为贫困地区提供差异化金融服务，但随着贫困地区接连摘帽、贫困户逐步脱贫，特色化扶贫金融产品适用面缩小，产品适用对象减少，在满足贫困地区差异化金融需求方面的功能逐渐减弱。

第二，过度依赖财政补贴，市场机制运用需要加强。目前，在“特惠帮扶”理念下，金融扶贫立足脱贫攻坚目标，给予贫困群体特殊化、超常规、大力度的资源倾斜，助力贫困群体脱贫。但需注意的是，金融扶贫归根到底是用金融手段缓解贫困问题，从长期发展看，需要有市场化运作方式，让市场在金融资源配置中发挥决定性作用。但就目前运作来看，过度财政依赖特征明显。过度依赖补贴的金融扶贫主要存在三个方面缺陷：一是金融扶贫深度不足，贫困地区金融基础设施投入不充分，特别是对金融科技的投入较少，金融服务在价格、服务效率、风险防控等方面发展仍然滞后，法律监管、信用覆盖、互联互通仍然不足。二是金融机构长期帮扶意愿不强。三是对贫困人口引导不足。无息贷款、贴息贷款、担保贷款容易给人造成“有政府兜底，能不还就不还”的错觉，从而滋生贫困人口的道德风险，贫困群体诚实守信、合理还本付息的观念还有待进一步加强。

第三，非营利性机构发育不充分，金融扶贫服务供给存在短板。理论上，金融扶贫体系的金融服务提供者，包括从正规的政策性银行、商业银行，到非正规的民间借贷机构，以及处于它们中间的合作金融机构、公益性机构等各类组织。各类金融机构各有所长，分工协作、适度竞争能发挥其优势互补、效益叠加的作用。近年来，国家加快推动农村信用社商业化改制进程，而对非营利性的金融组织和合作金融组织的倡导、支持、规范不足。对贫困户而言，他们往往由于缺乏有效抵押物、有效担保，收入水平也达不到贷款审核最低要求，所以普遍较难从正规金融机构获得金融服务。调查数据显示，农村贫困地区仍有 1/3 左右的人有民间借贷行为，从侧面反映出贫困户从正规金融机构获得的贷款资源不足，表明贫困地区金融供给存在结构性短缺。

在金融扶贫领域，商业银行由于主客观原因，参与程度不够深入；由农信社改制而来的农商行，以盈利为导向，也很难彻底解决金融排斥问题。而社会企业形式的合作金融和非营利性金融组织的工作宗旨和目标不追求利润，与商业金融相比，从体制、机制和发展情怀方面，都具有优势和特殊作用。其中，合作金融的组织者、管理者和受益者是同一主体，在金融扶贫方面具有更大的优势。但实际上，合作金融的发展不容乐观：一方面，农信社商业化改制全面推进，现存银监会批准设立的农村资金互助社只有 45 家，各地方政府批准设立的资金互助社质量参差不齐，存在鱼龙混杂、浑水摸鱼的问题；

另一方面，由于合作金融机构“小、多、杂”，监管力量相对不足，难以形成有效监管。

三、2020年后金融助力解决相对贫困长效机制的思考和建议

对应贫困地区发展和减贫脱贫战略的转变，2020年后我国金融扶贫的思路也需要作出调整，其中，既包括按新的理念明确工作思路，又包括按效能原则推进金融服务有效切入，以市场化原则促进金融服务减贫脱贫长效化和农村发展可持续。

（一）注重理念更新，明确未来金融扶贫总体思路

2020年后金融扶贫，应着力“四个转向”：一是从消除绝对贫困转向相对贫困，根据相对贫困标准的动态变化，实时调整相对贫困帮扶对象，并通过多层次的农村金融市场体系和组织体系，为相对贫困群体提供更深层次、更多样化的金融服务；二是从连片扶贫转向散点扶贫，扶贫靶向将由贫困县、贫困村转向散落在全国（包括农村和城市）的相对贫困群体，从金融扶贫角度看，不仅要注重加强农村地区的金融支持，也要关注散落在城市中的落后地区和弱势群体的金融支持；三是从收入扶贫转向能力扶贫，从金融扶贫角度看，不仅要保障相对贫困地区的信贷支持、资源倾斜，还要加强相对贫困群体抵御风险、公平竞争、自我发展等能力；四是从原生扶贫向代际扶贫转变，在原生贫困减少的基础上，重点关注那些因政策缺陷、结构失调、教育不足、利益僵化等导致的代际贫困问题。

该时期的金融扶贫，要聚焦相对贫困问题的新形势，加速推动金融服务模式升级，加快健全政策体系，完善农村金融市场，以求更好地满足相对贫困人口层次更高、种类更多、变化更快的金融需求。金融扶贫工作的基本原则主要包括：

一是制度先行，不断加强新时期解决相对贫困的金融扶贫制度保障。发挥党在新时期金融扶贫工作中总揽全局、协调各方的作用，将中国特色社会主义在解决相对贫困问题上的制度优势转化为实际战斗力。构建瞄准相对贫困的制度体系，明确相对贫困标准确定、内生动力激励政策、金融部门的主体责任、扶贫资金安排和管理等问题，优化金融部门参与金融扶贫的支持措施。

二是市场导向，推动解决相对贫困的金融扶贫工作常态化。重点采用市场化金融手段，破解金融扶贫对财政补贴过度依赖的问题，转变过去短时期、特惠化的金融扶贫模式，建立商业可持续、市场化的金融扶贫模式。推动金融机构将金融扶贫嵌入日常经营管理战略，建立以普惠金融为主的服务体系，运用普惠化、常规化的方式，持久、稳定推进金融扶贫。

三是多维扶贫，全面提升贫困地区解决相对贫困的基础服务水平。着力提高相对贫困地区教育、卫生、饮水等多种服务水平，发挥银行、证券、保险、互联网金融等行业优势，拓宽打通电力、水务、工商、教育、医疗等企业融资渠道，并配套风险分散、风险定价、降低交易成本等方式，不断满足相对贫困群体多维扶贫的需求。

（二）注重机制创新，不断强化金融扶贫服务能力

第一，在运行机制上，充分发挥市场在消除相对贫困中的决定性作用。十九届四中全会公报要求，充分发挥市场在资源配置中的决定性作用，因此，解决相对贫困问题也要用市场经济的方式，不断增强金融扶贫的可持续性。一是构建“政府引导、市场决定”的相对贫困治理体制机制，主动贯彻新发展理念，推动经济长期可持续增长，不断“做大蛋糕”，夯实解决相对贫困的物质基础。二是深入运用市场机制推进“造血式”扶贫，充分调动相对贫困群体自身的积极性、主动性、创造性，推动扶贫与扶志、扶贫与扶智深度融合，激发相对贫困人口摆脱贫困的内生动力。三是发展农村金融配套支持政策，维护市场机制有效运行，注重农村金融机构商业化经营中的权利保护，促进形成正向的市场化引导激励机制。四是鼓励市场资源向相对贫困地区倾斜，充分调动合作金融、非正规金融等社会各界力量参与减贫，持续拓展相对贫困人口参与市场的机会和空间。

第二，在解决相对贫困的服务机制上，大力发展解决相对贫困问题的数字普惠金融能力。研究表明，数字普惠金融能力的提升能显著改善相对贫困问题，数字普惠金融能力每增强一级，相对贫困发生概率就会在原有基础上下降 16.51%。发展数字普惠金融，改变金融扶贫服务机制，就是要构建以数字化、智能化为核心，以大数据、人工智能、物联网、云计算等新兴技术为驱动力的服务体系，通过网络化、科技化手段，消除相对贫困人口因地理、评估、认知等多种因素引起的金融排斥问题，引导金融资源向底层有效渗透，

重点加强小微企业、低收入人群、残疾人、老年人等弱势群体风险识别，并智能推荐相适应的金融服务。

第三，在创新机制上，提升金融解决相对贫困问题中的服务质量和创新活力。一是改变绩效考核评价标准和办法，发挥好对金融机构解决相对贫困考核的“指挥棒”作用。改变过去单一考核财务绩效办法，对农村金融机构解决相对贫困的考核，要从金融服务解决相对贫困的覆盖率、可得性和满意度等方面进行多维评价。二是鼓励建设解决相对贫困的创新政策环境。通过建立解决相对贫困的物质激励、精神激励、建立创新等级制度等方式鼓励员工形成解决相对贫困的创新意识，通过设立解决相对贫困的创新风险基金，加强对解决相对贫困的产品创新的风险容忍性和包容度，推动金融机构内部形成“众创众测”浓厚氛围，促进全员参与解决相对贫困的产品创新和服务测试。

（三）注重金融扶贫的支撑体系，保障各项金融举措落实到位

通过健全金融政策体系、信用体系、组织体系、金融扶贫教育体系“四大支柱”，建立解决相对贫困时期的金融扶贫支撑体系，保障各项举措全面落实到位。

第一，健全新时期解决相对贫困的金融扶贫政策新体系。具体包括：建立与解决相对贫困相适应的金融扶贫政策体系，强化货币政策、财政政策的激励促进作用，推动各方形成政策合力，在推进多维扶贫、基本公共服务均等化、特殊困难群体救助、低收入群体增收等过程中，激发金融机构参与解决相对贫困的内生动力，持续完善金融机构监管制度，推动新型合作金融纳入监管体系。

第二，完善新时期解决相对贫困的金融扶贫信用新体系。基于全渠道、全领域、全系统信息，运用大数据、人工智能等技术，精准描绘相对贫困户的信用特征，构建完善的金融扶贫信用体系。一是加强信息采集分析，改善农村信用环境。各类机构联合，统一组织采集、登记农户的信用信息，完善金融与工商、税务间的信息共享机制，建立全方位、综合化的农户信用档案。二是建立信用信息系统，提高信用分析决策效率，实现农村信用信息统一存储、统一管理、统一视图，通过建立实时量化的信用分析模型，简化农村地区尤其是针对相对贫困群体的信用管理层次，加快相对贫困人口信用信息的

迭代更新，提高信息流动速率，提高金融服务部门管理决策效率。

第三，推广新时期解决相对贫困的金融扶贫教育新体系。一是重点加强针对解决相对贫困的群体的金融启蒙和教育，培养其新时期金融知识和正确的金融新观念，为新时期解决相对贫困的金融扶贫服务提供基础和保障。二是重点建设解决相对贫困的农村诚信体系，提高相对贫困地区整体金融道德水平，构建诚实守信的文化氛围。大力宣传农村征信知识，促进相对贫困群体严格筑牢骗贷、骗保和恶意逃债等的思想底线。

（2020 年 2 月 28 日《农村金融研究》张琦　樊响　孔梅）

参考文献

［1］张琦，孔梅．“十四五”时期我国的减贫目标及战略重点［J］. 改革，2019（11）：117-125.

［2］吴国宝．改革开放 40 年中国农村扶贫开发的成就及经验［J］. 南京农业大学学报（社会科学版），2018（6）：17-30，157-158.

［3］范昕墨．中国农村金融改革 40 年：历程回顾与未来展望［J］. 改革与战略，2019（1）：41-49.

［4］张永丽，徐腊梅．中国农村贫困性质的转变及 2020 年后反贫困政策方向［J］. 西北师大学报（社会科学版），2019（5）：129-136.

［5］张琦，孔梅．治理现代化视角下新时代中国绿色减贫思想研究［J］. 西安交通大学学报（社会科学版），2019（5）：4-20.

［6］汪三贵，冯紫曦．脱贫攻坚与乡村振兴有机衔接：逻辑关系、内涵与重点内容［J］. 南京农业大学学报（社会科学版），2019（5）：8-14，154.

［7］黄承伟．打好脱贫攻坚战是实施乡村振兴战略的优先任务［N］. 贵州日报，2018-11（10）.

［8］周孟亮，彭雅婷．我国金融扶贫的理论与对策——基于普惠金融视角［J］. 改革与战略，2015（12）：40-44.

［9］张承惠，潘光伟．中国农村金融发展报告（2017-2018）［M］. 北京：中国发展出版社，2019.

［10］张承惠，潘光伟．中国农村金融发展报告（2015）［M］. 北京：中国发展出版社，2016.

第六部分

中国减贫政策与实践：

张琦教授接受媒体采访

张琦教授接受央视和新华社采访

北京师范大学中国扶贫研究院院长张琦教授就“消除和减少疫情影响，打赢脱贫攻坚战，巩固脱贫成果”接受了新华社第一观察和中央电视台采访。

图 6–1　张琦教授接受新华社采访

2020 年 4 月 21 日，张琦教授接受新华社第一观察采访时表示，习近平总书记在 2020 年 3 月 6 日决战决胜脱贫攻坚座谈会 40 天后，到陕西考察贫困地区，一个非常明显信号就是，尽管受到疫情影响，但 2020 年实现扶贫脱贫目标是不变的。我们必须坚定信心，克服困难，确保实现脱贫攻坚目标。

2020 年 4 月 25 日，张琦教授接受央视新闻直播间采访时提出：“制定防止返贫的监测是为了一些脱贫还不稳定的贫困户和贫困人口，受这次疫情的影响，可能会出现一些返贫或者致贫的因素，制定防止返贫的监测和帮扶机制有利于提升脱贫质量。”

关于“打赢脱贫攻坚战，巩固脱贫成果”，中国扶贫研究院在人民论坛网、《光明日报》《中国社会科学报》、人民日报《民生周刊》发表了《打赢脱贫攻坚战是治理能力现代化的成功实践》《以更大决心、更强力度推进脱贫攻坚》《凝心聚力打赢脱贫攻坚战》《克服疫情影响，高质量完成脱贫攻坚目标思考》等一系列文章，提出“巩固脱贫成果是脱贫攻坚战经得起历史检验的重要保障，不仅是完成脱贫攻坚的内在要求，更是克服新冠肺炎疫情影响，坚决夺取脱贫攻坚战全面胜利迫在眉睫的任务，与此同时，也是接续全面脱贫与乡村振兴战略的基础保障”。为此就要“坚持精准施策，提高脱贫质量的对象和群体；提升帮扶措施的有效性；分类施策，转变工作方式，调整资金使用，克服疫情对脱贫攻坚的影响，齐心协力，以更加有力的举措确保如期高质量打赢脱贫攻坚战；坚持多措并举，推进脱贫攻坚与乡村振兴有效衔接；推进解决相对贫困长效机制与乡村振兴融合发展；分阶段循序推进，建立长短结合、标本兼治的体制机制，等等。

张琦教授接受光明日报采访

（2020年4月19日）

利益联结、确保质量，在“育主体”“带农户”上下功夫

近年来“三区三州”贫困县已引进和培育了1200多家龙头企业、5.6万家农民合作社，52个未摘帽县的近三分之二贫困人口有新型经营主体带动。但龙头企业规模依然偏小，农民合作社带动能力依然较弱，一些地方新型经营主体发展与贫困户脱贫还存在“两张皮”现象，这必然会降低脱贫攻坚的成色和质量。

针对这些问题，北京师范大学中国扶贫研究院院长张琦建议，要密切扶贫产业的利益联结机制，在“育主体”“带农户”上下更多功夫，同时规范产业扶贫资金管理，对目前到人到户的量化资金进行全面摸底。

“‘育主体’就是要大力培育联贫带贫主体。组织更多农产品加工、物流营销、电商等大中型龙头企业到贫困地区对接洽谈，引导建设订单基地和扶贫车间。规范提升农民合作社发展水平，增强服务农民、带动脱贫能力。”

张琦教授接受人民日报采访谈网络扶贫

一大早，江西崇义县聂都乡龙西村贫困户吕世谦就喜盈盈地来到乡电商服务中心，让中心管理员吕志梅把39罐土蜂蜜快递给预订的客户。去年，吕世谦在中心销售土蜂蜜增收1万多元，成功脱贫。“蜂蜜卖上好价钱，日子过得比蜜甜！”

以“网络覆盖”“农村电商”“网络扶智”“信息服务”“网络公益”五大工程为主要内容的“网络扶贫行动计划”的实施，给越来越多的贫困群众插上了脱贫致富的翅膀。

3975亿元——2019年全国农产品网络零售额

在全国电商扶贫示范市——甘肃省陇南市，电商销售成为很多农民的新农活。每天早上，礼县永兴镇龙槐村农民张加成都会在平台上做直播，带着众多“铁粉”参观他家的苹果园。说起电商销售，他喜不自禁：“苹果价格翻三番，去年我挣了20多万元。”

“政府大力推动，我们在实践中探索形成了网店、产业、创业、就业、入股、众筹‘六路带动’的电商扶贫机制，成为贫困群众增收脱贫的重要路径。”陇南市委书记孙雪涛介绍，目前全市开办网店14372家，电商经营者超过3.3万个，2019年电商带动全市贫困户人均增收840元。

“全国学陇南电商带贫经验的国家级贫困县就有536个。”国务院扶贫办社会扶贫司司长曲天军介绍，电子商务进农村实现了对832个国家级贫困县的全覆盖，共建设县级电商公共服务中心和物流配送中心1700多个，乡村电商服务站点超过13万个，开展各类培训500多万人次。2019年，全国农产品网络零售额达3975亿元，比2016年增长了1.5倍。

中国商业经济学会会长马龙龙说，长期以来，贫困地区由于交通不畅、信息闭塞等原因，很多优质特产市场小、收益少。借助电商扶贫，贫困地区的特色农产品得以对接大市场、卖出好价钱，促进了贫困地区扶贫产业发展和贫困群众增收脱贫，对于如期打赢脱贫攻坚战发挥了重要作用。

99%——贫困村通宽带比例

最近，陕西柞水县小岭镇金米村的木耳火了。4月21日，某直播平台上村里的直播间在线观看人数接近2000万，一晚上就卖出了24吨木耳。

小木耳成了金米村脱贫致富的“金耳朵”，离不开网络通信基础设施的支撑。村里建起了两座4G基站，光纤宽带资源全部到位，村民在秦岭深处畅享“移动+光网宽带”的“双百兆”网络生活。

近年来，网络扶贫行动深入实施，贫困地区的网络通信基础设施不断完善。中国互联网络信息中心发布的第45次《中国互联网络发展状况统计报告》显示，截至2019年10月，我国行政村通光纤和4G比例均超过98%，贫困村通宽带比例达到99%。

互联网不仅让特色农产品飞出大山，也深刻改变了贫困群众的生活。

“一堂课两位老师教学，名师通过网络直播传授专业知识，学校老师担任助教，解答疑问，拓展知识。”河北省广宗县葫芦乡中学九年级一班的李子敏说，在“双师课堂”上，同学们都聚精会神听讲，生怕错过一个细节。2016年高考，广宗县一中只有1名学生上“一本线”，2019年跃升到112名。

北京师范大学中国扶贫研究院院长张琦说，“互联网+教育扶贫”将名师、名校、名机构等优质教育资源分享给贫困乡村，更好阻断贫困代际传递。

在甘肃省平凉市灵台县人民医院远程会诊中心，该院医生正与独店镇卫生院医生进行视频连线，为张坡村贫困户张宏才进行远程会诊。张宏才高兴地说：“用视频就能请县医院的医生看病，省钱又方便，真是太好了。”

“‘互联网+健康扶贫’打通省—县—乡村三级医生资源合作体系，通过网络分级诊疗和远程会诊等方式，让贫困群众也能方便地享受优质医疗资源，对缓解因病致贫、返贫发挥了重要作用。”华中师范大学减贫和乡村治理研究中心主任陆汉文表示。

96.6%——设立快递服务网点的乡镇比例

“‘钱袋子’越来越鼓了！”四川通江县春在镇石板店村农民潘国峰的13亩蔬菜喜获丰收。他跟县上冷链物流公司合作，蔬菜顺利送进冷库储存，延长了销售周期，价格还高出市价 3% 左右。冷藏车定时、定点进出村里，村民种的时令蔬菜、新鲜水果源源不断运出大山。

“网络扶贫要想发挥更好的减贫效益，必须尽快补上物流短板。”张琦说。

数据显示，目前，全国已经有 96.6% 的乡镇设立了快递服务网点，但快递直投到村的比例只有 35%。今年的《政府工作报告》指出，支持电商、快递进农村，拓展农村消费。为了带动更多农产品飞出山沟，国家邮政局已于近期启动“快递进村”工程，力争用 3 年时间推动符合条件的建制村基本实现村村通快递。

做好网络扶贫还要提升产业链水平。受疫情影响，湖北秭归县约有 17 万吨成熟的脐橙无法及时采摘、销售，农户、平台商家携手解决难题。“视频监控采摘、分选、包装等全过程，圈尺测量果子大小，测试仪一键测甜度，一旦发现异常，立即核查。”某电商平台负责人介绍道。

缓解人才缺乏的瓶颈，网络扶贫才能行稳致远。山东省鄄城县创建网红学院，定期开展短视频直播培训，一批批懂网络、会直播、能线上销售的“网红农民”，通过“线上直播 + 线下产业”模式，将特色农产品卖向全国。

“随着网络扶贫深入推进，乡村也将跟着触网升级，焕发新生机。”张琦说，网络扶贫将进一步推动乡村治理和农村现代化进程。

从脱贫攻坚到乡村振兴，做好绿色减贫大文章

3 月 6 日，习近平总书记在决战决胜脱贫攻坚座谈会上明确指出，今年脱贫攻坚任务完成后，我国将有 1 亿左右贫困人口实现脱贫，提前 10 年实现联合国 2030 年可持续发展议程的减贫目标。

对话：

Q：可持续发展经济导刊

A：张琦

疫情加剧脱贫攻坚难度，但不影响大局

Q：您如何看待新冠肺炎疫情对我国脱贫攻坚战的影响？

A：总体而言，新冠肺炎疫情给脱贫攻坚增加了难度，造成了不小的影响，但是并不动摇全局。我们前不久对新冠肺炎疫情建档立卡贫困户收入的影响进行分析时发现：一是疫情将使 2020 年建档立卡贫困户人均可支配收入持续增长难度加大，需要引起特别关注。二是建档立卡贫困户 2020 年人均可支配收入的下降幅度可能超过 8%。三是受收入波动变化影响，因疫致贫、因疫返贫的风险增大，一定程度上会影响脱贫质量和成色。

与此同时，还有两大问题需引起高度警惕：其一，尚未摘帽的 52 个深度贫困县，大多产业基础薄弱、增收来源主要依靠外出务工，其中一些县受疫情影响严重，如果贫困户收入下降，综合贫困发生率可能降不下来，会影响脱贫退出。其二，从疫区分布情况看，已摘帽贫困县中受疫情影响的比重可能大于未摘帽县，脱贫成果可能因疫情影响而出现反复。因此，巩固扶贫成果、防止返贫尤为重要。

Q：面对新冠肺炎疫情带来的困难和挑战，今年脱贫攻坚战怎么打？

A：根据疫情防控和形势变化，需要做好两个方面的工作：一方面，对于没有脱贫的地区，特别是深度贫困地区，着力做好挂牌督战；另一方面，对于已经脱贫的地区，要巩固脱贫成果。因受疫情的影响脱贫地区会出现反弹，要强化扶贫举措落实，健全和执行好返贫人口监测帮扶机制。具体注重几个方面：一是要增加特殊扶贫政策，努力保障现在没脱贫的要脱贫，保持已经脱贫的不能返贫，而且总体脱贫质量和可持续性要有所提高；二是加强东西协作，采取“点对点”方式，组织输送贫困劳动力到东部城市务工，全力化解疫情期间贫困地区劳动力外出就业难题；三是通过各行各业复工复产，全力支持受到影响的扶贫地区产业尽快恢复发展，优先吸纳贫困地区劳动力就业；四是在产业扶贫方面，继续强化就业扶贫和消费扶贫，通过消费扶贫把农产品变成贫困人口的收入。

实现脱贫攻坚和乡村振兴全方位衔接

Q：扶贫攻坚之战将收官，如何理解“后扶贫时代”的乡村振兴？

A：解决绝对贫困以后就是进入相对贫困，也就是后扶贫时代。今年既是脱贫攻坚的收官之年，也是推动脱贫攻坚与乡村振兴有机衔接的新起点。习近平总书记在陕西考察时强调，脱贫摘帽不是终点，而是新生活、新奋斗的起点。接下来要做好乡村振兴这篇大文章，推动乡村产业、人才、文化、生态、组织等全面振兴。随着脱贫攻坚战进入收官阶段，做好“后扶贫时代”乡村振兴，将成为下一个阶段的重要任务。按照十九届四中全会提出的“坚决打赢脱贫攻坚战，巩固脱贫攻坚成果，建立解决相对贫困的长效机制”，进入“后扶贫时代”建立解决相对贫困长效机制将是未来欠发达地区推进乡村振兴战略的重点和难点。针对主要矛盾的变化，理清工作思路，分阶段循序推进，建立长短结合、标本兼治的体制机制，推动减贫战略和工作体系平稳转型，这是统筹脱贫攻坚与乡村振兴战略的方向。

Q：那么，在您看来如何推动脱贫攻坚和乡村振兴有效衔接？企业在其中可以发挥哪些作用？

A：脱贫攻坚和乡村振兴两者存在耦合和交叉，在厘清二者“同”与“不同”的基础上应遵循三个基本原则：坚持精准扶贫思想，坚持分阶段有序推进，坚持分地区逐步推进。具体而言，需要统筹做好战略、规划和政策上全方位的有效衔接。一是做好脱贫攻坚和乡村振兴规划之间的衔接。二是做好脱贫攻坚和乡村振兴对象、范围、区域的衔接。三是做好脱贫攻坚和乡村振兴政策的衔接，进入乡村振兴阶段，哪些扶贫政策需要取消、接续、完善或强化，都需要系统全面的考虑。而在实践过程中，和脱贫攻坚事业一样，乡村振兴更需要社会各方的共同参与。过去脱贫攻坚战主要是依靠政府为主体推动，未来进入乡村振兴新阶段，政府将主要发挥指导性作用，社会化力量和市场化的力量将发挥主导作用，而企业就是其中一股重要力量。在脱贫攻坚事业中，我们已经看到企业积极发挥专长和优势助力脱贫减贫，未来进入乡村振兴阶段，形势发生了变化，企业更是大有可为。近年来，贫困地区基础设施和产业基础日益完善，为产业发展奠定了良好的基础。在扶贫攻坚阶段，企业更多地是对贫困地区进行无偿帮扶，各方面投入比较大，并没有考虑经济收益；在乡村振兴阶段，企业就要转变思维，考虑引入市场化机制，将贫困地区优势产业、特色产品纳入企业产业链中，着力打造贫困地区特色产业的市场竞争优势，在推动乡村经济发展的同时，也为企业创造经济收益，从而实现贫困地区和企业自身发展的双赢目标。

绿色减贫应纳入国家政策与战略

Q：从扶贫攻坚到乡村振兴，最终要实现脱贫地区走上可持续发展道路。您一直在倡导绿色减贫对于可持续脱贫的重要性，相比其他模式，绿色减贫的独特作用和价值是什么？

A：我国正在加强生态文明建设战略实施，坚持生态优先、绿色发展为导向，追求高质量发展、可持续发展新路。因此，对于拥有青山绿水的贫困地区而言，尤其需要践行生态文明建设的战略导向，把减贫和绿色发展结合起来，探索绿色减贫产业化、市场化，自觉做好“绿水青山就是金山银山”的践行者、推动者。绿色减贫的核心就是在实现贫困地区发展的过程中不能以损害环境和生态为代价，而是需要用新观念探索新路子，实现贫困地区可持续发展。绿色减贫的基本概念可以概括为通过可持续的、以环境保护和资源科学利用为导向的促进贫困地区扶贫减贫的理念和行动。在实践中，目前主要从两个层面去探索：一是生态保护和生态补偿扶贫类，主要是对因环境保护丧失发展机会的区域内居民直接进行补偿。如今国家生态补偿类的政策不断完善，财政支持力度不断加大，补助标准逐年提高，生态补偿类型不断完善。虽然目前是以政府为主对这些贫困地区进行生态补偿和财政支持，但是未来要逐步对贫困地区的生态资产和价值进行定价和评估，使其全部走向市场化，实现生态资产价值交换。将来还可以探索依靠科技手段对生态资产进行资本化、资产化和市场化核算，将其纳入各级政府政绩考核和日常工作评价、绿色发展规划制定和实施、经济社会生态发展成本收益的综合评估等，绿色减贫也就可以落到实处了。二是绿色产业扶贫类，大力发展可持续产业。如今贫困地区各方面条件特别是交通条件改善了，对当地特色自然景观、民族民俗文化资源进行开发，发展乡村旅游，是目前绿色减贫的有效途径，在这方面涌现了不少成功案例。另外，绿色农业是农村地区未来的方向，也永远都是农村可持续发展的基础。与传统农业不同，要发展新型绿色农业，如观赏性农业、旅游性农业、景观性农业、休闲农业等。目前大多数贫困地区在这方面做得还远远不够，绿色农业的发展潜力有待发掘和激发。

Q：实施绿色减贫的难点和挑战在哪里？应该如何去推动？

A：虽然近几年绿色减贫理念得到了进一步的发展，但是在实践中还存在很多挑战，包括认识不足、发展的内生动力不足、发展机制有待探索、可复制推广的经验不多、可持续性不足等，如何让贫困人口真正从绿色减贫、绿色产业、绿色发展中获益，仍然是难点。因此，需要从战略上加强政策引导、在实践中进行积极探索。一是国家对贫困地区要有生态优先、绿色发展的战略性政策，明确提出绿色发展的总体要求。比如国家把黄河流域生态保护和高质量发展上升为国家战略，推进长三角生态绿色一体化发展示范区建设，如果对绿色减贫事业也能有类似的战略性政策支持，可以有效解决内生动力不足的难题。二是对减贫考核标准进行调整，对当地绿色减贫发挥导向作用。比如将生态保护成效纳入贫困地区减贫成效考核工作中，今后进入相对贫困时代也是一样。三是贫困地区要主动调整产业结构，对当地的资源进行高质量开发，大力发展绿色生态产业，推进生态产业化、绿色产业化、农业绿色化，实现乡村产业、生态、人文的全面振兴和可持续发展。

后　记

2020年是一个非常特殊时期，一方面，2020年要实现全面建成小康社会目标和“农村贫困人口全部脱贫，贫困县全部摘帽，解决区域性贫困问题”等目标，它是一个最具历史性意义的特殊年份；另一方面，突发的2020年疫情全球大流行带来世界前所未有自然社会经济发展大变局，如何科学评判新剧变并制定有效应对之策，是我们面临的重大难点和重点。对此，社会各界提出了很多有益的建议和值得思考的问题。

中国扶贫研究院在2020年这一特殊的历史时期，积极参与疫情防管控与脱贫攻坚战调研中，撰写了不少研究报告，提出了我们自己的观点和建议。本来在2020年7月我出版的书里已经包含了一部分我们的观点和建议，后来发现还有很多内容没有纳入其中，就将这些未收录的文章和其他有关减贫的研究文章一起会汇总在一起进行出版，也算是对2020年这一阶段我们研究成果的补充。

浏览这些文章，有些是自己的独立思考，但也有很多文章是我与研究院老师和同学合作撰写的。这类文章，往往是我先将观点和意见谈出来，他们撰写初稿，然后我再进行修改完善并定稿，所以，这些文章也是集体成果，是我们研究院的成果。很欣慰，北京师范大学中国扶贫研究院（原为中国扶贫研究中心）从2011年成立至今，转眼已经快10年了。这10年间，正是我国脱贫攻坚最关键的时期，也是中国扶贫、减贫历史上最值得记录的10年。在整个脱贫攻坚的全过程，全面展现了党和国家在消除绝对贫困的政策、制度的变革创新和进步，更记载着整个脱贫攻坚进程中干部群众艰苦奋斗、共克时艰的点点滴滴。对我们这些长期从事扶贫研究者来说，是一次深刻学习和教育提升的过程，更是一个思考和努力过程。中国扶贫研究院就是在这种奋斗中成长起来的。感谢奋斗在脱贫攻坚战的所有人，感谢所有给予我们支持单位的专家学者和领导，更感谢所有给予我们调研过程中配合的贫困地区基层干部朋友和辛勤的农民朋友。

张琦

2020年9月